LEARN & GO:

Office XP

von
Dipl.-Kfm. Elmar Weigel

D1722393

Learn & Go: Office XP

Excel, Access, Word, PowerPoint, Outlook, VBA- und HTML-Programmierung

1. Auflage

Bestellnummer 03959

Bildungsverlag EINS

www.bildungsverlag1.de

Gehlen, Kieser und Stam sind unter dem Dach
des Bildungsverlags EINS zusammengeführt.

Bildungsverlag EINS
Sieglarer Straße 2, 53842 Troisdorf

ISBN 3-427-**03959**-5

Vorwort und Hilfe-Infos !

Mit *Learn & Go* lernen Sie aktiv und übertragen das Gelernte sofort auf eigene Aufgabenstellungen.

Hierzu bietet Ihnen die nebenstehende Inhalts-Leiste mit den QuickFinder-Balken ▬▬ einen schnellen Themen-Zugriff; ausführlicher ist das Inhaltsverzeichnis der folgenden Seiten.

Neue Themen bearbeiten Sie in folgenden *Learn & Go*-Stufen:
- Infos und Anleitungen exakt nachvollziehen,
- die Aufgaben und Projekte der Aufgaben-Seiten ═══ lösen,
- die Erkenntnisse auf eigene Aufgabenstellungen übertragen.

Bei im Prinzip bekannten Themen bearbeiten Sie eigene Projekte und nutzen *Learn & Go* nur zur Information über Handling-Details der jeweiligen Programme.

Benötigen Sie in den Office-Programmen Hilfen, die Sie nicht in *Learn & Go* finden, dann rufen Sie diese gemäß folgenden Infos auf:

Nach Klick auf ① bzw. auf ② + ③ erscheint der Assistent ④ mit Sprechblase ⑤.

Nach Eingabe der gewünschten Frage ⑥ und *'Suchen'* erscheint ein weiteres Fenster, in dem die Frage konkretisiert werden kann. Nach erneutem *'Suchen'* wird das endgültige Hilfe-Fenster ⑦ eingeblendet.

Nach Klick auf die *[Einblenden]*-Schaltfläche ⑧ werden die Hilfe-Register *'Inhalt'*, *'Antwort-Assistent'* und *'Index'* eingeblendet.

Im Inhalt-Register werden nach Klick auf [+] vor dem Buch-symbol die '[?] Themen' und untergeordnete Bücher ein- und ausgeblendet. Erst der Klick auf ein '[?] Thema' gibt Detail-informationen. Nach dem Wechsel zum *'Antwort-Assistent'*-oder 'Index'-Register können nach Eingabe eines Suchbegriffs Informationen abgerufen werden. Durch Klick auf ⑨ [⇦] / [⇨] kann zwischen den erhaltenen Infos geblättert werden.
Nach Klick auf ② und ⑩ erscheint der Mauszeiger mit [?] . Wird jetzt auf ein beliebiges Bildschirmelement geklickt, wird es kurz erläutert. Erneutes Klicken schließt die Erläuterung.

Inhalt

Inhalt

1   DV - Grundlagen - Zentraleinheit

<big>(**Info**)</big>

In den Geräten der *Hardware*
werden mit *Software*-Programmen
Daten verarbeitet.

☐   **Die richtige Hardware - Entscheidung treffen**

Top - Angebot !!
① Desktop-PC mit Pentium 4, 512 MB RAM, 32-bit Bus, 512 KB Cache, 64 MB Grafik-Adapter, 1 par., 2 ser. und 2 USB-Schnittstellen,
② 80 GB Festplatte, 1,44 MB Diskettenlaufwerk, CD-ROM-Laufwerk,
③ PS/2-Tastatur, PS/2-Maus,
④ TCO99-Monitor, Laserdrucker
nur • 2.000,-

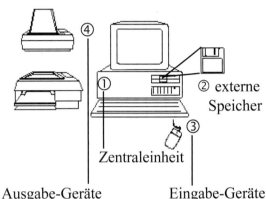

② externe Speicher

Zentraleinheit

Ausgabe-Geräte   Eingabe-Geräte

In der **Zentraleinheit**
- wird mit dem Pentium 4 (2 GHz)-Prozessor gerechnet und gesteuert;
  (Ein 2-Giga-Hertz-Prozessor arbeitet mit 2 Milliarden Schwingungen pro Sekunde.)
- werden in dem 512 MB **RAM-Arbeitsspeicher** 512 Millionen Zeichen zur laufenden Verarbeitung gespeichert. Mit diesem Lese-Schreib-Speicher werden die Daten während der laufenden Verarbeitung **vorübergehend** gespeichert und gelesen;
- werden die Daten durch die BUS-Verbindung zwischen den Bauteilen transportiert;
  (Ein 8-bit Bus transportiert pro Arbeitstakt 1 Zeichen, ein 32-bit Bus 4 Zeichen und ist damit schneller.)
- werden in dem Cache-Pufferspeicher Daten zwischengespeichert, die beim Transport zwischen Prozessor und dem langsameren RAM-Speicher zum Stau führen würden;
- werden mit Controllern und speziellen Steckkarten die Prozessor-Daten in solche Impulse umgewandelt, wie sie in den Peripheriegeräten gebraucht werden;
  (Für große Monitore mit hoher Auflösung benötigt man viel Speicher auf der Steckkarte; für besondere Geräte wie z. B. Scanner und Lautsprecher benötigt man besondere Steckkarten. Diese zusätzlichen Karten werden auf dem Motherboard in vorbereitete Steckplätze gesteckt. Damit ist die PC-Zentraleinheit modular aufgebaut.)
- werden Schnittstellen bereitgestellt, damit man Peripheriegeräte anschließen kann;
  (Die serielle Schnittstelle für die Maus, parallele Schnittstellen für die Drucker, USB als universelle Schnittstelle für alle Geräte und spezielle Steckkarten mit Schnittstellen für zusätzliche Geräte wie Scanner und Lautsprecher.)
- wird im ROM-BIOS das **'B**asic **I**nput **O**utput **S**ystem'-Programm, mit dem der PC gestartet und getestet wird, **dauerhaft** im '**R**ead **O**nly **M**emory'-Nur-Lese-Speicher gespeichert.

1   DV - Grundlagen - Peripherie/Software

(**Info**)

Mit den **externen Speichergeräten** werden die Daten **dauerhaft** gespeichert. Diese Geräte sind fest in das PC-Gehäuse (Desktop auf dem Schreibtisch, Tower neben dem Schreibtisch und Notebook für die Reise) eingebaut und sind Festplatten-, Disketten- und CD-ROM-Laufwerke. Festplatten und Disketten können beschrieben und gelesen werden, CD-ROM können nur gelesen werden, CD-RW können auch beschrieben werden. **Nutzung:** Platten und Disketten zur dauerhaften Speicherung der DV-Ergebnisse (im RAM-Speicher gehen die Daten mit der Stromabschaltung verloren); CD-ROM zur Nutzung großer vorhandener Datenbestände (Lexika, Telefonbuch).

Die **Eingabe-Geräte** wie Tastatur und serielle Maus dienen der Erfassung der Daten; zusätzlich können u. a. Scanner, Strichcode-Leser und externe Speicher zur Eingabe genutzt werden.

Mit den **Ausgabe-Geräten** werden die Computerdaten maschinenlesbar auf externe Datenspeicher und menschenlesbar mit Nadeldruckern (Durchschläge möglich, laut) und Laserdruckern (keine Durchschläge, leise, schön) dauerhaft und mit dem Monitor flüchtig ausgegeben. Die TCO99-Richtlinie verlangt z. B. beim Monitor ein flimmerfreies Bild, geringe elektromagnetische Strahlung (MPR II), ein Stromsparmanagement, umwelt-schonende Produktion und fachgerechtes Recycling. Eine hohe Zeilenfrequenz (64 - 94 kHz Horizontalfrequenz) führt zu einer hohen Bildfrequenz (75 - 150 Hz) und damit zu einem flimmerfreien Bild.

Achtung: Bei gegebener Horizontalfrequenz führt eine höhere Bildauflösung zu einer geringeren Bildfrequenz. Eine sehr hohe Bildauflösung führt bei einem kleinen 14"-Monitor zu einem so kleinen Bild, dass vieles zwar scharf dargestellt, aber nicht mehr gut erkannt werden kann. Bei einem 15"-Monitor sollte eine 800*600-Auflösung und bei einem 17"-Monitor eine 1024*768-Auflösung mit mindestens 80 Hz Bildfrequenz möglich sein.

❑   **Welche Programme benötigen wir ?**

Die Basis aller Programme ist das **Betriebssystem,** das dafür sorgt, dass die Hardware-Komponenten des PC ordentlich zusammenarbeiten, die Daten korrekt gespeichert werden und der Mensch mit dem PC arbeiten kann. Früher dienten hierzu befehlsorientierte Betriebssysteme, d. h. der Benutzer musste Befehle wissen und eingeben, damit das Betriebssystem sie ausführt (DOS). Heute gibt es Systeme mit grafischer Benutzeroberflä-che (GUI = Graphical User Interface), die mit Symbolen, aufklappbaren Befehlsmenüs und Hilfetexten die Benutzung vereinfachen (Windows, Linux).

Passend zum Betriebssystem können **Programmiersprachen** geladen werden, mit deren Hilfe individuelle Programme geschrieben werden, z. B. Delphi oder VisualBasic.

Für den reinen Anwender gibt es fertige **Anwenderprogramme** und für den Halbprofi gibt es **Software-Tools** wie z. B. Excel und Access, die als relativ leicht benutzbare Werkzeuge die Erstellung individueller Problemlösungen erlauben.

1   DV - Grundlagen - Daten

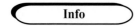

☐   **Was ist bei den Daten zu beachten ?**

Wie werden die Daten im PC verschlüsselt?

Mit den ASCII-Nummern von 0 bis 255 werden die Zeichen im PC dargestellt. Wird bei gedrückter *[Alt]*-Taste eine ASCII-Nummer im Zehnerblock der Tastatur eingegeben, dann erscheint das entsprechende Zeichen, sobald *[Alt]* losgelassen wird.

Wie werden die Daten erfasst, d. h. in ASCII-Zeichen umgewandelt?

Indirekt (z. B. abtippen) oder direkt (z. B. Balkencode auf Warenetikett lesen); offline (jetzt erfassen - später verarbeiten) oder online (beim Erfassen verarbeiten).

Wie werden die Daten gespeichert?

Für ein Zeichen benötigt man ein Byte; pro Byte sind 8 bit nötig; ein 'bit' ist '0' oder '1'.

Welche Daten kann man unterscheiden?

Numerische Daten oder Textdaten;
Rechendaten (numerisch) oder Ordnungsdaten (Artikelnummern, PLZ als Textdaten);
Stammdaten (Artikelnummer und -bezeichnung) oder Bewegungsdaten (Zu- und Abgänge).

Wie werden die Daten verarbeitet?

Sofort nach der Erfassung im 'real-time-processing' (online) oder
erst nach der Sammlung zusammengehörender Daten im 'batch-processing' (offline).

Wie werden die Daten vor Verlust, Zerstörung und Diebstahl gesichert?

hardware-orientiert: Disketten mit Schreibschutzschieber, Stahlschränke, Notstrom;
software-orientiert: Passwort, autom. Speicherung, Sicherheitsfragen beim Speichern;
organisations-orient.: Closed-Shop-Betrieb, Sicherungskopien, Vater-Sohn-Sicherung.

Wie kann die Datenverarbeitung organisiert sein?

single- bzw. *multi-tasking:* In einem PC läuft ein Programm bzw. laufen mehrere.
single- bzw. *multi-using:* Ein Programm wird von einem bzw. von mehreren benutzt.
'in-house-DV' bzw. *Datenfernverarbeitung:* Alles an einem Platz bzw. geografisch getrennt, wobei die DFV bei online-Verbindung der 'in-house-DV' gleichzusetzen ist.

Wie werden natürliche Personen vor den Gefahren der DV geschützt?

Personenschutz durch das Datenschutzgesetz (seit 1. Juni 1991). Es bestimmt, dass
- gespeicherte Daten nur zum vereinbarten Zweck genutzt und nicht weitergegeben werden dürfen,
- technisch-organisatorische Sicherungsmaßnahmen zu treffen sind und ab 5 DV-Beschäftigten ein Datenschutzbeauftragter zu bestimmen ist,
- der Betroffene ein Recht hat auf Auskunft, Berichtigung falscher Daten, Löschung unberechtigt gespeicherter Daten, Sperrung strittiger Daten und Schadenersatz bis 127.822,97 • (250.000,00 DM), sofern durch unzulässige Speicherung ein Schaden entstanden ist, und dass
- Ordnungswidrigkeiten und Straftaten mit Geld- und Haftstrafen bestraft werden.

2   Windows - Grundlagen

❑   **Start-Bildschirm**

Nach dem Einschalten des PC meldet er sich nach kurzer Zeit (je nach
Prozessor) mit dem nebenstehenden Bildschirm (Desktop):
Der Desktop enthält u. a. die Symbole für 'Arbeitsplatz', 'Aktenkoffer'
und Papierkorb **sowie** die [Start]-Schaltfläche ①.

❑   **Programme starten**

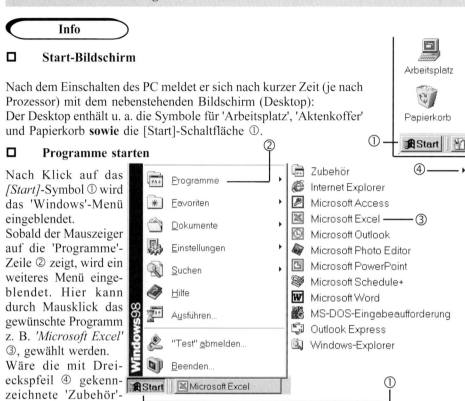

Nach Klick auf das
[Start]-Symbol ① wird
das 'Windows'-Menü
eingeblendet.
Sobald der Mauszeiger
auf die 'Programme'-
Zeile ② zeigt, wird ein
weiteres Menü einge-
blendet. Hier kann
durch Mausklick das
gewünschte Programm
z. B. *'Microsoft Excel'*
③, gewählt werden.
Wäre die mit Drei-
eckspfeil ④ gekenn-
zeichnete 'Zubehör'-
Zeile gewählt worden,
würde ein weiteres Auswahlmenü erscheinen.

❑   **Wechsel zwischen gleichzeitig geöffneten Programmen**

Durch Klick auf das ge-
wünschte Programmsymbol in der immer sichtbaren Taskleiste kann zu einem bereits
aktiven Programm gewechselt werden, ohne das jeweils andere schließen zu müssen.

❑   **Windows beenden und den PC ausschalten**

Nach Klick auf die *[Start]*-Schaltfläche in die *'Beenden'*-Zeile klicken. In einem Dialog-
Fenster die *'Herunterfahren'*-Option wählen und mit *[OK]* bestätigen.
Achtung: Der PC darf erst nach der Meldung 'Sie können den PC jetzt ausschalten'
ausgeschaltet werden.

❑   **Die Windows-Fenster-Schaltflächen**

Das aktive Fenster schließen mit Doppelklick auf das
① *System-Menüfeld* oder Klick auf ⑤ *Schließen*.
Das Fenster zum Taskleisten-Symbol reduzieren mit
Klick auf ② *Minimieren*, zum Vollbild vergrößern mit
③ *Maximieren* und vom Vollbild zurückwechseln mit Klick auf *Wiederherstellen*.

2   Windows - Grundlagen (Fortsetzung)

Info

□   **Windows-Explorer nutzen**

Nach *[Start]* und *'Programme'* kann in dem 'Programm'-Menü der *'Windows-Explorer'* ausgewählt werden, der sich mit dem nebenstehenden Fenster meldet, sofern im *'Ansicht'*-Menü *'Als Webseite'* ausgeschaltet, *Details* markiert und in *'Ansicht' 'Explorerleiste'* die *'Ordner'*-Option gewählt ist.
Der so eingestellte Explorer zeigt in seinem *'Ordner'*-Fenster ① einen Überblick über die PC-Elemente. Im rechten *'Detail'*-Fenster ② wird der Inhalt des im 'Ordner'-Fenster markierten Elements gezeigt.
Nach Klick auf *[+]* ③ werden alle Elemente des vorher geschlossenen Ordners gezeigt und die **[+]**-Schaltfläche in eine **[-]**-Schaltfläche umgewandelt. Nach Klick auf **[-]** wird der aufgeklappte Ordner wieder geschlossen.
Untergeordnete Ordner ④ können entsprechend auf- und zugeklappt werden. Nach Klick auf ein *'Ordner'*-Element ⑤ wird sein Inhalt im rechten *'Detail'*-Fenster gezeigt.

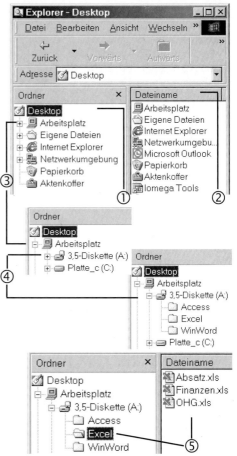

□   **Im Explorer neue Ordner einfügen**

Das Laufwerk anklicken, in dem ein neuer Ordner angelegt werden soll. Nach der Befehlsfolge *'Datei', 'Neu', 'Ordner'* wird im 'Detail'-Teil eine 'Neue Ordner'-Zeile eingeblendet, die sofort mit dem gewünschten Ordner-Namen beschriftet werden kann.

□   **Im Explorer Disketten kopieren / formatieren**

Das Diskettenlaufwerk, dessen Datenträger kopiert/ formtiert werden soll, mit Mausklick markieren, mit rechtem Mausklick das Kontext-Menü öffnen und die gewünschte Option wählen. Beim *'Formatieren'* werden alle alten Daten gelöscht. Bei *'Diskette kopieren..'* erscheint ein neues Fenster, in dem 'Quelldiskette' das Laufwerk ist, dessen Datenträger kopiert werden soll. 'Zieldiskette' kann das gleiche (dann ist der Datenträger zu wechseln) oder ein anderes Laufwerk sein.

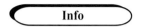

Info

☐   **Dateien mit Drag&Drop kopieren/verschieben**

Im *'Detail'*-Fenster die gewünschte Datei ① anklicken und bei gedrückter Maustaste zu dem Ziel-Ordner ② ziehen. Wird *gleichzeitig* die *[Strg]*-Taste gedrückt, dann wird kopiert, andernfalls wird verschoben.

☐   **Dateien bzw. Ordner mit dem Kontextmenü umbenennen**

Das Objekt mit der **rechten** Maustaste anklicken und in dem **Kontextmenü** *'Umbenennen'* wählen, damit das Objekt gemäß Bild markiert wird.
Jetzt den neuen Namen eingeben und mit *[⏎]* bestätigen.

☐   **Dateien bzw. Ordner im 'Explorer' löschen**

Das Objekt mit *Klick* markieren und
*   das *'Löschen'*-Symbol anklicken oder
*   die Befehlsfolge *'Datei', 'Löschen'* wählen oder
*   mit *rechtem Mausklick* auf das Objekt das *'Kontextmenü'* öffnen und hier *'Löschen'* wählen.

Folge: Befindet sich das Objekt auf einer Diskette, dann wird in einer Sicherheitsfrage geprüft, ob wirklich **endgültig** gelöscht werden soll.
Befindet es sich allerdings auf der Festplatte, dann wird gefragt, ob es **vorläufig** in den **Papierkorb** verschoben werden soll.

☐   **Dateien bzw. Ordner aus dem Papierkorb wiederherstellen**

*   Auf dem Desktop den 'Papierkorb' mit *'linkem Doppelklick'* öffnen bzw.
*   im 'Explorer' mit *Klick* zum Papierkorb umschalten.

In beiden Fällen das gewünschte Objekt anklicken, mit *rechtem Mausklick* das *Kontextmenü* öffnen und darin *'Wiederherstellen'* wählen.

Mit 'Löschen' kann in diesem Kontextmenü endgültig gelöscht werden.

3 Office-Programme laden

Anleitung

- Mit *Klick* auf das *[Start]*-Symbol das Start-Menü einblenden und mit dem Mauszeiger auf die 'Programme' bzw. 'Alle Programme'-Zeile zeigen, damit das 'Programme'-Menü eingeblendet wird.
- Darin auf die *'Microsoft Excel'* oder *'Access'* oder *'Word'* oder *'PowerPoint'*-Zeile zeigen und das gewünschte Programm mit *Einfach-Klick* laden.

- Einfacher geht es, wenn Sie auf dem Bildschirm (Desktop) das gewünschte Symbol mit Doppelklick aktivieren.

Excel Access PowerPoint Winword

Info

☐ **Programm-Fenster:** Alle Programme melden sich mit einem dreiteiligen Fenster:

- Der Fenster-**Kopf** enthält die Titelzeile, die Befehlsmenüleiste und die Symbolleisten. Die Symbolleisten sind bei allen Programmen ähnlich, sind aber an die jeweilige Aufgabenstellung angepasst.
- Links darunter ist die für das jeweilige Programm spezifische **Arbeitsfläche** und
- rechts befindet sich ein sog. **Aufgabenbereich**, der jedoch mit der Befehlsfolge *'Ansicht' 'Aufgabenbereich'* ausgeblendet werden kann.

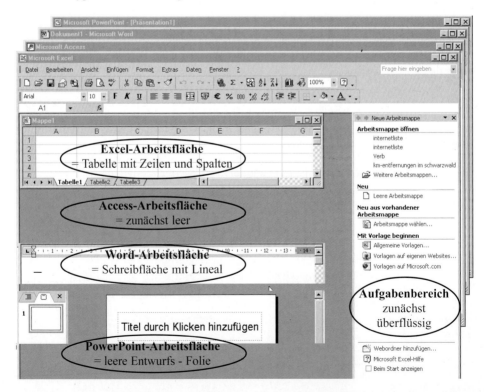

4   EXCEL laden und schließen

- Excel gemäß Kapitel 3 (Seite 12) laden.

- Den Aufgabenbereich mit der Befehlsfolge *'Ansicht' 'Aufgabenbereich'* ausblenden.

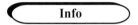

☐   **Excel-Bildschirm:** Excel meldet sich mit den leeren Tabellen der 'Mappe 1'.

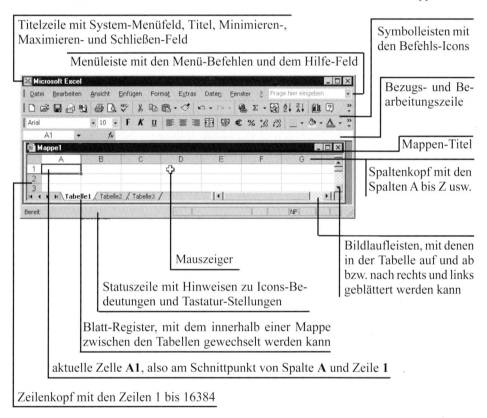

Titelzeile mit System-Menüfeld, Titel, Minimieren-,
Maximieren- und Schließen-Feld

Symbolleisten mit
den Befehls-Icons

Menüleiste mit den Menü-Befehlen und dem Hilfe-Feld

Bezugs- und Be-
arbeitungszeile

Mappen-Titel

Spaltenkopf mit den
Spalten A bis Z usw.

Bildlaufleisten, mit denen
in der Tabelle auf und ab
bzw. nach rechts und links
geblättert werden kann

Mauszeiger

Statuszeile mit Hinweisen zu Icons-Be-
deutungen und Tastatur-Stellungen

Blatt-Register, mit dem innerhalb einer Mappe
zwischen den Tabellen gewechselt werden kann

aktuelle Zelle **A1**, also am Schnittpunkt von Spalte **A** und Zeile **1**

Zeilenkopf mit den Zeilen 1 bis 16384

☐   **Excel schließen / beenden**

- Mit schnellem *Doppelklick* auf das System-
Menüfeld am linken Rand der Excel-Titelzeile.

- Mit *[Alt]* die Befehlszeile aktivieren und die unterstrichenen
Buchstaben <u>D</u> für <u>D</u>atei und <u>B</u> für <u>B</u>eenden eingeben.

- **Kurzmethode:** *[Alt] [F4]*   oder   *Klick* auf das *Schließen*-Symbol am rechten Rand.

5 Eingabe von Daten und Formeln

Anleitung

- Erstellen Sie die unten gezeigte Tabelle und beachten Sie hierbei die Infos.
- Zuerst die jeweils gewünschte Zelle ansteuern; hierzu die gewünschte Zelle
  - mit dem *Mauszeiger* markieren und *einfach klicken* (links) oder
  - mit den *[Cursor]*-Tasten zellenweise ansteuern.
  Bei großen Tabellen mit *[Bild auf/ab]*-Taste oder *Mausklick* auf die Bildlaufleiste zusätzlich seitenweise blättern.
  Folge: Zeilen- und Spaltenkopf der gewählten Zelle werden hervorgehoben.
- Text, Wert, Formel oder Strich eingeben (siehe die unten stehenden Infos) und
- die Eingabe mit der *Return*-Taste oder einer beliebigen *Cursor*-Taste abschließen.
- Bei Eingabe-Fehlern die Korrektur-Hinweise von Kapitel 8 beachten!
  Die unvollständige Tabelle gemäß Kapitel 6 (nächste Seite) abspeichern.

Info

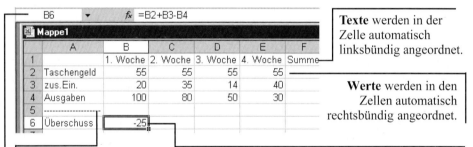

Texte werden in der Zelle automatisch linksbündig angeordnet.

Werte werden in den Zellen automatisch rechtsbündig angeordnet.

Striche und **Nummern**, mit denen nicht gerechnet werden soll, sind als **Text zu kennzeichnen**; hierzu ist die Eingabe mit Leerstelle oder mit einfachem Apostroph zu beginnen; gleichzeitig [⇧] plus [# '].

Formeln beginnen mit = und enthalten die Zelladressen, mit deren Inhalt gerechnet wird, und die Rechenzeichen; Abschluss mit *[⏎] Return* oder *Cursor*. In **B6** lautet die Formel demnach =*B2+B3-B4* Während der Eingabe werden die genannten Zellen markiert und die Formel erscheint in der Bearbeitungszeile. Nach *[⏎] Return* erscheint das Ergebnis.

In der Bezugs- und Bearbeitungszeile erscheinen
* die aktuelle Zelle (Bezug) und die eingegebenen Daten und Formeln (Bearbeitung) und
* zusätzlich während der Bearbeitung die folgenden Symbole:

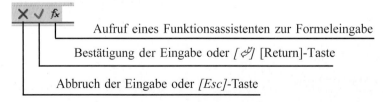

Aufruf eines Funktionsassistenten zur Formeleingabe

Bestätigung der Eingabe oder *[⏎]* [Return]-Taste

Abbruch der Eingabe oder *[Esc]*-Taste

6   Tabelle speichern und Datei schließen

Anleitung

Mit *[Alt]* *'Datei'* *'Speichern unter'* oder mit *Mausklick* auf das [🖫] Speichern-Symbol das folgende Dialogfeld öffnen:

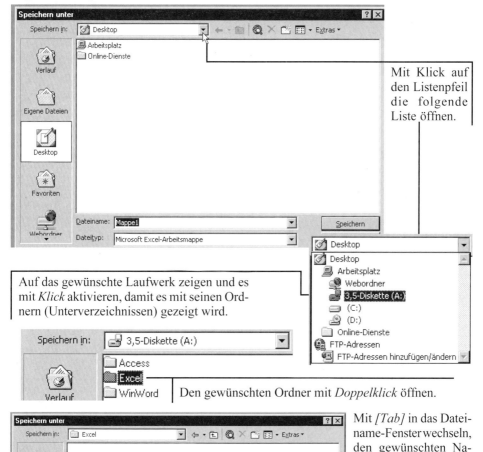

Mit Klick auf den Listenpfeil die folgende Liste öffnen.

Auf das gewünschte Laufwerk zeigen und es mit *Klick* aktivieren, damit es mit seinen Ordnern (Unterverzeichnissen) gezeigt wird.

Den gewünschten Ordner mit *Doppelklick* öffnen.

Mit *[Tab]* in das Dateiname-Fenster wechseln, den gewünschten Namen eingeben, z. B. *Finanzen,* und mit *[⏎]* oder *[Speichern]* die Speicherung abschließen.

Folge: In der Mappe-Titelzeile wird "Mappe1" durch "Finanzen" ersetzt.

☐   **Die gespeicherte Datei schließen**

— Mit *[Alt]* *'Datei'* *'Schließen'* oder
— mit *Klick* auf das ☒ - Symbol der "Finanzen"-Titelzeile

7   Eine gespeicherte Tabelle öffnen

Mit *[Alt]* '*Datei*' '*Öffnen...*' oder mit *Mausklick* auf das [📁] Öffnen-Symbol das folgende Dialogfeld öffnen:

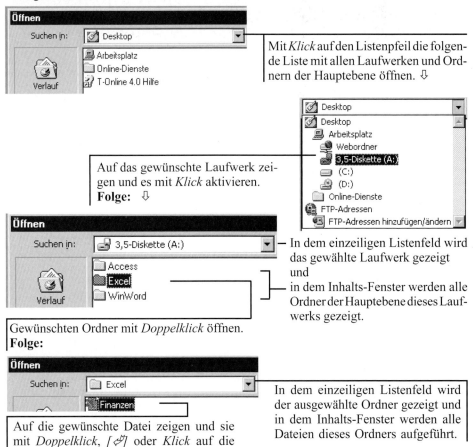

Mit *Klick* auf den Listenpfeil die folgende Liste mit allen Laufwerken und Ordnern der Hauptebene öffnen. ⇩

Auf das gewünschte Laufwerk zeigen und es mit *Klick* aktivieren.
Folge: ⇩

In dem einzeiligen Listenfeld wird das gewählte Laufwerk gezeigt
und
in dem Inhalts-Fenster werden alle Ordner der Hauptebene dieses Laufwerks gezeigt.

Gewünschten Ordner mit *Doppelklick* öffnen.
Folge:

In dem einzeiligen Listenfeld wird der ausgewählte Ordner gezeigt und in dem Inhalts-Fenster werden alle Dateien dieses Ordners aufgeführt.

Auf die gewünschte Datei zeigen und sie mit *Doppelklick*, *[⮠]* oder *Klick* auf die *[Öffnen]*-Schaltfläche öffnen.

Zusatz: Soll aus der Datei-Ebene oder aus einer untergeordneten Ebene zur 'übergeordneten Ordner'-Ebene gewechselt werden, so ist dies auf zwei Arten möglich:

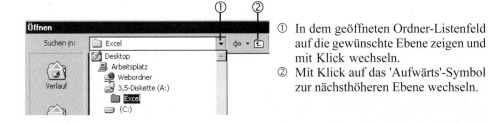

① In dem geöffneten Ordner-Listenfeld auf die gewünschte Ebene zeigen und mit Klick wechseln.
② Mit Klick auf das 'Aufwärts'-Symbol zur nächsthöheren Ebene wechseln.

8   Eingabekorrektur / Aufgaben

Anleitung

Eingabekorrektur

Werden bei oder nach der Dateneingabe Fehler entdeckt, dann können sie gemäß folgender Anleitung korrigiert werden:

- während der Datenerfassung:
  * Abbruch der Eingabe *[Esc]* mit anschließender Neu-Eingabe oder
  * mit der [⇦] Rück-Taste (über [↵]) schrittweise löschen und ändern.

- nach der abgeschlossenen Dateneingabe:
  * mit *[F2]* die Bearbeitung einschalten, ändern und mit [↵] abschließen;
  * mit schnellem Doppelklick in die zu ändernde Zelle, ändern und mit [↵] beenden;
  * Zelle markieren, in die Bearbeitungszeile klicken, ändern und mit [↵] beenden.

Aufgaben

Erstellen Sie die unten gezeigten Tabellen und speichern Sie sie unter dem jeweils angegebenen Namen.

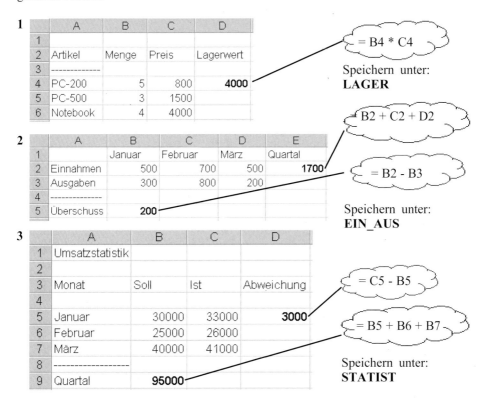

1

	A	B	C	D
1				
2	Artikel	Menge	Preis	Lagerwert
3	------------			
4	PC-200	5	800	**4000**
5	PC-500	3	1500	
6	Notebook	4	4000	

= B4 * C4

Speichern unter:
LAGER

= B2 + C2 + D2

2

	A	B	C	D	E
1		Januar	Februar	März	Quartal
2	Einnahmen	500	700	500	**1700**
3	Ausgaben	300	800	200	
4		--------------			
5	Überschuss	**200**			

= B2 - B3

Speichern unter:
EIN_AUS

3

	A	B	C	D
1	Umsatzstatistik			
2				
3	Monat	Soll	Ist	Abweichung
4				
5	Januar	30000	33000	**3000**
6	Februar	25000	26000	
7	März	40000	41000	
8		------------------		
9	Quartal	**95000**		

= C5 - B5

= B5 + B6 + B7

Speichern unter:
STATIST

9   Kopieren - in benachbarte Zellen

Anleitung

Öffnen Sie die FINANZEN-Tabelle und kopieren Sie den Strich von A5 gemäß der folgenden Info mit der Tastatur nach rechts, d. h. füllen Sie die sich direkt anschließenden Zellen aus.

Info - Tastatur

- **Zuerst** die Quellzelle und die Zielzellen **markieren**:

	A	B	C	D	E	F
1		1. Woche	2. Woche	3. Woche	4. Woche	Summe
2	Taschengeld	55	55	55	55	220
3	zus. Ein.	20	35	15	40	
4	Ausgaben	100	80	50	30	
5						
6	Überschuss	-25				

Die Zelle A5 mit dem *[Cursor]* markieren.	Mit *[F8]* die Erweiterung einschalten.	Mit dem *[Cursor]* den gesamten Bereich bis zur Zelle F5 markieren.

- **Danach den Befehl wählen**.

  Nach *[Alt]* im '*Bearbeiten*'-Menü '*Ausfüllen*' und '*Rechts*' wählen.

Anleitung

Kopieren Sie jetzt die Formel von B6 gemäß der folgenden Info mit der Maus in die sich direkt rechts anschließenden Zellen.
Kopieren Sie danach in entsprechender Weise die Formel von F2 in die darunter liegenden Zeilen und speichern Sie anschließend die Tabelle.

Info - Maus

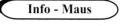

① Die Zelle B6 mit der Maus anklicken.	② In der rechten unteren Ecke des Zellencursors auf den Anfasser zeigen, damit sich der Mauszeiger in ein *schmales Kreuz* verwandelt.	③ Bei gedrückter Maustaste bis F6 ziehen und dann loslassen.

Folge: Die Formel wird bis F6 kopiert und es erscheint ein sog. Smarttag. Zeigt man auf es, kann man ein Auswahlmenü mit passenden Funktionen öffnen.

Mauszeiger-Arten

- ⊕   normales Mauskreuz zum Markieren der Zellen
- ↖   Zeigepfeil zur Auswahl von Befehlen und Symbolen
- ✛   schmales Mauskreuz nach Markierung des "Anfassers" zum Ausfüllen
- ↔   Doppelpfeil zum Ändern der Spaltenbreite bzw. Zeilenhöhe

9 Kopieren - in entfernte Zellen

Anleitung

Öffnen Sie - wenn nötig - die FINANZEN-Tabelle und kopieren Sie den Text "Taschengeld" gemäß der folgenden Info von A2 nach A10.

Info - Tastatur

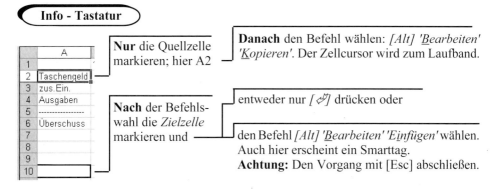

Nur die Quellzelle markieren; hier A2

Danach den Befehl wählen: *[Alt]* *'Bearbeiten'* *'Kopieren'*. Der Zellcursor wird zum Laufband.

Nach der Befehlswahl die *Zielzelle* markieren und

entweder nur *[⏎]* drücken oder

den Befehl *[Alt]* *'Bearbeiten'* *'Einfügen'* wählen. Auch hier erscheint ein Smarttag.
Achtung: Den Vorgang mit [Esc] abschließen.

Anleitung

Kopieren Sie jetzt gemäß der folgenden Info den Text "1. Woche" von B1 nach B9.

Info - Maus

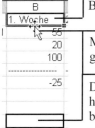

B1 anklicken

Mit dem Mauszeiger so auf den Zellenrand der markierten Zelle zeigen, dass er sich in einen *Pfeil* mit Verschiebekreuz verwandelt.

Die linke Maustaste und gleichzeitig die *[Strg]*-Taste drücken **und** halten und bei gedrückten Tasten nach B9 ziehen (drag) und bei B9 **zuerst** die Maustaste loslassen (drop), damit der kopierte Text erscheint.
Hinweis: Ohne [Strg] würde verschoben !!

Zusatz

Mehrzelligen Bereich auf einmal kopieren (Maus oder Tastatur)

	A	B	C	D	E	F
1		1. Woche	2. Woche ⇩ 3. Woche	4. Woche		Summe

- C1 bis F1 mit ↰-Ziehen oder mit ⌨*[F8]*-Erweiterung und *[Cursor]* markieren.
- ↰ Auf den Rand des Bereichs zeigen, damit der Mauszeiger zum Pfeil wird, oder ⌨ den *'Kopier'*-Befehl wählen.
- ↰ Bei gedrückter *[Strg]*- plus *Maus*-Taste die linke Ecke des Bereichs nach C9 ziehen und zuerst die Maustaste loslassen oder ⌨ mit den *[Cursor]*-Tasten C9 markieren und mit *[⏎]* bestätigen.

9 Kopieren - mit der Office-Zwischenablage

Anleitung

- Öffnen Sie die *'Finanzen'*-Tabelle und mit *'Bearbeiten'* *'Office-Zwischenablage'* den Zwischenablage-Aufgabenbereich.

Finanzen	A	B	C	D	E	F
1		1. Woche	2. Woche	3. Woche	4. Woche	Summe
2	Taschengeld	55	55	55	55	220
3	zus.Ein.	20	35	15	40	110
4	Ausgaben	100	80	50	30	260
5	----	----	----	----	----	----
6	Überschuss	-25	10	20	65	70

- Kopieren Sie die Bereiche A2 bis A6, B1 bis F1 und die Zellen F2 und B6 einzeln in die Zwischenablage; d. h.
  - A2 bis A6 mit der Maus markieren und dann
  - *'Bearbeiten'* *'Kopieren'* wählen oder
  - gleichzeitig *[Strg] [C]* drücken
- Wiederholen Sie dies für die anderen Bereiche / Zellen und schließen Sie mit *[Esc]*.
  Folge: Die Daten werden in der Zwischenablage gezeigt.

9		1. Woche	2. Woche	3. Woche	4. Woche	Summe
10	Taschengeld	55	55	55	55	220
11	zus.Ein.	20	35	15	40	
12	Ausgaben	0	80	50	30	
13	----	----	----	----	----	
14	Überschuss	-25				

- Markieren Sie die leere Zelle A10 und klicken Sie danach in der Zwischenablage auf den einzufügenden Text ①.
  Folge: In der Zwischenablage wird ein Listenpfeil eingeblendet und mit dem einfachen Mausklick wird der Inhalt in der zuvor markierten Zelle eingefügt.
- Wiederholen Sie dies mit allen Zwischenablage-Inhalten.

Test: Geben Sie in der neuen Tabelle geänderte Werte ein, so werden Sie feststellen, dass sich Spaltenüberschuss und Zeilensumme **nicht** ändern, was falsch ist.

Erkenntnis: Die Zwischenablage speichert keine Formeln, sondern nur die Ergebnisse.

Korrektur: Kopieren Sie die Formeln direkt, d.h.
- zuerst das Original markieren und *'Bearbeiten'* *'Kopieren'* wählen oder *[Strg] [C]* drücken und
- sofort danach *'Bearbeiten'* *'Einfügen'* wählen oder *[Strg] [V]* drücken.

Löschen Sie anschließend die reine Wert-Zwischenablage, durch markieren in der Zwischenablage und *Klick* auf *[Löschen]* ②.

Anleitung

Öffnen Sie die genannten Tabellen und vervollständigen Sie sie durch 'Kopieren', damit sie den folgenden Lösungen entsprechen:

1.

Lager

	A	B	C	D
1				
2	Artikel	Menge	Preis	Lagerwert
3	--------	--------	--------	--------
4	PC-200	5	800	4000
5	PC-500	3	1500	**4500**
6	Notebook	4	4000	**16000**

2.

Statist

	A	B	C	D
1	Umsatzstatistik			
2				
3	Monat	Soll	Ist	Abweichung
4				
5	Januar	30000	33000	3000
6	Februar	25000	26000	**1000**
7	März	40000	41000	**1000**
8	--------	--------	--------	--------
9	Quartal	95000	**100000**	**5000**

3.

Ein_Aus

	A	B	C	D	E
1		Januar	Februar	März	Quartal
2	Einnahmen	500	700	500	1700
3	Ausgaben	300	800	200	**1300**
4	--------	--------	--------	--------	--------
5	Überschuss	200	**-100**	**300**	**400**

4. ⇩

	A	B	C	D	E
7					
8		Januar	Februar	März	Quartal
9	Einnahmen	500	700	500	1700
10	Ausgaben	300	800	200	1300
11	--------	--------	--------	--------	--------
12	Überschuss	200	-100	300	400

4.

Kopieren Sie anschließend den Bereich von A1 bis E5 (A1 : E5) so, dass die Kopie ab A8 beginnt.

5. ⇩

	A	B	C	D	E
8		April	Mai	Juni	Quartal
9	Einnahmen	500	700	500	1700

5.

Ersetzen Sie danach die Monate des 1. Quartals durch die Monatsangaben des 2. Quartals, damit der kopierte Bereich mit neuen Zahlen ohne erneute Formeleingabe für das 2. Quartal genutzt werden kann.

11   Relative Zellbezüge - Standard-Adressierung

Anleitung

Öffnen Sie die FINANZEN-Tabelle, markieren Sie nacheinander B6 und C6 und beurteilen Sie die jeweils in der Bearbeitungszeile ausgegebene Formel.

Info

	B
1	1. Woche
2	55
3	20
4	100
5	-------------
6	-25

[B2], [B3] und *[B4]* sind die <u>Rechenzellen</u>, mit deren Inhalt gerechnet wird.

	C	
1	2. Woche	
2	55	[C2]
3	35	[C3]
4	80	[C4]
5	-------------	
6	10	

[**B6**] ist die <u>Ergebniszelle</u> mit der
Formel '=B2+B3-B4'

[**C6**] enthält die Formel
'=C2+C3-C4'

Wird die Formel von *[B6]* nach *[C6]* um <u>eine Spalte nach rechts kopiert</u>, dann werden die darin genannten <u>Rechenzellen ebenfalls um eine Spalte verändert</u>;
aus   *[=B2+B3-B4]*   wird   *[=C2+C3-C4]*
Die Beziehung (Relation) zwischen Ergebnis- und Rechenzellen bleibt gleich; d. h. es handelt sich um einen relativen Zellbezug.

12   Absoluter Zellbezug - Sonderfall

Anleitung

Erstellen Sie die folgende kleine Tabelle:

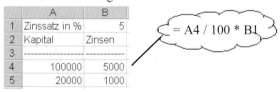

	A	B
1	Zinssatz in %	5
2	Kapital	Zinsen
3	-------------	----------
4	100000	5000
5	20000	1000

= A4 / 100 * B1

Wird diese Formel nach unten kopiert, dann steht in [B5]
= A5 / 100 * B2

Dies ist falsch,
da immer mit dem Zinssatz
von **B1** gerechnet werden muss.

Info

B1 ist als absoluter Zellbezug durch das **$**-Zeichen zu kennzeichnen, was demnach folgende Eingabe erfordert:

	A	B
1	Zinssatz in %	5
2	Kapital	Zinsen
3	-------------	----------
4	100000	= A4 / 100 * B1
5	20000	

Wird diese Formel nach unten kopiert, dann
lautet sie in   **B5** = A5/100*B1

relativ: absolut:
ändert sich   bleibt gleich

12   Absoluter Zellbezug - Aufgaben

> ### Anleitung

Erstellen Sie die folgenden Tabellen und bilden Sie für die fett gedruckten Werte die Formeln derart, dass Sie sie nach rechts bzw. nach unten kopieren können. Die normal gedruckten Werte werden eingegeben. Speichern Sie die Tabellen unter dem gezeigten Dateinamen ab. Zur evtl. nötigen Änderung der Spaltenbreite und zur Bestimmung der Dezimalstellen beachten Sie bitte Kapitel 15 ab Seite 25.

1. Mit der **Zahl_Ein**-Tabelle wird die Richtigkeit der Zahlungseingänge überprüft. Hierzu wird geprüft, was der Kunde abgezogen hat (Differenz), und ermittelt, was er abziehen darf (Skontobetrag). Ist die Differenz kleiner oder gleich dem Skontobetrag, dann war die Zahlung korrekt, andernfalls kann evtl. gemahnt werden.

Zahl_Ein

	A	B	C	D	E	F
1	Skontosatz in % ------------------------------->				2	
2	Rechnungs-	Rechnungs-	Zahlungs-	Differenz	Skonto-	Bemerkung
3	nummer	betrag	betrag		betrag	
4	24001	2000	1960	**40**	**40**	ok
5	24002	4000	3900	**100**	**80**	mahnen
6	24003	3000	2950	**50**	**60**	spenden
7	24004	1000	980	**20**	**20**	ok

Die Bemerkungen sind zunächst *'von Hand'* einzutragen.

> **Formeln:** Differenz in   D4: = Rechnungsbetrag - Zahlungsbetrag
> Skontobetrag in   E4: = Rechnungsbetrag / 100 * Skontosatz
> **(immer aus E1)**

2.

Anteil

	A	B	C	D	E
1	Mehrwertsteuersatz		16		
2	Artikel	Netto	MwSt	Brutto	Umsatzanteil
3	----	----	----	----	----
4	Hardware	200000	**32000**	**232000**	**54,05**
5	Software	100000	**16000**	**116000**	**27,03**
6	Zubehör	20000	**3200**	**23200**	**5,41**
7	Bücher	50000	**8000**	**58000**	**13,51**
8	----	----	----	----	----
9	Gesamt	**370000**	59200	429200	**100,00**

Mit der **Anteil**-Tabelle werden die Anteile der einzelnen Artikel am Gesamtumsatz ermittelt.

Unabhängig hiervon werden aus den Nettowerten und dem MwSt.-Satz die Mehrwertsteuern und die Bruttobeträge berechnet.

> **Formeln:** MwSt. in   C4: = Netto / 100 * Mehrwertsteuersatz
> **(immer aus C1)**
> Brutto in   D4: = Netto + MwSt.
> Gesamt in   B9: = Summe aller Netto-Werte
> Umsatzanteil in E4: = Brutto dieser Zeile * 100 / Brutto-Summe
> **(immer aus D9)**

13   Zellen benennen - Namen in Formeln verwenden

⬭ **Info** ⬭

	A	B	C
1	Einkaufspreis		1000,00
2	Zuschlag in %	50	500,00
3			
4	Verkaufspreis		1500,00

Zelle C1 benennen:
C1 markieren und nach *'Einfügen'*, *'Namen'*, *'Definieren...'* den Namen *"EPreis"* eingeben und mit *[⏎]* bestätigen.

Zelle C2 benennen: C2 markieren und nach *'Einfügen'*, *'Namen'*, *'Definieren...'* den Namen *"Zuschlag"* eingeben und mit *[⏎]* bestätigen.

Formel ohne/mit Namen:
ohne: C4 markieren und die Formel *"=C1 + C2"* eingeben und *[⏎]*.
mit: C4 markieren und die Formel *"=EPreis + Zuschlag"* eingeben *[⏎]* .

Tipp: Sind die Namen nicht bekannt, dann erscheinen sie nach der Befehlsfolge *'Einfügen'*, *'Namen'*, *'Einfügen'* in dem 'Namen einfügen' - Fenster.

Wann sind Namen sinnvoll? Statt der Verwendung absoluter Zellbezüge kann die Verwendung von Namen zu einer Erleichterung führen.

Wichtig: Neben einzelnen Zellen können auch markierte Bereiche benannt werden.

Namen löschen: Nach der Befehlsfolge *'Einfügen'*, *'Namen'*, *'Definieren...'* den Namen auswählen, *[Löschen]* anklicken und mit *[⏎]* bestätigen.

Alternative Benennung: *C1* markieren, in das Namenfeld der Bearbeitungszeile klicken, *EPreis* eintragen und *[⏎]* .

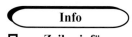

14   Zeilen/Spalten einfügen und löschen

⬭ **Info** ⬭

☐   **Zeile einfügen**

Soll über der bisher ersten Zeile einer vorhandenen Tabelle eine Überschrift geschrieben werden, dann muss mindestens eine Zeile eingefügt werden.

Eine Zelle der Zeile markieren, **über** der eingefügt werden soll (A1) und im *'Einfügen'*-Menü *'Zeile'* wählen.

	A	B	C
1	Einkaufspreis		1000,00
2	Zuschlag in %	50	500,00
3			
4	Verkaufspreis		1500,00
5			
6			

	A	B	C
1	Einfache Kalkulationstabelle		
2		⇩	
3	Einkaufspreis		1000,00
4	Zuschlag in %	50	500,00
5			
6	Verkaufspreis		1500,00

Sollen mehrere Zeilen eingefügt werden, dann sind vor der Befehlswahl entsprechend viele Zeilen zu markieren.

☐   **Zeile löschen**

- Zuerst eine Zelle der gewünschten Zeile markieren und
- danach die Befehlsfolge *'Bearbeiten'*, *'Zellen löschen...'*, *'Ganze Zeile'* wählen und mit *[⏎]* bestätigen.

☐   **Spalte einfügen/löschen**

Wie oben, wobei statt 'Zeile' jeweils *'Spalte'* bzw. *'Ganze Spalte'* zu wählen ist.

15   Formatieren - Spaltenbreite

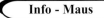
Anleitung

Öffnen Sie eine beliebige Tabelle oder geben Sie die folgenden Texte und Werte ein und testen Sie an Ihrer Tabelle die folgenden Infos:

Info - Maus

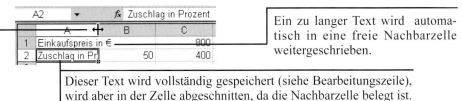

Ein zu langer Text wird automatisch in eine freie Nachbarzelle weitergeschrieben.

Dieser Text wird vollständig gespeichert (siehe Bearbeitungszeile), wird aber in der Zelle abgeschnitten, da die Nachbarzelle belegt ist.

Zur Veränderung der Breite im Spaltenkopf die Spalten-Trennlinie so markieren, dass der Mauszeiger zum Doppelpfeil mit Mittellinie wird, den Zeiger bei gedrückter Maustaste in die gewünschte Richtung ziehen und dann loslassen.

Info - Tastatur

- Zuerst eine Zelle der Spalte, deren Breite verändert werden soll, mit dem *[Cursor]* markieren.
- Mit *[Alt]* *'Format'* ein Pulldown-Menü aufklappen, darin den *'Spalte'*-Befehl wählen, der ein weiteres Pulldown-Menü aufklappt.

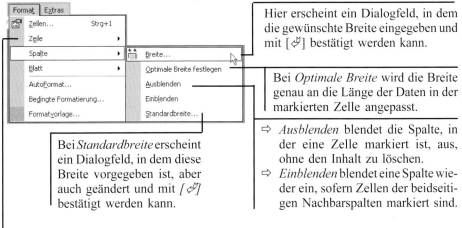

Hier erscheint ein Dialogfeld, in dem die gewünschte Breite eingegeben und mit [⏎] bestätigt werden kann.

Bei *Optimale Breite* wird die Breite genau an die Länge der Daten in der markierten Zelle angepasst.

⇨ *Ausblenden* blendet die Spalte, in der eine Zelle markiert ist, aus, ohne den Inhalt zu löschen.

⇨ *Einblenden* blendet eine Spalte wieder ein, sofern Zellen der beidseitigen Nachbarspalten markiert sind.

Bei *Standardbreite* erscheint ein Dialogfeld, in dem diese Breite vorgegeben ist, aber auch geändert und mit *[⏎]* bestätigt werden kann.

Wird der *'Zeile'*-Befehl gewählt, dann erscheint ein Pulldown-Menü, in dem entsprechend *'Zeilenhöhe'*, *'optimale Höhe'* oder *'Aus-'* bzw. *'Einblenden'* gewählt werden kann. Die Zeilenhöhe muss nur dann verändert werden, wenn die Größe der Schriftzeichen verändert wird.

15   Formatieren - Zelleninhalt (Zahlen)

> ### Anleitung

Geben Sie die Zahlen der oberen Tabelle ein, testen Sie die Formatier-Möglichkeiten und übertragen Sie das erworbene Wissen auf alle Ihre bisher erstellten Tabellen.

> ### Info

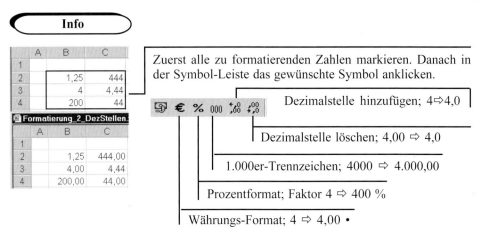

Zuerst alle zu formatierenden Zahlen markieren. Danach in der Symbol-Leiste das gewünschte Symbol anklicken.

Dezimalstelle hinzufügen; 4⇨4,0

Dezimalstelle löschen; 4,00 ⇨ 4,0

1.000er-Trennzeichen; 4000 ⇨ 4.000,00

Prozentformat; Faktor 4 ⇨ 400 %

Währungs-Format; 4 ⇨ 4,00 •

Kann eine Zahl nach der Umformatierung mit den Symbolen nicht mehr in den Ursprungszustand gebracht werden, dann kann im *'Format'*-Menü folgendes *'Zellen...'*-Dialogfeld aufgerufen werden:

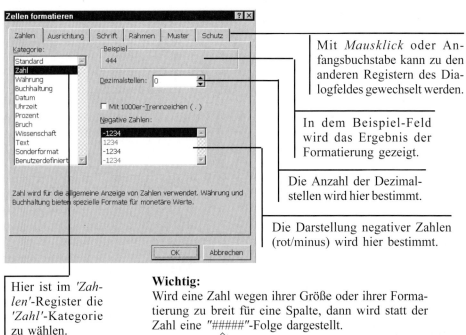

Mit *Mausklick* oder Anfangsbuchstabe kann zu den anderen Registern des Dialogfeldes gewechselt werden.

In dem Beispiel-Feld wird das Ergebnis der Formatierung gezeigt.

Die Anzahl der Dezimalstellen wird hier bestimmt.

Die Darstellung negativer Zahlen (rot/minus) wird hier bestimmt.

Hier ist im *'Zahlen'*-Register die *'Zahl'*-Kategorie zu wählen.

Wichtig:
Wird eine Zahl wegen ihrer Größe oder ihrer Formatierung zu breit für eine Spalte, dann wird statt der Zahl eine *"#####"*-Folge dargestellt.
↳ ⇨ Die Spalte muss also **verbreitert** werden.

15   Formatieren - Zelleninhalt (Texte)

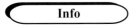
Anleitung

Testen Sie mit einem beliebigen Text die folgenden Formatierungen und übertragen Sie die Erkenntnisse zur besseren Gestaltung auf Ihre bisherigen Tabellen.

Info

- **Zuerst** den zu formatierenden Text **markieren**.
- Danach das gewünschte Symbol in der Symbolzeile anklicken.

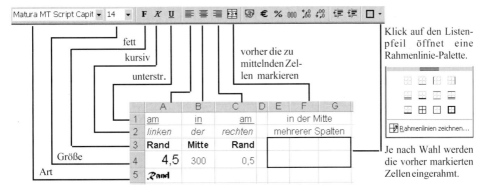

Kann eine Formatierung über die Symbolzeile nicht zurückgenommen werden oder ist eine ganz spezielle Formatierung gewünscht, dann ist im *'Format'*-Menü der *'Zellen'*-Befehl zu wählen, dessen Dialogfeld folgendes Register zur Auswahl stellt:

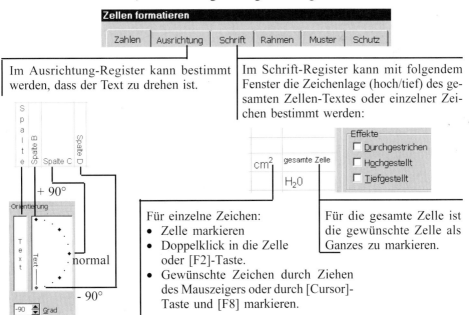

Im Ausrichtung-Register kann bestimmt werden, dass der Text zu drehen ist.

Im Schrift-Register kann mit folgendem Fenster die Zeichenlage (hoch/tief) des gesamten Zellen-Textes oder einzelner Zeichen bestimmt werden:

Für einzelne Zeichen:
- Zelle markieren
- Doppelklick in die Zelle oder [F2]-Taste.
- Gewünschte Zeichen durch Ziehen des Mauszeigers oder durch [Cursor]-Taste und [F8] markieren.

Für die gesamte Zelle ist die gewünschte Zelle als Ganzes zu markieren.

16   Aufgaben

Anleitung

- Öffnen Sie alle bisher erstellten Tabellen, formatieren Sie die Werte mit zwei Dezimalstellen und die Überschriften mit Fettdruck und speichern Sie die geänderten Tabellen.
- Lösen Sie anschließend die folgenden Aufgaben und versuchen Sie dabei, die Tabelle aufgrund der Aufgabenstellung selbst zu gestalten. Die Hinweise zu der Berechnung können Sie dann analog auf Ihre eigene Tabelle anwenden.   **Tabellen speichern !!**

Aufgaben

1. Aus den Beständen und den Ein- und Verkäufen sind für die vier Verkaufsbezirke Nord, Süd, Ost und West die Endbestände zu ermitteln. Die jeweiligen Gesamtwerte sind ebenfalls zu ermitteln.

Umsatz

	A	B	C	D	E	F
1	**Bestandszahlen für PC-500**					
2						
3	Bezirke	Nord	Süd	Ost	West	Summe
4	Bestand	20,00	10,00	50,00	80,00	**160,00**
5	+ Einkäufe	50,00	200,00	300,00	400,00	**950,00**
6	- Verkäufe	40,00	150,00	250,00	320,00	**760,00**
7	---------------	---------------	------------	---------------	---------------	---------------
8	Endbestand	**30,00**	**60,00**	**100,00**	**160,00**	**350,00**

> **Eingabe-Erleichterung:** Die Zell-Adressen nicht schreiben, sondern nach dem jeweiligen Rechenzeichen auf die gewünschte Zelle klicken.

Formeln: F4: = B4 + C4 + D4 + E4   (mit = beginnen und immer **ohne** Leerstellen)
                        B8: = B4 + B5 - B6   (Formeln anschließend kopieren; S. 18)
Formatieren Sie die Überschrift **fett** und die Zahlen mit zwei Dezimalstellen (S. 26/27).

2. Die Halbjahresumsätze von drei Vertretern sollen gezeigt und zum Jahresumsatz pro Vertreter addiert werden. Aus den vorgegebenen Provisionssätzen soll pro Vertreter die Provision berechnet werden. Alle Beträge sind zu addieren.

Halbjahr

	A	B	C	D	E	F
1						
2						
3	Name	1. Halbjahr	2. Halbjahr	Summe	%-Satz	Provision
4	---------------	---------------	---------------	---------------	------------	---------------
5	Schulze	200000,00	150000,00	**350000,00**	3,5	**12250,00**
6	Maier	120000,00	150000,00	**270000,00**	4,0	**10800,00**
7	Müller	300000,00	100000,00	**400000,00**	3,0	**12000,00**
8	---------------	---------------	---------------	---------------	------------	---------------
9	Gesamt	**620000,00**	**400000,00**	**1020000,00**		**35050,00**

> **Tabellengestaltung:** Spalten und Zeilen so wählen, dass möglichst viel auf **einer** Bildschirmfläche gezeigt werden kann.

Formeln: D5:   = B5 + C5   (mit = beginnen und immer **ohne** Leerstellen)
                        F5:   = D5 / 100 * E5   (Formeln anschließend kopieren)
                        B9:   = B5 + B6 + B7   **oder** = Summe (B5 : B7) (siehe S.41)

16   Aufgaben (Fortsetzung)

3. Nach Eingabe der Kilometerstände, der getankten Benzinmenge und des Rechnungs-
betrages sollen die gefahrenen Kilometer und der Verbrauch pro 100 km berechnet
werden.

Benzin

	A	B	C	D	E
1	Fahrtenbuch				
2					Verbrauch
3	km-Stand	Liter	€	gefahren	pro 100 km
4	-------------	---------	----------	---------------	------------------
5	21000				
6	21500	40	60,00	500,00	8,00
7	21900	35	55,00	400,00	8,75
8	-------------	---------	----------	---------------	------------------
9	Gesamt	75	115	900,00	8,33

Formeln:
D6:   = A6 - A5
E6:   = B6 * 100 / D6
B9 bis D9: Summen bilden
E9:   entsprechend E6
zusätzlich:
Preis pro Liter in F6:
= C6 / B6
Kosten pro 100 km in G6:
=E6 * F6

4. Nach Eingabe des •-Betrages und des •-Geld-Kurses (Bank kauft billig) wird der
Fremdwährungsbetrag ermittelt. Der so ermittelte oder ein einzugebender
Fremdwährungsbetrag soll wieder in • umgerechnet werden (Bank verkauft teuer).

Devisen

	A	B	C	D	E	F
1	**Euro-Umwandlung in Fremdwährung und zurück:**					
2	€-Betrag, den Bank kauft --> (Eingabe)			100,00	*oder alternativ*	
3	€-Geld-Kurs (nieder) ---------> (Eingabe)			0,949	*Fremdbetrag eingeben:*	
4	Fremd-Währung (wird berechnet) -->			**94,90**		*94,90*
5	€-Brief-Kurs(Bank verkauft) --> (Eingabe)			1,009	*<-- damit € berechnen*	
6	€ - Währungsbetrag (wird berechnet) -->			**94,05**		**94,05**
7	**Kursbeispiele:** d.h. 1 € kostet so viel Fremdwährung (am Bankschalter)					
8	Euro-Kurs:	USA	Japan	Schweiz	Großbrit.	Südafrika
9	**Geld**	0,949	115,000	1,432	0,625	8,450
10	**Brief**	1,009	124,000	1,497	0,670	12,050

Formeln: Fremdwährung = •-Betrag * •-Kurs   **•-Betrag** = Fremdwährung / •-Kurs

5. Nach Eingabe der bekannten Daten sind die Lieferantenkreditkosten bei Inanspruch-
nahme des Zahlungsziels mit den Bankkreditkosten zu vergleichen, die zur Finanzie-
rung einer Zahlung innerhalb der Skontofrist anfallen.

Skonto

	A	B	C	D	E
1	Lieferantenkredit		|	Bankkredit	
2			|		
3	Skontosatz in %:	2	|	Zinssatz in %	15
4	Skontofrist (Tage):	8	|		
5	Zahlungsziel (Tage):	30	|	Kreditdauer:	22
6	Rechnungsbetrag:	5000,00	|		
7			|		
8	Kosten in € :	100,00	|		45,83

Formeln:
Kreditdauer in E5:
= B5 - B4
Lief.-Kreditkosten in B8 als
einfache Prozentrechnung:
= B6 / 100 * B3
Bank-Kreditkosten in E8 als
Zinsrechnung mit *Zeit:*
= B6 / 100 * E3 * *E5 / 360*

16   Aufgaben (Fortsetzung)

6. Für die Mitarbeiter werden Arbeitszeit und Stundenlohn eingegeben. Aus diesen Größen ist der Lohn für die normale Arbeitszeit (37,5 Std.), für die Überstunden (plus 25 %) und der Gesamtlohn zu ermitteln. (Annahme: Mindestarbeitszeit = 37,5 Std.)

Lohn

	A	B	C	D	E	F
1	Name	Stunden	Std.-Lohn	Normallohn	Zusatzlohn	Gesamt
2	----	----	----	----	----	----
3	Müller	40,0	19,00	712,50	59,38	771,88
4	Neumeier	37,5	20,00	750,00	0,00	750,00
5	Kurz	38,0	21,50	806,25	13,44	819,69

Formeln:
Normal in D3:
= 37,5 * Std.lohn
Zusatz in E3:
= (Std. - 37,5) *
         Std.lohn * 1,25
Gesamt in F3:
= Normal + Zusatz

7. Bei mehreren Artikeln sollen aus den bekannten Größen Preis, Kalkulationsfaktor, Bestand und Absatz folgende Werte ermittelt werden: Lagerwert, VK-Preis, Umsatz in Euro und Rohgewinn.
Formeln:
Lagerwert (C7): = EK-Preis * Bestand
VK-Preis (C8): = EK-Preis * Kalk-Faktor
Umsatz (C9): = VK-Preis * Absatz
Rohgew. (C10):= (VKP - EKP) * Absatz

Kennziff

	A	B	C	D
1	Artikel	|	PC-200	PC-500
2	----	|	----	----
3	EK-Preis	|	800,00	150,00
4	Kalk.-Faktor	|	1,30	1,50
5	Bestand	|	5	2
6	Absatz in Stück	|	20	40
7	Lagerwert	|	4000,00	300,00
8	VK-Preis	|	1040,00	225,00
9	Umsatz in €	|	20800,00	9000,00
10	Rohgewinn	|	4800,00	3000,00

8. Öffnen Sie die LAGER-Tabelle (S. 19) und ermitteln Sie die aktuellen Lagerwerte, wenn nach einer Wertminderung wegen technischen Fortschritts die Werte aller Artikel nur noch einen bestimmten Prozentsatz der bisherigen Werte betragen.

Lager

	A	B	C	D	E
1					neue Werte
2	Artikel	Menge	Preis	Lagerwert	in €
3	----	----	----	----	----
4	PC-200	5	800,00	4000,00	2000,00
5	PC-500	3	1500,00	4500,00	2250,00
6	Notebook	4	4000,00	16000,00	8000,00
7					
8	neue Werte (nach Wertminderung) in %				50

Eingabe-Erleichterung bei absoluter Adressierung:
Zell-Adresse relativ schreiben oder anklicken und danach **F4** drücken.

Die neuen Lagerwerte stehen immer neben dem jeweiligen bisherigen Lagerwert.
    ⇨ normaler Zellbezug
Der Prozentsatz steht für alle Artikel immer in der Zelle E8.
    ⇨ $absoluter Zellbezug (siehe S. 22)
Die Formel in E4 soll nach unten kopiert werden können.

16   Aufgaben (Fortsetzung)

9. Namen und Eigenkapitalbeteiligung von drei OHG-Gesellschaftern ist gegeben.
Der ebenfalls bekannte Jahresgewinn ist so zu verteilen, dass
- jeder Gesellschafter zunächst 4 % seiner Beteiligung verzinst bekommt (hier in Spalte C) und
- der verbleibende Gewinnüberschuss (Gesamtgewinn abzgl. 4 %-Summe) zu gleichen Teilen auf die drei Gesellschafter verteilt wird (hier in Spalte D).
Pro Gesellschafter ist dann noch die Gewinnsumme zu ermitteln.

Ohg

	A	B	C	D	E
1	OHG-Gesell-schafter	Kapital	4%	Rest zu glei-	Gesamt
2	---------------	---------------	---------------	---------------	---------------
3	Koch	20000,00	800,00	98000,00	98800,00
4	Schreiner	100000,00	4000,00	98000,00	102000,00
5	Metzger	30000,00	1200,00	98000,00	99200,00
6	---------------	---------------	---------------	---------------	---------------
7		150000,00	6000,00	294000,00	300000,00

Zins in C3:
   = Kapital * 0,04
Überschuss in D7:
   = Gesamtgewinn
   - 4 %-Summe
Rest in D3:
   = Überschuss / 3
   ⇨ $absolut
Gesamt in E3:
   = Zinsen + Rest

10. Gegeben werden Jahr und Wert einer Anschaffung und der Abschreibungssatz. Hieraus ist eine Tabelle zu entwickeln, die für alle Folgejahre die jeweiligen Anfangs- und Endwerte und die Höhe der degressiven Abschreibungsraten zeigt.
Degressiv bedeutet, dass der gleiche Abschreibungsprozentsatz vom jeweils reduzierten Wert berechnet wird und dadurch auch immer kleiner wird.

Die Jahre ab A8 sollen sich entsprechend der Eingabe von C3 ändern, sie sind also durch Formeln zu ermitteln:

erstes Anfangsjahr in A8:
   = Anfangsjahr aus C3
nächstes Anfangsjahr ab A9:
   = A8 + 1
   (nach unten kopieren)
Anfangswert in B8:
   = Anfangswert aus C4

Afa

	A	B	C	D
1	**Degressive Abschreibung**			
2	(=Prozentsatz vom Restwert)			
3	Anschaffungsjahr		2003	
4	Anschaffungswert		21000,00	
5	Abschreibungssatz		25,00	
6				
7	Jahr	Anfangswert	Abschreibung	Endwert
8	2003	21000,00	5250,00	15750,00
9	2004	15750,00	3937,50	11812,50
10	2005	11812,50	2953,13	8859,38
11	2006	8859,38	usw.	usw.

Abschreibung in C8:
   = Anfangswert dieses Jahres / 100 * %-Satz aus C5
   ⇨ absoluter Zellbezug
Endwert in D8:
   = Anfangswert dieses Jahres - Abschreibung dieses Jahres
Anfangswerte ab B9:
   = Endwerte aus Vorjahres-Zeile   (nach unten kopieren)

16   Aufgaben (Fortsetzung)

11. Aus dem aufgenommenen Kreditbetrag, dem Zins- und Tilgungssatz soll eine Tabelle entwickelt werden, die zeigt, wie sich die Kredithöhe, die jährliche Tilgung und die jährlichen Zinsen im Lauf der Jahre entwickeln. Es wird angenommen, dass Zins- und Tilgungszahlung zusammen einen jährlich gleichen Annuitätsbetrag ergeben.

Tilgung

	A	B	C	D	E	F
1	Kredit	100000	Zinssatz in %	10	Tilgung in %	1
2						
3	Jahr	Anfang	Tilgung	Ende	Zins	Annuität
4	--------	---------------	---------------------	---------------	---------------------	---------------
5	1	100000,00	1000,00	99000,00	10000,00	11000,00
6	2	99000,00	1100,00	97900,00	9900,00	11000,00
7	3	97900,00	1210,00	96690,00	9790,00	11000,00

Kredit in   B5: = Wert aus B1
Annuität in F5: = Wert aus B1 / 100 * (Zinssatz in D1 + Tilgungssatz in F1)
                    (⇨ $absolut)   (⇨ $absolut)   (⇨ $absolut)
Zinsen in   E5: = Wert aus B5 / 100 * Zinssatz in D1 (⇨ $absolut)
Tilgung in   C5: = Annuität (F5) - Zins (E5)
Endwert in   D5: = Wert aus B5 - Tilgung aus C5
Kredit in   B6: = Wert aus D5 (kopieren)

12. Aus den Eingabewerten von Zeile 2 ist eine Kostentabelle zu erstellen, aus der die kostengünstigste Bestellmenge, bei der die Summe aus Lager- und Bestellkosten am kleinsten ist, ersehen werden kann.

Kosten

	A	B	C	D	E	F	G
1		Jahres-bedarf	Stück-preis	Lagerkos-tensatz in %	Mindest-bestell-menge	Kosten pro Be-stellung	Mengen-erhöhung
2	Eingabe	1000	20,00	25	100	100,00	50
3	--------	--------------	-------------	---------------	-------------	-------------	---------------
4	Bestell-menge	durchschn. Lagerbest.	Lager-wert	Lager-kosten	Bestell-häufigkeit	Bestell-kosten	Gesamt-kosten
5	--------	--------------	-------------	---------------	-------------	-------------	---------------
6	100	50	1000,00	250,00	10,0	1000,00	1250,00
7	150	75	1500,00	375,00	6,7	666,67	1041,67
8	200	100	2000,00	500,00	5,0	500,00	1000,00
9	250	125	2500,00	625,00	4,0	400,00	1025,00
10	300	150	3000,00	750,00	3,3	333,33	1083,33

Z e i l e n -umbruch:
[Alt] +
[Return]

Bestellmenge in A6: = Mindestbestellmenge aus E2
Bestellmenge ab A7: = Menge aus A6 + Erhöhung aus **G2** (⇨ $absolut)   (kopieren)
Lagerbestand in B6: = Bestellmenge aus A6 / 2   (kopieren)
Lagerwert in C6:   = Lagerbestand aus B6 * Stückpreis aus **C2** (⇨ $) (kopieren)

12. Fortsetzung
    Lagerkosten in D6:   = Lagerwert aus C6 / 100 * Lagerkostensatz aus **D2** (kop.)
    Best.-häufigkeit in E6: = Jahresbedarf aus **B2** / Bestellmenge aus A6   (kop.)
    Bestellkosten in F6:   = Best.-häufigkeit aus E6 * Kosten pro Best aus **F2** (kop.)
    Gesamtkosten in G6:   = Lagerkosten aus D6 + Bestellkosten aus F6   (kop.)
                           (⇨ die fett gedruckten Zellen $absolut adressieren)

13. Sind Fixkosten, Stückkosten und Stückpreis bekannt, dann können für unterschiedliche Stückzahlen die Kosten, Erlöse und Gewinne ermittelt werden.
    Die Stückzahlen beginnen bei 0 und steigen jeweils um die in A2 gezeigte Anzahl.

Schwelle

	A	B	C	D	E
1	Erhöhung	Stückkosten	Fixkosten	Stückpreis	
2	1000	2,00	5000,00	4,00	<--Eingabe
3	------------	------------	------------	------------	------------
4	Stück	variable K.	Gesamtkosten	Einnahmen	Gewinn
5	------------	------------	------------	------------	------------
6	0	0,00	5000	0	-5000,00
7	1000	2000,00	7000	4000	-3000,00
8	2000	4000,00	9000	8000	-1000,00
9	3000	6000,00	11000	12000	1000,00
10	4000	8000,00	13000	16000	3000,00

Stück in A7:
= A6 + **A2**
variable Kosten in B6:
= A6 * **B2**
Gesamtkosten in C6:
= B6 + **C2**
Einnahmen in D6:
= A6 * **D2**
Gewinn in E6:
= D6 - C6
fett ⇨ $absolut

14. Die Kreditkonditionen von zwei Banken sollen verglichen werden, wobei
    - der Kreditbetrag und die Laufzeit gleich sein sollen,
    - Gebühren, Disagio und Zinssatz pro Bank natürlich differieren.

Effektiv

	A	B	C	D	E	F	G
1	Bank			Boden-Bank			Grund-Bank
2	Betrag	100000,00	%			%	
3	Gebühren			100,00			0,00
4	Disagio		3,0	3000,00		5,0	5000,00
5	Zins p.a.		7,0			6,5	
6	Jahre	5					
7	Gesamtzins			35000,00			32500,00
8	Gesamtkosten			38100,00			37500,00
9	Auszahlung			97000,00			95000,00
10	Effektivzins			7,86		.	7,89

Bei den nachfolgend gezeigten Formeln sind die fett dargestellten Zellen wieder $absolut zu adressieren, damit die Formeln von Spalte D in die Spalte G kopiert werden können.

Disagio in D4:   = %-Satz in C4 * Betrag aus **B2** / 100
Gesamtzins in D7:   = Zinssatz aus C5 * Jahre aus **B6** * Betrag aus **B2** / 100
Gesamtkosten in D8: = Gebühren aus D3 + Disagio aus D4 + Gesamtzins aus D7
Auszahlung in D9:   = Betrag aus **B2** - Disagio aus D4
Effektivzins in D10: = Gesamtkosten aus D8 * 100 / Auszahlung aus D9 / **B6**

15. Gemäß den Entlohnungsvereinbarungen für Reisende (Fixum + Provision) und Vertreter (nur Provision) sollen für unterschiedliche Umsatzhöhen die tatsächlichen Vertriebskosten ermittelt werden. Die Umsätze ab A7 ergeben sich aus dem Anfangswert aus A3 und dem Erhöhungswert aus B3.

Absatz

	A	B	C	D	E
1	Umsatz	Erhöhung	**Reisender**		**Vertreter**
2	Beginn bei	um	Fixum	Prov-Satz	Prov-Satz
3	20000,00	5000,00	2000,00	1,0	5,0
4	---------------	---------------	---------------	---------------	---------------
5	Umsatz	Reisender	Vertreter		
6					
7	20000,00	2200,00	1000,00		
8	25000,00	2250,00	1250,00		
9	30000,00	2300,00	1500,00		
10	35000,00	2350,00	1750,00		
11	40000,00	2400,00	2000,00		
12	45000,00	2450,00	2250,00		
13	50000,00	2500,00	2500,00		
14	55000,00	2550,00	2750,00		
15	60000,00	2600,00	3000,00		

Bei den folgenden Formeln sind die fett dargestellten Zellen wieder $absolut zu adressieren, damit sie nach unten kopiert werden können.

Start-Umsatz in A7:
 = A3
Folge-Umsatz ab A8:
 = A7 + **B3**

Reisende-Kosten in B7:
 = A7 / 100 * **D3** + **C3**

Vertreter-Kosten in C7:
 = A7 / 100 * **E3**

16. Entsprechend dem Handels-Kalkulationsschema ist aus dem Listen-Einkaufspreis, den Rabatt- und Skontosätzen, den Bezugskosten und den Handlungskosten- und Gewinnzuschlägen der Barverkaufspreis zu ermitteln.

Kalk

	A	B	C	D	E	F	G
1	**Warenbezeichnung**			**PC - 200**			**PC - 500**
2			%	%			%
3	Listenpreis			800,00			1500,00
4	- Rabatt		30	**240,00**		25	**375,00**
5							
6	Rechnungspreis			**560,00**			1125,00
7	- Skonto		2	**11,20**		3	33,75
8							
9	Bareinkaufspreis			**548,80**			1091,25
10	+ Bezugskosten			250,00			100,00
11							
12	Bezugspreis			**798,80**			1191,25
13	+ H.-Kostenzuschlag	25		**199,70**			297,81
14							
15	Selbstkostenpreis			**998,50**			1489,06
16	+ Gewinnzuschlag	20		**199,70**			297,81
17							
18	Barverkaufspreis			**1198,20**			1786,88

Die Formeln sollen von Spalte D nach Spalte G kopiert werden.

Rabatt in D4:
 = Listenpreis / 100 * %-Satz
Rechnungspreis in D6:
 = Listenpreis - Rabatt
Skonto in D7:
 = Rech.-Preis / 100 * %-Satz
Bareinkaufspreis in D9:
 = Rechnungspreis - Skonto
Bezugspreis in D12:
 = BarEKP + Bezugskosten
H.-Kostenzuschlag in D13:
 = Bezugspreis / 100 * **%-Satz**
Gewinnzuschlag in D16:
 = SKPreis / 100 * **%-Satz**

Wieso sind die Prozentsätze der Spalte B $absolut zu adressieren?

17   Datenbank-Tabelle aus Access importieren

Info

Excel verwaltet Tabellen und speichert sie als Tabellen-Dateien. Access ist ein Datenbank-Management-System, das die gesamte Datenbank mit den in ihr zusammenwirkenden Tabellen als Datenbank-Datei speichert. Soll nun eine Datenbank-Tabelle als Excel-Tabelle bearbeitet werden, so könnte sie importiert werden, wenn in Excel mit dem 'Extras'-Befehl durch den 'Add-Ins-Manager...' die 'Access-Links' aufgerufen werden.

Da diese 'Access-Links' aber nicht immer installiert sind, ist es sicherer, zu Access zu wechseln und dort die gewünschte Tabelle zu exportieren.

Anleitung

Die Entwicklung der Quartalsendbestände unserer Artikel soll in der nebenstehenden Tabelle gezeigt werden.

Die Erfassung der umrandeten Daten erübrigt sich, wenn auf die Daten der bereits vorhandenen Artikel-Tabelle zurückgegriffen wird.

Dies geschieht in folgenden Stufen:

			Artikel					
	A	B	C	D	E	F	G	H
1				Quartalsbestände und Jahresdurchschnitts-				
2		Num	Bezeich	1. Quartal	2. Quartal	3. Quartal	4. Quartal	**bestand**
3		121	PC	20	22	25	11	19,50
4		232	Monitor	14	20	17	4	13,75
5		344	Drucker	16	18	20	3	14,25
6		354	Drucker	10	5	7	5	6,75
7		522	Modem	3	8	10	42	15,75

Artikel : Tabelle

	Num	Bezeich	Bestand	MelBe	BeMeng	Preis	Lief
▶	121	PC	20	8	40	1700,00	811
	232	Monitor	14	8	20	700,00	811
	344	Drucker	16	8	20	400,00	822
	354	Drucker	10	6	20	1100,00	833
	522	Modem	6	4	5	550,00	833

1. **Access laden**   ⇨ siehe hierzu Kapitel 60
2. **Betrieb-Datenbank öffnen**   ⇨ siehe hierzu Kapitel 63
3. **Artikel-Tabelle exportieren** ⇨ siehe hierzu Kapitel 102

Als Ergebnis wird die nebenstehende Excel-Tabelle mit sämtlichen Daten der Access-Tabelle ausgegeben. Die Formatierung der Feldnamen wird nur übernommen, wenn dies beim Export angegeben wurde.

4. **Rahmen und Füllfarben entfernen** (falls formatiert)

Nach Feldmarkierung und Klick auf Rahmen- und Füllfarben-Symbole kann die Hervorhebung der Feldnamen zurückgenommen werden.

Artikel

	A	B	C	D	E	F	G
1	Num	Bezeich	Bestand	MelBe	BeMeng	Preis	Lief
2	121	Pc	20	8	40	1700,00	811
3	232	Monitor	14	8	20	700,00	811
4	344	Drucker	16	8	20	400,00	822
5	354	Drucker	10	6	20	1100,00	833
6	522	Modem	3	4	5	550,00	833

⇨ siehe hierzu Kapitel 18

Artikel

	A	B	C	D
1	Num	Bezeich	Bestand	MelBe
2	121	Pc	20	8
3	232	Monitor	14	8

⊞ ▾ ◇ ▾

Rahmen   Füllfarbe(Automatisch)

17   Datenbank-Tabelle aus Access importieren - Fortsetzung

Anleitung

5. Tabelle ergänzen

- überflüssige Felder löschen und Daten für die weiteren Quartale eingeben
- Durchschnittsbestände ermitteln   ⇨ siehe hierzu Kapitel 21
- Leerzeile einfügen   ⇨ siehe hierzu Kapitel 14
- Überschrift eingeben und fett formatieren   ⇨ siehe hierzu Kapitel 15

18   Bereichsmarkierung

Info

☐ **Einfacher Bereich**	☐ **Mehrfachauswahl**

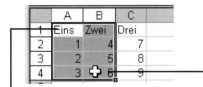

Linkes, oberes Eck mit breitem Mauskreuz markieren, linke Maustaste drücken und halten, bis zum rechten unteren Eck ziehen und hier loslassen.	Den ersten Bereich als einfachen Bereich aufziehen. Jeden weiteren Bereich bei gedrückter *[Strg]*-Taste aufziehen.

⌨ Mit dem *[Cursor]* die linke obere Zelle markieren, mit *[F8]* die Erweiterung einschalten und mit dem *[Cursor]* bis zur rechten unteren Ecke ziehen.

⌨ Mit *[F8]* und *[Cursor]* den ersten Bereich markieren.
Mit *[⇧][F8]* die Mehrfachauswahl einschalten.
Mit *[F8]* und *[Cursor]* den nächsten Bereich markieren.

Die markierten Zellen bearbeiten, z. B. formatieren, und nach der Bearbeitung die Erweiterung mit *[Esc]* oder erneutem *[F8]* ausschalten.

☐   **Weitere Bereichsmarkierungen**

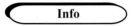

- Ganze Zeile: Zeilenkopf anklicken   [⇧] + [Leer] gleichzeitig

- Ganze Spalte: Spaltenkopf anklicken   [Strg] + [Leer] gleichzeitig

- Ganze Tabelle: Schnittpunkt von Spalten- und Zeilenkopf anklicken   [Strg] + [⇧] + [Leer] gleichzeitig

19 Drucken

> **Info**

□ **Ganze Tabelle**

Tabelle laden und das gewünschte 🖨 🔍 Icon anklicken.

Sofort-Ausdruck auf dem vom System-betreuer eingerichteten Drucker.	Bildschirm-Probeausdruck, der mit *[Esc]* wieder verlassen werden kann.
▤ Nach *[Alt]* '*Datei*' '*Drucken...*' in dem Dialogfeld *[OK]* bestätigen.	▤ Nach *[Alt]* '*Datei*' den Befehl '*Seitenansicht*' wählen.

□ **Seitenumbruch**

- Automatischer Seitenumbruch, sofern die Tabelle nicht auf ein Blatt passt.
- Anwenderbestimmter Seitenumbruch gemäß folgender Anleitung:

① Jene Zelle mit *Mausklick* oder *[Cursor]* markieren, vor/über der ein Seitenumbruch eingefügt werden soll.

	A	B	C	D
1	Jan	500	Jul	900
2	Feb	300	Aug	800
3	Mrz	200	Sep	700
4	Apr	50	Okt	90
5	Mai	30	Nov	80
6	Jun	20	Dez	70

	A	B	C	D
1	Jan	500	Jul	900
2	Feb	300	Aug	800
3	Mrz	200	Sep	700
4	Apr	50	Okt	90
5	Mai	30	Nov	80
6	Jun	20	Dez	70

② Wird danach *[Alt]* '*Einfügen*' '*Seitenumbruch*' gewählt, dann wird die Tabelle in diesem Fall in vier Bereiche geteilt, d. h. **vor** der markierten Zelle und **über** der markierten Zelle erfolgt ein Seitenumbruch.
Wäre C1 markiert worden, dann wäre nur ein senkrechter Seitenumbruch eingefügt worden.

Der Seitenansicht-Probeausdruck zeigt jeweils einen Teil der Tabelle.
In der Seitenansicht gibt es folgende Schaltflächen:

[Weiter]/[Vorher]	blättern,
[Zoom]	vergrößern/verkleinern,
[Drucken]	drucken,
[Layout]	Seitenformat ändern,
[Ränder]	die Randmarkierung einblenden und Verschieben ermöglichen,
[Umbruch-Vorschau]	Umbruch verschieben; zurück mit '*Ansicht*' '*Normal*',
[Schließen]	zur Tabelle zurück (auch mit *[Esc]*).

> **Tipp**

Zeigt ein Pulldown-Menü nicht alle gewünschten Befehle, dann auf das Befehlserweiterungs-Symbol klicken, damit die restlichen Befehle dieses Menüs erscheinen.

19   Drucken   (Fortsetzung)

☐   **Seitenreihenfolge ändern**

Vier Seiten werden standardmäßig so ausgegeben, dass zuerst die untereinander liegenden Teile gedruckt werden.
Sollen die nebeneinander liegenden Teile aufeinander folgend gedruckt werden, ist nach *[Alt] 'Datei' 'Seite einrichten'* zu dem *'Tabelle'*-Register zu wechseln und darin die gewünschte Reihenfolge zu wählen.

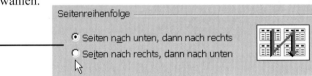

☐   **Seitenumbruch aufheben**

- Jene Zelle mit *Mausklick* oder *[Cursor]* markieren, vor/über der ein Seitenumbruch eingefügt wurde.
- Nach *[Alt] 'Einfügen'* den Befehl *'Seitenumbruch aufheben'* wählen.

☐   **markierten Bereich drucken**

- Zuerst den gewünschten Zellbereich markieren.
- Danach nach *[Alt] 'Datei'* das *'Drucken...'* - Dialogfeld aufrufen.
- Hier *'Markierung'* wählen und mit *[⏎]* oder Klick auf *[OK]* bestätigen.

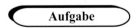

Soll danach wieder die ganze Tabelle gedruckt werden, wird automatisch zurückgestellt.

Öffnen Sie beliebige Tabellen und testen Sie mit dem Bildschirm-Probeausdruck die Ausgabe
- einer ganzen Tabelle,
- eines markierten Bereichs,
- einer ganzen Tabelle mit automatischem Seitenumbruch,
- einer ganzen Tabelle mit anwenderbestimmtem Seitenumbruch und
- einer ganzen Tabelle mit geänderter Seitenreihenfolge.

19   Drucken (Fortsetzung)

Info

☐   Kopf-/Fußzeile drucken

Standardmäßig wird eine Excel-Tabelle ohne Kopf- und Fußzeile, ohne Gitternetzlinie und ohne Zeilen- und Spaltenüberschriften ausgedruckt.

Werden diese Elemente zur individuellen Gestaltung der Tabelle gewünscht, so ist nach *[Alt] 'Datei'* das *'Seite einrichten...'*-Dialogfeld aufzurufen.

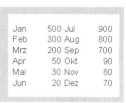

Im ① *'Kopfzeile/Fußzeile'*-Register kann nach Klick auf den ② Kopfzeile-Listenpfeil aus einer Liste möglicher Kopfzeilen gewählt werden.

Zur noch individuelleren Gestaltung erscheint nach Klick auf ③ *'Benutzerdefinierte Kopfzeile...'* das 'Kopfzeile'-Fenster, das folgende Eingabemöglichkeiten bietet:

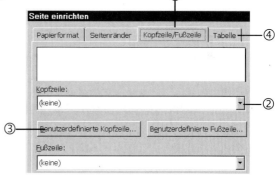

Nach *Klick* in dieses Feld kann der automatische Text gelöscht und durch einen eigenen Text ersetzt werden. Die Änderungen sind mit [OK] zu bestätigen.

Die Symbole erlauben folgende Eintragungen:
* Gestaltung der markierten Schrift
* Seitenanzahl
* Zeit
* Dateiname ohne Pfad
* Bildeinfügemöglichkeit

* Seitennummer
* Datum
* Dateiname mit Pfad
* Blattbezeichnung

Die Wahl der anderen Register eröffnet weitere Gestaltungsmöglichkeiten.

Im ④ 'Tabelle' - Register kann z. B. bestimmt werden, ob

'☐ Gitternetzlinen' und '☐ Zeilen- und Spaltenüberschiften'

☑ gedruckt oder
☐ nicht gedruckt
werden sollen.

Drucken
☐ Gitternetzlinien   ☐ Zeilen- und Spaltenüberschriften

20   Schutz der Tabelle

Info

Werden die folgenden Texte, Werte und Formeln in die Tabelle eingegeben, dann erscheint der richtige Verkaufspreis.

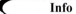

	A	B	C
1	Einkaufspreis		1000,00
2	Zuschlag in %	5	=C1/100*B2
3			
4	Verkaufspreis		=C1+C2

Werden die Formeln in C2 und in C4 jedoch überschrieben, dann ist die Tabelle nicht mehr korrekt.

Um dies zu verhindern, sind die Zellen der Tabelle vor dem Überschreiben/Löschen zu sichern.

Merke:
Eine Zelle ist vor ungewolltem Zugriff nur dann geschützt, wenn
die **Zelle gesperrt formatiert** ist **und gleichzeitig** das **Dokument geschützt** ist.

• **Gesperrt formatieren**	• **Dokument schützen**

Nach *[Alt]* *'Format'* *'Zellen'* das *'Schutz'*-Register wählen. Hier ist standardmäßig '☑ Gesperrt' formatiert.

Nach *[Alt]* *'Extras' 'Schutz'* den *'Blatt schützen'*-Befehl wählen, der sich mit dem folgenden Dialogfeld (rechts) meldet:

Wird dies mit *[OK]* bestätigt, ist die Tabelle geschützt.

• **Das Dokument vom Schutz befreien**
Nach *[Alt]* *'Extras' 'Schutz'* den *'Blattschutz aufheben...'*-Befehl wählen, der sofort wirkt, ggf. jedoch noch zur Eingabe des Kennwortes auffordert.

❑ **Bestimmte Eingabezellen von der Sperrung befreien**
Soll in der obigen Tabelle in die Zelle C1 ein neuer Einkaufspreis eingegeben werden, so muss diese Zelle auf folgende Weise von der Sperrung befreit werden:

① Das ganze Dokument vom Schutz befreien.

② Die gewünschte Zelle (C1) markieren
und '[ ] Gesperrt' von der
☑ - Markierung befreien.

③ Das ganze Dokument wieder schützen, damit nur die Eingabezelle frei ist.

Wurden mehrere Zellen vom Schutz befreit, können sie mit *[Tab]* angesteuert werden.

Aufgabe

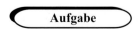

Schützen Sie in allen Tabellen die Formel-Zellen.

21   Funktionen verwenden

Info

	A	B
1	Januar	100
2	Februar	200
3	März-Okt.	500
4	Nov.	300
5	Dez.	200
6		
7	Summe	1300

Soll in B7 die Summe der Werte von B1 bis B5 stehen, dann dient hierzu die Formel: = B1 + B2 + B3 + B4 + B5
Einfacher ist die Summe-Funktion: **=SUMME(B1 : B5)**
Nach dem Summe-Funktionswort ist in Klammer der zu bearbeitende Bereich durch die *erste Zelle*, den *Doppelpunkt* und die *letzte Zelle* zu kennzeichnen.
Weitere Funktionen sind z. B. Mittelwert, Max und Min.

Formeln immer **ohne** Leerstellen eingeben !!

Tipp: Das '*AutoSumme*'- Σ ▾ Symbol anklicken.

Klick auf das Summe-Symbol erstellt die Formel.	Klick auf den Listenpfeil öffnet ein Fenster mit weiteren Funktionen.

22   Mit der Verweis-Funktion suchen

Anleitung

In allen Zellen - außer in C2 - Daten eingeben.

	A	B	C
1	gesuchtes Jahr:		2002
2	zugehöriger Umsatz:		20.000
3	Jahr		Umsatz
4			
5	2001		30.000
6	2002		20.000
7	2003		50.000
8	2004		70.000

In C1 eine *Jahreszahl* aus der Liste von A5 bis A8 eingegeben.

In C2 soll automatisch der *zugehörige Umsatz* aus der Liste von C5 bis C8 ausgegeben werden.

In C2 ist die Verweis-Funktion einzugeben, die den gesuchten Begriff in der einen Spalte sucht und den dazu passenden Wert aus der anderen Spalte ausgibt.

In C2 steht   ⇨   **= Verweis (C1 ; A5 : A8 ; C5 : C8)**

suche den Inhalt dieser Zelle	suche in dieser Liste	gib den zeilengenau dazu passenden Wert aus dieser Liste aus

Aufgabe

Absatz					
	A	B	C	D	E	F
1	Umsatz	Erhöhung	**Reisender**		**Vertreter**	
2	Beginn bei	um	Fixum	Prov-Satz	Prov-Satz	
3	20000,00	5000,00	2000,00	1,0	5,0	
4					**Umsatz**	20000
5	Umsatz	Reisender	Vertreter		**Reisender**	2200
6					**Vertreter**	1000
7	20000,00	2200,00	1000,00			
8	25000,00	2250,00	1250,00			

Öffnen Sie die Absatz-Tabelle, ergänzen Sie die Texte in Spalte E, benennen Sie A7:A15 als 'Umsatz', B7:B15 als 'Reisender' und C7:C15 als 'Vertreter' und ermitteln Sie in F5 bzw. F6 die jeweiligen Kosten, die zu dem in F4 einzugebenden Umsatz gehören (mit der Verweis-Funktion).

23 Funktionsassistent als Spickzettel

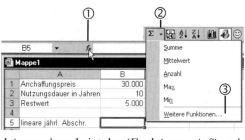

Soll bei den gegebenen Größen die lineare Abschreibung berechnet werden, so kann man sich im Zweifel durch den Funktionsassistenten helfen lassen. Durch

- das ① *'Funktion einfügen'*-Symbol,
- Klick auf den ② *'AutoSumme'*-Listenpfeil und Wahl von ③ *'weitere Funktionen'* oder
- durch die Befehlsfolge *'Einfügen' 'Funktionen..'* erscheint das *'Funktionen einfügen'*-Fenster.
- Wird der Aufforderungstext durch *'lineare Abschreibung'* überschrieben und *[Start]* angeklickt, dann wird im Folge-Fenster die LIA-Funktion ④ gezeigt und erläutert. Sind die in der Funktion gezeigten Begriffe unklar, dann können sie durch Klick auf *'Hilfe für diese Funktion'* erläutert werden.
- Durch Klick auf *[OK]* wird die Funktion aufgerufen und meldet sich mit dem folgenden *Funktionsargumente*-Fenster:

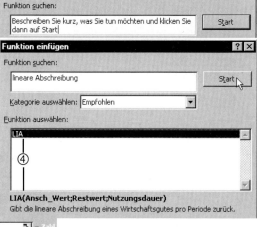

Hier können die Zell-Adressen der gewünschten Größen eingetragen werden oder durch Mausklick in die Zelle übernommen werden.

Verdeckt das Fenster die Tabelle, dann wird nach Klick auf das ⑤ Reduzier-Symbol ein verkleinertes Dialogfeld eingeblendet, das nach erfolgter Eingabe durch ⑥ wieder zu vergrößern ist.

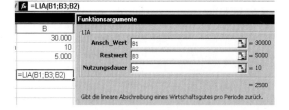

Sind alle Zellen eingetragen, dann steht die vollständige Funktion

- in der Bearbeitungszeile und
- in der Ergebniszelle.

Nach Klick auf *[Ok]* erscheint das Formelergebnis in der Ergebniszelle.

24 Datums-Daten

(Info)

☐ **Datums-Daten eingeben**

	A	B	C	D	E	F
1	1.April.03	1.04.03	**01.04.03**	1.04.2003	**1.Apr.2003**	1. April 03
2	Format-Schablonen:		**TT.MM.JJ**	T.MM.JJJJ	**T.MMM.JJJJ**	T.MMMM.JJ

Werden Datums-Daten in der Form von A1 oder B1 eingegeben, dann erscheinen sie in
einer der Formen von C1 bis F1. Das Ausgabe-Format ist immer gleich - unabhängig von
der Art der Eingabe. Es kann jedoch auch sein, dass seltsame Zahlen erscheinen; in diesem Fall wurde falsch formatiert.

☐ **Datums-Daten formatieren**

Ist ein bestimmtes Format gewünscht, dann sind die entsprechenden Zellen zu markieren,
im *'Format'*-Menü der *'Zellen...'*-Befehl aufzurufen, das *'Zahlen'*-Register zu wählen, im
linken *'Kategorie'*-Fenster *'Datum'* zu wählen, im rechten *'Formate'*-Fenster das gewünschte Format zu markieren oder gemäß obigen Formatier-Beispielen nach Wahl der
'Benutzerdefiniert'-Kategorie selbst zu definieren und mit *[⏎]* zu bestätigen.

☐ **Mit Datums-Daten rechnen**

	A	B	C	D
1	01.12.03	24.12.03	Tage:	23
2				
3				

Sollen in D1 die Tage vom 1. Dez. bis zum 24.
Dez. ermittelt werden, so kann die übliche Re-
chen-Formel eingegeben werden: = **B1 - A1**
Achtung: Ergebnis als Zahl formatieren.

25 Wenn-dann-Entscheidungen

(Anleitung)

	A	B	C	D
1	Fahrzeit + Parkplatzsuche in Minuten:			
2		Auto	Rad	**besser:**
3	zum nächsten Ort	5	25	Auto
4	im Ort zum Kino	20	12	Rad

Die Texte und Werte der Spalten A
bis C sind einzugeben.
Ab D3 ist mit einer Formel zu ermitteln, welches Fahrzeug jeweils
schneller ist.

(Info)

Dabei gilt ⇨ als Wortaussage: Wenn B3 kleiner C3, dann "Auto", sonst "Rad"
       ⇨ als Excel-Formel: **=Wenn (B3<C3 ; "Auto" ; "Rad")**

Die Formel beginnt mit dem WENN-Funktionswort.	Bedin-gung	Dann-Fall	Sonst-Fall

In *Klammer* folgen die zum Funktionswort passenden
Argumente, die durch *Strichpunkte* zu trennen sind.

25   Wenn-dann-Entscheidungen (Fortsetzung)

Info

□   **Zell-Adressen als "Wenn-dann-Fälle"**

Im Auto/Rad-Beispiel hätten statt der festen Begriffe ("Auto" und "Rad") auch deren Zell-Adressen genannt werden können; also ⇨ **=Wenn (B3 < C3 ; B2 ; C2)**

Hier sind die *absoluten Adressen* zu wählen, damit auch nach dem Kopieren auf diese Zellen verwiesen wird.

□   **Formeln als "Wenn-dann-Fälle"**

	A	B	C
1	Zinssatz bis 10 000 = 5%, darüber = 7%		
2			
3	Anlagebetrag	Zinsen	
4	10000	500	
5	20000	1400	

Wird im "Dann-Fall" mit 5 % und im "Sonst-Fall" mit 7 % gerechnet, dann sind in die Wenn-Funktion zwei Formeln zu schreiben. In B4 lautet sie demnach:
=Wenn (A4 <= 10000 ; A4*0,05 ; A4*0,07)

Aufgaben

1. Eine Tabelle enthält Name und Alter der Schüler und zusätzlich den Basis-Fahrpreis für eine Klassenfahrt.
Da die Unter-18-Jährigen nicht an allen Fahrten teilnehmen können, soll ihr Fahrpreis nur die Hälfte betragen.
Ermitteln Sie durch eine kopierbare 'Wenn-dann-Entscheidung' die Preise pro Schüler.
(In der Beispiel-Tabelle ab Zelle C5.)

Rabatt

	A	B	C
1	Grund-Fahrpreis:		35,00
2	Rabatt:	wenn unter 18	
3		dann halber Preis	
4	Name	Alter	Preis
5	Susi	19	35,00
6	Fritz	17	17,50
7	Gabi	18	35,00
8	Tom	17	17,50

2. Öffnen Sie die Absatz-Tabelle und zeigen Sie in Spalte D an, welcher Absatzmittler kostengünstiger ist. Bei Kostengleichheit wird der Reisende vorgezogen.
Nutzen Sie in der Formel Namen, die gemäß S. 24 vergeben werden.

Absatz

	A	B	C	D	E	F
1	Umsatz	Erhöhung	Reisender		Vertreter	
2	Beginn bei	um	Fixum	Prov-Satz	Prov-Satz	
3	20000,00	5000,00	2000,00	1,0	5,0	
4	----------	----------	----------	----------	Umsatz	20000
5	Umsatz	Reisender	Vertreter	günstiger	Reisender	2200
6					Vertreter	1000
7	20000,00	2200,00	1000,00	Vertreter		
8	25000,00	2250,00	1250,00	Vertreter		
9	30000,00	2300,00	1500,00	Vertreter		
10	35000,00	2350,00	1750,00	Vertreter		
11	40000,00	2400,00	2000,00	Vertreter		
12	45000,00	2450,00	2250,00	Vertreter		
13	50000,00	2500,00	2500,00	Reisender		

25 Wenn-dann-Entscheidungen (Fortsetzung)

Aufgaben

3. Öffnen Sie die *'Lohn'*-Ta-
belle und geben Sie bei
'Neumeier' *30* Stunden
ein. Sie werden feststellen,
dass der Normallohn den-
noch mit der Mindestar-
beitszeit von 37,5 Stunden

Lohn

	A	B	C	D	E	F
1	Name	Stunden	Std.-Lohn	Normallohn	Zusatzlohn	Gesamt
2	--------	--------	--------	--------	--------	--------
3	Müller	40,0	19,00	**712,50**	**59,38**	**771,88**
4	Neumeier	30,0	20,00	**600,00**	**0,00**	**600,00**
5	Kurz	38,0	21,50	**806,25**	**13,44**	**819,69**

berechnet und ein negativer Zusatzlohn ermittelt wird.
Dies ist durch eine Wenn-Funktion zu ändern, da die Berechnungen bei Arbeitszeiten
bis 37,5 Stunden anders sind als bei Zeiten darüber.

Normallohn in D3:
   = Wenn (Stunden > 37,5 dann Std.-lohn * 37,5 sonst Std.-lohn * Stunden)
Zusatzlohn in E3:
   = Wenn (Stunden > 37,5 dann (Stunden - 37,5) * Std.-lohn * 1,25 sonst 0)

4. Öffnen Sie die *'Zahl_Ein'*-Tabelle, löschen Sie die von Hand eingetragenen Bemerkungen in Spalte F und programmieren Sie diese Bemerkungs-Spalte durch eine 'ge-
schachtelte' Wenn-dann-Entscheidung gemäß folgender Regel:

Zahl_Ein

	A	B	C	D	E	F
1	Skontosatz in % ------------------------------------>				2	
2	Rechnungs-	Rechnungs-	Zahlungs-	Differenz	Skonto-	Bemerkung
3	nummer	betrag	betrag		betrag	
4	24001	2000,00	1960,00	**40**	**40**	ok
5	24002	4000,00	3900,00	**100**	**80**	mahnen
6	24003	3000,00	2950,00	**50**	**60**	spenden
7	24004	1000,00	980,00	**20**	**20**	ok

als Aussage: Wenn Differenz > Skontobetrag, ———— Kunde hat zu viel abgezogen
                  dann 'mahnen',
                     sonst
                        wenn Differenz = Skontobetrag, ——— Kunde hat korrekt abgezogen
                        dann 'ok',
                           sonst 'spenden' ———— Kunde hat weniger abgezogen

als Formel:
   einfach   =Wenn(Bedingung; dann; *sonst*)
   zusammengesetzt   =Wenn(Bedingung; dann; *wenn(Bedingung;dann;sonst)*)

Hinweis: Jetzt müssen nur noch die konkreten Bedingungen und die
                  Dann- und Sonst-Fälle eingetragen werden.

26 Bedingte Formatierung

In der 'Zahl_Ein'-Tabelle soll eine mögliche Mahnung noch durch Farb-Formatierung hervorgehoben werden.

Wenn die Zahlungsdifferenz in D größer als der Skontobetrag

Zahl_Ein

	A	B	C	D	E	F
1	Skontosatz in % -------------------------------->				2	
2	Rechnungs-	Rechnungs-	Zahlungs-	Differenz	Skonto-	Bemerkung
3	nummer	betrag	betrag		betrag	
4	24001	2000,00	1960,00	40,00	40,00	ok
5	24002	4000,00	3900,00	100,00	80,00	mahnen
6	24003	3000,00	2950,00	50,00	60,00	spenden
7	24004	1000,00	980,00	20,00	20,00	ok

in E ist, soll die Bemerkung farblich hervorgehoben werden.

☐ **Basiszelle bedingt formatieren**

- Zuerst die erste mögliche Zelle, also F4 markieren,
- nach den Befehlen *'Format'* *'Bedingte Formatierung...'* nach Klick auf den Listenpfeil ① von 'Zellwert ist' umschalten auf *'Formel ist'*.
- Sodann die Formel =D4>E4 eintragen und mit Klick auf den *[Format...]*-Button das 'Zellen formatieren'-Fenster öffnen, in dem Schrift, Rahmen und Muster bestimmt und

mit *[OK]* bestätigt werden können, was im *Vorschau*-Fenster ② dann angezeigt wird.

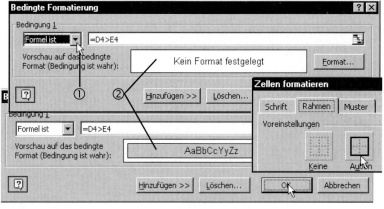

- Wird dies mit *[OK]* bestätigt, dann ändert sich in F4 nichts, da in dieser Zeile die Bedingung nicht erfüllt ist.

☐ **Bedingte Formatierung kopieren**

- Die bedingt formatierte Zelle F4 markieren,
- das *'Format übertragen'*-Symbol anklicken, wodurch F4 durch eine Lauflinie markiert wird.
- Jetzt mit gedrückter Maustaste die Zellen markieren, in welche das Format übertragen werden soll, wobei der Mauszeiger durch den Formatpinsel ergänzt wird.
- Wird die Maustaste losgelassen, dann ist die 'mahnen'-Zelle farblich hervorgehoben.
Test: Wird der korrekte Zahlungsbetrag eingegeben, verschwindet die Hervorhebung.

27 Zeilen sortieren

Info

	A	B	C
1		Produkte	Umsätze
2		-----------------	
3		Rekorder	70000
4		Projektor	30000
5		Kamera	50000
6		Leinwand	20000

Nach der Umsatzspalte soll sortiert werden.

Die zu den Umsätzen gehörenden Produkte müssen natürlich **mitsortiert** werden.

Aus diesem Grund zuerst **alle zu ordnenden Daten von B3 bis C6 markieren.**

Anschließend ist im *'Daten'*-Menü der *'Sortieren...'*-Befehl zu wählen, der sich mit folgendem Dialogfeld meldet:

Im obersten *'Sortieren nach'*-Dialogfeld ist jene Spalte einzutragen, nach der sortiert werden soll (Sortierschlüssel). Nach dem Anklicken des Listenpfeils kann *'Spalte C'* gewählt und mit *[OK]* oder *[⏎]* bestätigt werden.
Folge: Der markierte Bereich wird gemäß dem angegebenen Sortierschlüssel geordnet, wobei alle zusammengehörenden Zellen der verschiedenen Spalten zeilengenau mitgeordnet werden.

Unbedingt darauf achten, dass festgehalten wird, dass die Liste (der markierte Zellenbereich) *'keine Überschriften'* enthält.

Besonderheiten:
* Soll innerhalb eines Sortierschlüssels noch nach einem weiteren Sortierschlüssel geordnet werden, dann sind diese Schlüssel-Spalten in den *'Anschließend'*-Dialogfeldern einzutragen.
* Pro Schlüssel kann auf- oder absteigende Sortierung gewählt werden.
* Sollen nicht Zeilen, sondern Spalten geordnet werden, so kann dies im *'Optionen...'*-Feld bestimmt werden.

Aufgabe

Eine Klassenliste soll nach Namen und innerhalb gleicher Namen nach Vornamen geordnet werden. Selbstverständlich werden die zugehörigen Noten zeilengenau mitsortiert.

	A	B	C
1	Müller	Ute	5
2	Neu	·Klaus	2
3	Kurtz	Emil	3
4	Wolff	Franz	1
5	Müller	Anna	4

28   Reihen automatisch ausfüllen

⌖ **Info**

□ **Ausfüllen durch Maus-Ziehen**

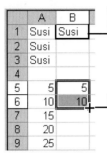

Wird **eine Zelle** markiert, auf den Anfasser gezeigt und nach unten gezogen, dann werden die anschließenden Zellen mit dem **Inhalt der ursprünglich markierten Zelle** ausgefüllt. Es erscheint ein Smarttag, nach dessen Öffnen eine passende Befehlsauswahl zur Verfügung gestellt wird. Siehe hierzu Kapitel 9.

Werden **zwei Zellen** markiert und wird auf den Anfasser gezeigt und nach unten gezogen, dann wird in den anschließenden Zellen die **Datenreihe fortgesetzt**, die in den ursprünglich markierten Zellen begonnen hat. Auch hier wird ein Smarttag mit passender Befehlsauswahl zur Verfügung gestellt.

Hinweis: Neben Zahlen kann Excel auch Reihen aus Uhrzeit (13:30), Datum, Wochentag und Monat bilden.

□ **Ausfüllen durch Befehlswahl**

In Spalte B soll die gleiche Reihe wie in Spalte A errichtet werden.

Den Anfangswert in die erste Zelle eingeben und danach diese Zelle gemeinsam mit den auszufüllenden Zellen markieren.
Danach die Befehlsfolge *'Bearbeiten', 'Ausfüllen', 'Reihe...'* wählen, die sich mit obigem Dialogfeld meldet.

Das Inkrement (= Schrittweite zwischen den Werten einer Reihe) festlegen; hier *10* eingeben.

Bestimmen, dass die Reihe in einer Spalte aufzuziehen ist.

Zum Abschluss - evtl. nach Festlegung weiterer Merkmale - mit *[OK]* bestätigen.

⌖ **Aufgaben**

1. Bilden Sie in Spalte A eine Artikelnummer-Liste, die bei 10001 beginnt und fortlaufend bis 10011 durchnummeriert ist.
2. Bilden Sie in Zeile 2 ab B2 ein Liste der Wochentage von Montag bis Sonntag.
3. Bilden Sie in Zeile 4 ab B4 eine Datumsreihe, die am 24.12.2003 beginnt und am 24.12.2013 endet.
4. Bilden Sie in Zeile 6 ab B6 eine Reihe von Januar bis Dezember.

29 Zellen verschieben / Spalte fixieren

Info: Verschieben

Der Zelleninhalt "Rekorder" soll von Zelle A1 nach Zelle A4 verschoben werden.

Zuerst A1 markieren und dann so auf den Zellenrand zeigen, dass der Mauszeiger zum Pfeil mit Verschiebekreuz wird.

Bei gedrückter Maustaste bis A4 ziehen und erst dort loslassen

(= drag und drop).⊠ Siehe auch Kapitel 9.

Hinweis: Wird ein ganzer Bereich markiert, dann wird er durch Zeigen auf den Bereichsrand und anschließendes Ziehen bei gedrückter Maustaste verschoben.

Info: Fixieren

Wird mit der waagrechten Bildlaufleiste oder mit dem rechten Bildlaufpfeil nach rechts geblättert, dann verschwindet die Spalte A.

Dies kann durch 'Fixierung' einer oder mehrerer Spalten in folgenden Stufen verhindert werden:

1. **Erste Spalte markieren, die weggeblättert werden darf**
   Dies geschieht durch Klick in die erste Zeile dieser Spalte (hier Spalte B).

2. **'Fixieren'-Befehl wählen**
   Im *'Fenster'*-Menü *'Fenster fixieren'* wählen.
   Folge: Wird jetzt seitlich geblättert, dann ist jene Spalte fixiert, die links von der markierten Spalte liegt. Die fixierte Spalte ist rechts durch eine deutlichere Spaltenbegrenzung markiert (Spalte A).

3. **Fixieren rückgängig machen**
   Hierzu ist nur die Befehlsfolge *'Fenster' 'Fixierung aufheben'* zu wählen. Die aktuelle Zellmarkierung ist dabei ohne Bedeutung.

4. **Zeilenfixierung**
   Soll eine bestimmte Zeile fixiert werden, so ist vor der Befehlswahl in die erste Spalte der Folge-Zeile zu klicken.

5. **Spalten- und Zeilenfixierung**
   Soll die erste Zeile (1) und die erste Spalte (A) fixiert werden, dann ist vor der Befehlswahl jene Zelle anzuklicken, die sowohl nach oben als auch nach links weggeblättert werden darf. Dies wäre hier die Zelle B2.

Aufgabe

Fixieren Sie in der Absatz-Tabelle die Spaltenüberschriften, damit nach unten zu den weiteren Umsätzen geblättert werden kann.
Ziel: Auch über dem letzten Umsatz sind die Spaltenüberschriften noch zu sehen.

30   Tabellen einer Mappe verknüpfen

Anleitung

Aus der 'Tabelle1' mit den
einzelnen Monatsumsätzen . . . . soll eine zusammenfassende 'Tabelle2' mit
den Quartalsumsätzen erstellt werden.

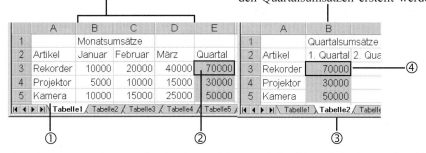

① Alle Texte und Daten der Spalten A bis D und die Überschrift in E2 eingeben.
② In E3 die kopierbare Formel eingeben: =B3+C3+D3 *oder* =Summe(B3:D3)
③ Mit *Klick* auf das *'Tabelle2'*-Register zu dem leeren Tabellenblatt wechseln und alle
   Texte der ersten beiden Zeilen und der Spalte A eingeben.
④ In der Formel von B3 exakt die Zelle nennen, deren Wert übernommen werden soll:
   in Worten   ⇨   aus der Tabelle1 die Zelle E3
   als Formel   ⇨   **=Tabelle1!E3**
                                  ⇧

Tipp: Nach = auf das *Tabelle1*-
Register klicken und dann auf *E3*,
dannn wird die Formel automatisch richtig geschrieben.

Wichtig: Zwischen der Tabellenbezeichnung und
der Zelle muss ein ! **Ausrufezeichen** ! stehen.
Wird jetzt in Tabelle1 ein Monatsumsatz geändert,
dann wirkt sich dies sofort auf den Quartalsumsatz
von Tabelle2 aus.

□   **Mehrere Tabellenfenster gleichzeitig am Bildschirm zeigen**

Zuerst im *'Fenster'*-Menü mit dem *'Neues Fenster'*-Befehl ein zweites Fenster öffnen.

Danach im *'Fenster'*-Menü mit *'Anordnen...'* ein Dialogfeld aufrufen, in dem zwischen folgenden Alternativen gewählt werden kann:

- *Unterteilt*   teilt den Bildschirm meistens vertikal,
- *Horizontal*   teilt den Bildschirm entsprechend,
- *Vertikal*   teilt den Bildschirm entsprechend und
- *Überlappend*   zeigt die Fenster verschoben übereinander.

In dem einen Fenster können jetzt mit *Klick* auf das 'Tabelle1'-Register die Monatsumsätze
gezeigt werden und in dem anderen Fenster mit *Klick* auf das 'Tabelle2'-Register die
Quartalsumsätze.

⊠ **Hinweis:** Soll zu **einem** Tabellenfenster zurückgekehrt werden, so ist dies durch *Klick*
auf das ⊠ Schließen-Symbol des zu schließenden Fensters möglich.

30 Tabellen einer Mappe verknüpfen (Fortsetzung)

(Anleitung)

☐   **Tabellenregister benennen**

Besser als die Register-Bezeichnungen
'Tabelle1' und 'Tabelle2' sind ⇨ sprechende Registernamen wie 'Monate' und 'Quartale'.

| 5 | Kamera | 10000 | 15000 |

| ◄ ◄ ► ►I \ Tabelle1 / Tabelle2 / Tabelle3 |

⇨

| 5 | Kamera | 10000 | 15000 |

| ◄ ◄ ► ►I \ Monate / Tabelle2 / Tabelle3 |

Kurz-Methode:
Doppelklick auf das *'Tabelle1'*-Register, damit es schwarz
unterlegt wird.
Den neuen Namen *'Monate'* erfassen und mit ⏎ bestätigen.

| ◄ ◄ ► ►I \ **Tabelle1** / Tabelle2 / Tabelle3 |

| 5 | Kamera | 10000 | 15000 |

| ◄ ◄ ► ►I \ **Monate** / Tabelle2 / Tabelle3 |

Kontext-Menü-Methode:
1. Auf das gewünschte Register zeigen und mit der *rechten* Maustaste das Kontext-Menü
   (⇨Kapitel 40) aufklappen.
2. Darin *'Umbenennen'* wählen, wodurch der Register-Name schwarz unterlegt wird.
3. Den schwarz unterlegten Namen mit dem gewünschten Namen (hier *Monate*) überschreiben und die Eingabe mit ⏎ abschließen.

Kontext-Menü-Vorteil: Es stellt noch weitere Optionen zur Verfügung, wie z. B. Einfügen, Löschen, Verschieben.

☐   **Namen nutzen**

	A	B	C	D	E
1	Tabe	Monatsumsätze			
2	Artikel	Januar	Februar	März	Quartal
3	Rekorder	10000	20000	40000	70000
4	Projektor	5000	10000	15000	30000
5	Kamera	10000	15000	25000	50000

| ◄ ◄ ► ►I \ **Monate** / Quartale / Jahre / |

	A	B
1		Quartalsumsät
2	Artikel	1. Quartal 2. Q
3	Rekorder	70000!
4	Projektor	
5	Kamera	

| ◄ ◄ ► ►I \ Monate \ **Quartale** / |

Wie lautet die Formel jetzt in der Zelle B3 des 'Tabelle2'-Registers, wenn 'Tabelle1' in
'Monate' umbenannt wurde ?

alt: =Tabelle1!E3 ⇨ ⇨ ⇨ **neu:** =Monate!E3

(Aufgaben)

1 Benennen Sie das 'Tabelle2'-Register um in 'Quartale' und 'Tabelle3' um in 'Jahre'.
2 Vervollständigen Sie die Tabelle im 'Quartale'-Register derart, dass Sie aus vier
   Quartalen pro Artikel eine Jahressumme bilden, und erstellen Sie im 'Jahre'-Register eine
   Tabelle, welche die Jahressumme des aktuellen Jahres übernimmt.
3 Erstellen Sie für die Schüler einer Klasse eine Noten-Tabelle und kopieren Sie Namen
   und Spaltenüberschriften in die anderen Register. Benennen Sie die Register und
   übernehmen Sie die Durchschnittsnoten pro Fach in die Tabelle des Zeugnisregisters.

	A	B	C	D	E
1			No1	No2	Zeug
2	Koch	Karl	2,0	4,0	3,0
3	Neu	Susi	1,0	3,0	2,0

| ◄ ◄ ► ►I \ **EDV** / BWL / Zeugnis / |

	A	B	C	D	E
1			No1	No2	Zeug
2	Koch	Karl	3,0	1,0	2,0
3	Neu	Susi	3,0	5,0	4,0

| ◄ ◄ ► ►I \ EDV \ **BWL** / Zeugnis / |

	A	B	C	D
1			EDV	BWL
2	Koch	Karl	3	2
3	Neu	Sus	2	4

| ◄ ◄ ► ►I \ EDV / BWL \ **Zeugnis** / |

31 Hyperlinks verwenden

Info

Ein Hyperlink ist ein Querverweis, der aus dem aktuellen Dokument einen Sprung zu einer beliebigen anderen Stelle erlaubt. Dies kann eine Zelle der gleichen Tabelle, ein anderes Tabellenblatt, eine andere Datei oder sogar eine Web-Site oder eine E-Mail-Adresse sein.

Hierzu ist im aktuellen Dokument
- der Querverweis zu setzen und
- das Verweisziel zu nennen.

Im folgenden Bild   - steht der Querverweis in Zelle *F2* des *Monate*-Blattes und verweist
                    - zur Zelle *B1* des *Quartale*-Blattes der gleichen Excel-Datei.

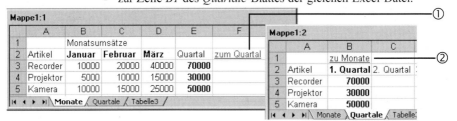

Anleitung

☐ **Querverweis setzen**

- In F2 den Text *'zum Quartal'* ganz normal erfassen und
- die Befehlsfolge *'Einfügen' 'Hyperlink...'* wählen, die nebenstehendes Fenster öffnet:

☐ **Verweisziel nennen**

- Jetzt könnte eine Datei bestimmt und mit *[Ok]* oder [⏎] bestätigt werden.
- Soll jedoch auf ein Ziel im aktuellen Dokument verwiesen werden, erscheint nach *Klick* auf die *'Aktuelles Dokument'*-Schaltfläche das untere Fenster:
  Hier ist im unteren Bereich das Tabellenblatt *'Quartale'* zu wählen und in Zellbezug *'B1'* einzugeben und mit *[Ok]* zu bestätigen.

☐ **Test**

- Nach *Klick* auf F2 erfolgt sofort der Sprung zu B1 im Quartale-Tabellenblatt.
- Wird dort ein Rücksprung programmiert, kann einfach zwischen den Tabellen gewechselt werden und der Zellcursor befindet sich automatisch an der gewünschten Stelle.

☐ **Zusatz**

Zeigt man auf den Querverweis, so informiert eine QuickInfo über das Verweisziel.

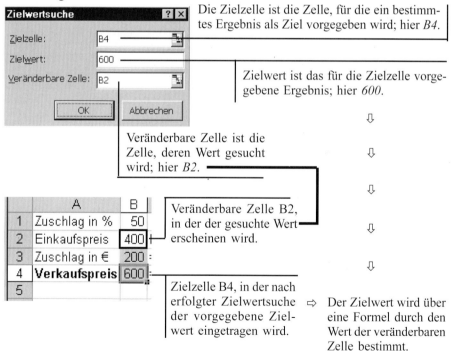

Info

	A	B	C
1	Zuschlag in %	50	
2	Einkaufspreis	200	Formeln:
3	Zuschlag in €	100	=B2/100*B1
4	**Verkaufspreis**	300	=B2+B3

Normalerweise wird von oben nach unten gerechnet, d. h. aus Zuschlagsatz und Einkaufspreis werden der Zuschlag und der Verkaufspreis ermittelt. Der Verkaufspreis ist damit über eine Formel vom Einkaufspreis abhängig.

Soll jetzt ermittelt werden, wie hoch bei einem erwarteten Verkaufspreis in B4 von z. B. 600,00 EUR der Einkaufspreis in B2 sein darf (bei unverändertem Zuschlagsatz), so ist dies **ohne Veränderung der Formeln** durch Aufruf der Zielwertsuche möglich.

Anleitung

1. Die obige Tabelle mit Texten, Werten und Formeln eingeben.
2. Danach im *'Extras'*-Menü den *'Zielwertsuche...'*-Befehl aufrufen, der sich mit folgendem Dialogfenster meldet:

Die Zielzelle ist die Zelle, für die ein bestimmtes Ergebnis als Ziel vorgegeben wird; hier *B4*.

Zielwertsuche
Zielzelle: B4
Zielwert: 600
Veränderbare Zelle: B2
OK   Abbrechen

Zielwert ist das für die Zielzelle vorgegebene Ergebnis; hier *600*.

Veränderbare Zelle ist die Zelle, deren Wert gesucht wird; hier *B2*.

	A	B
1	Zuschlag in %	50
2	Einkaufspreis	400
3	Zuschlag in €	200
4	**Verkaufspreis**	600
5		

Veränderbare Zelle B2, in der der gesuchte Wert erscheinen wird.

Zielzelle B4, in der nach erfolgter Zielwertsuche der vorgegebene Zielwert eingetragen wird.

⇨ Der Zielwert wird über eine Formel durch den Wert der veränderbaren Zelle bestimmt.

3. Alle Werte in dem Dialogfenster eingeben oder durch Nutzung der 🔣 - Schaltfläche mit Klick einfügen und mit *[OK]* bestätigen.
   Folge: Es erscheint eine Mitteilung, dass eine Lösung gefunden wurde.
4. Wird auch dies bestätigt, dann werden der **vorgegebene Zielwert** und der **gefundene Suchwert (veränderbare Zelle)** in die Tabelle übernommen.

33 Tabelle als Webseite

Anleitung

	A	B	C
1	Zuschlag in %	50	<-- Eingabe
2	Einkaufspreis	200	<-- Eingabe
3	Zuschlag in €	100	
4	**Verkaufspreis**	300	

Soll eine Tabelle als Webseite präsentiert werden, so ist dies in folgenden Schritten möglich:

□ **Als Webseite speichern**

Den gewünschten Tabellenbereich markieren und nach den Befehlen *'Datei' 'Als Webseite speichern...'* folgende Angaben machen:

① mit *Klick* bestimmen, dass nur die markierten Zellen veröffentlicht werden,

② entscheiden, ob Interaktivität gewünscht ist oder nicht, d.h. ob bei der Vorführung die Daten geändert werden können oder nicht,

③ nach *Klick* auf die *[Titel ändern]*-Schaltfläche die Überschrift erfassen,

④ den Dateinamen, z. B. *ShowKalk* eingeben und vorher natürlich das Laufwerk und das Verzeichnis wählen und

⑤ mit *[Speichern]* bestätigen. Wäre vorher *[Veröffentlichen...]* ⑥ gewählt worden, dann hätten die eingegebenen Daten überprüft werden können.

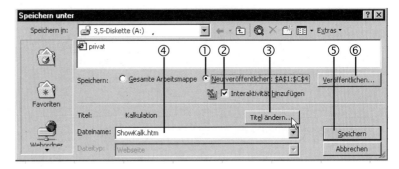

□ **Die Webseite öffnen**

Den Webbrowser, z. B. MS Internet Explorer öffnen und nach der Befehlsfolge *'Datei' 'Öffnen...'* in dem 'Öffnen'-Fenster auf *[Durchsuchen...]* klicken, damit im Folgefenster die gewünschte Datei, also *ShowKalk* mit *Doppelklick* aktiviert werden kann. Damit steht 'ShowKalk' in dem 'Öffnen'-Fenster und kann mit *[OK]* als Webseite geladen werden.

Siehe hierzu auch die Seiten 179 (Word), 205 (PowerPoint) und 212 (Internet Explorer).

34 Diagramm erstellen - vollautomatisch aus Tabellen-Daten

Info

Die Werte dieser Tabelle können auf zwei Arten eine Zahlenreihe bilden:

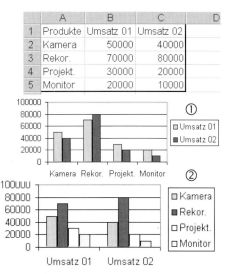

① Zahlenreihe aus den **Spalten-Werten**:
Die **'Umsatz 01'**-Datenreihe besteht aus den Werten
50.000 - 70.000 - 30.000 - 20.000,
wobei jeder Datenpunkt einer anderen Zeile zugeordnet ist. Diese Zuord-nungszeilen bilden die Rubriken.

② Zahlenreihe aus den **Zeilen-Werten**:
Die **'Kamera'**-Datenreihe besteht aus den Werten 50.000 - 40.000,
wobei jeder Datenpunkt einer anderen Spalte zugeordnet ist. Diese Zuord-nungsspalten bilden die Rubriken.

Erkenntnis:

- Bei Zahlenreihen aus Spalten ① steht darüber der Reihenname und davor der zu jedem Datenpunkt gehörende Rubrikenname.
- Bei Zahlenreihen aus Zeilen ② steht davor der Reihenname und darüber der zu jedem Datenpunkt gehörende Rubrikenname.

Anleitung

1. In einer neuen Tabelle alle Texte und Werte der obigen Umsatz-Tabelle erfassen und unter dem Dateinamen *'Reihe'* speichern.
2. Den Tabellen-Bereich markieren, der dargestellt werden soll; hier von *A1* bis *C5*.
3. In der Symbolleiste den Diagramm-Assistenten 🔡 kurz anklicken.
   Folge:
   Es erscheint das erste Dialogfenster ③ des Diagramm-Assistenten. Nach *Klick* auf die *[Fertig stellen]*-Schaltfläche wird das automatisch erstellte Diagramm in das aktuelle Tabellenblatt eingeblendet. Dieses Diagramm ④ ist durch einen Rahmen mit Anfasserpunkten hervorgehoben und kann bearbeitet werden.

③   ④

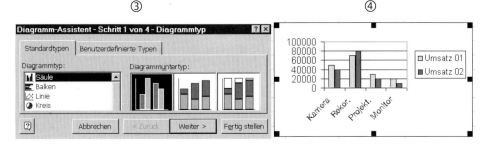

35   Diagramm mit Assistent gestalten

> **Anleitung**

- Vorbereitung: Die *'Reihe'*-Tabelle (Kapitel 34) öffnen und ein evtl. vorhandenes Diagramm löschen. Hierzu
  * in eine Tabellenzelle klicken und danach in das Diagramm klicken, damit es markiert wird und
  * mit der *[Entf]*-Taste das Diagramm löschen.
- Tabellen-Bereich von *A1* bis *C5* markieren und den Diagramm-Assistenten aktivieren.
- Es erscheint sofort das 1. Dialogfenster des Diagramm-Assistenten.
- In diesem **1. Schritt** werden Diagramm-Typ und -Untertyp bestimmt. Mit einer *[Beispiel-Schaltfläche]* kann ein Beispieldiagramm eingeblendet werden. Nach *[Weiter]* wird im **2. Schritt** das Beispieldiagramm und der markierte Tabellenbereich gezeigt. Gleichzeitig kann bestimmt werden, ob die Zahlen einer Spalte oder einer Zeile als Datenreihe dargestellt werden sollen.

□   **Datenreihe aus den Zahlen einer Spalte**

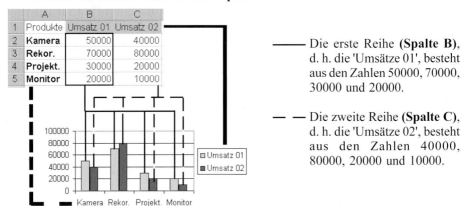

—— Die erste Reihe **(Spalte B)**, d. h. die 'Umsätze 01', besteht aus den Zahlen 50000, 70000, 30000 und 20000.

— — Die zweite Reihe **(Spalte C)**, d. h. die 'Umsätze 02', besteht aus den Zahlen 40000, 80000, 20000 und 10000.

▬ ▬ ▬ Die Artikel aus der **Spalte vor** den Datenreihen**spalten** erläutern jeden Wert der Reihe *(= Datenpunkt);* sie bilden die **Rubriken**einteilung.

▬▬▬▬ Der Text in der **Zeile über** den Datenreihen**spalten** erläutert die *Datenreihe* als Ganzes und dient als **Legende.**

- **Standard-Einstellung der Datenreihe:** Excel wählt automatisch die **längere Zahlenreihe** als Datenreihe; d. h. sind untereinander mehr Zahlen geschrieben, dann wird die Spalte gewählt, sind nebeneinander mehr Zahlen geschrieben, dann wird die Zeile gewählt.

- Im **3. Schritt** können in verschiedenen Registern weitere Details des Diagramms festgelegt werden; so können z. B. im *'Titel'*-Register Beschriftungen eingegeben werden.

- Im **4. Schritt** wird bestimmt, ob das Diagramm in ein Tabellenblatt eingefügt oder *'als neues Blatt'* in einem eigenen Diagrammblatt dargestellt wird.

35   Diagramm mit Assistent gestalten (Fortsetzung)

Info

☐   **Datenreihe aus den Zahlen einer Zeile**

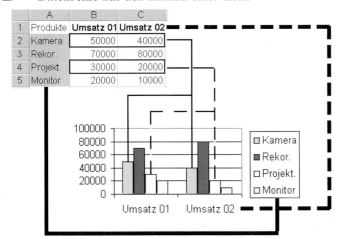

—————   Die erste Reihe **(Zeile 2)**, d. h. die "Kamera-Umsätze", besteht aus den Zahlen 50000 (für 01) und 40000 (für 02).

— —   Die anderen Reihen **(Zeilen 3-5; z. B. Zeile 4** 'Projektor-Umsätze') bestehen ebenfalls nur aus den Zahlen für die beiden Jahre.

■ ■   Die Jahresangaben aus der **Zeile über** den Datenreihen**zeilen** erläutern *jeden Wert* der Reihe (=*Datenpunkt*), sie bilden die **Rubriken**einteilung.

▬▬▬   Der Text in der **Spalte vor** den Datenreihen**zeilen** erläutert die *Datenreihe* als Ganzes und dient als **Legende**.

Anleitung

• Wird in dem **2. Schritt** des Diagramm-Assistenten **Zeilen** gewählt, dann gelten die oben gezeigten Zusammenhänge.

• Im **3.** und **4. Schritt** können auch bei dieser Wahl weitere Details festgelegt werden.

Aufgaben

1. Öffnen Sie die *'Ein_Aus'*-Tabelle und erstellen Sie aus dem Zell-Bereich A1 bis D3 das nebenstehende Diagramm.

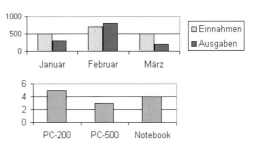

2. Öffnen Sie die *'Lager'*-Tabelle und erstellen Sie aus dem Zell-Bereich A4 bis B6 das nebenstehende Diagramm ohne Legende (3. Schritt, Legende-Register, Legende anzeigen von ☑ auf ☐).

36 Diagramm verändern

Info

Das eingebettete Diagramm zeigt sich in der nebigen Form. Es kann verändert werden durch
* Änderung der Tabellenwerte,
* Änderung des Diagramm-Fensters und
* Änderung der Diagramm-Objekte.
Fehlende Titel können gemäß S. 61 unten nachgetragen werden.

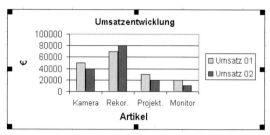

Anleitung

◻ **Werte verändern**

- Die *'Reihe'*-Tabelle öffnen und gegebenenfalls das Diagramm mit Spalten-Datenreihen erstellen.
- In eine Tabellen-Zelle klicken, entsprechend der folgenden Info einen Wert ändern und feststellen, wie sich das Diagramm anpasst.

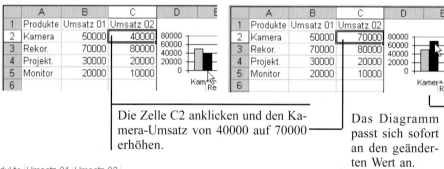

Die Zelle C2 anklicken und den Kamera-Umsatz von 40000 auf 70000 erhöhen.

Das Diagramm passt sich sofort an den geänderten Wert an.

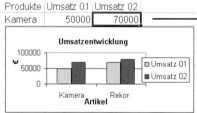

Ist eine Tabellen-Zelle markiert, dann passt sich das Diagramm passiv an eventuelle Wertänderungen an.
Dieser Passivzustand ist durch eine einfache geschlossene Diagramm-Umrahmung gekennzeichnet.

Aufgaben

1. Speichern Sie die geänderte *'Reihe'*-Tabelle.
2. Öffnen Sie die *'Ein_Aus'*-Tabelle und ändern Sie auch hier die Werte, um die Anpassung im Diagramm sehen zu können.
3. Öffnen Sie ebenso die *'Lager'*-Tabelle und beobachten Sie, wie sich auch hier die Änderung der Zell-Werte sofort im Diagramm auswirkt.

36 Diagramm verändern (Fortsetzung)

Anleitung

☐ **Diagramm-Fenster ändern**

- **Vorbereitung**
  Die *'Reihe'*-Tabelle öffnen und das Diagramm *im Innern einfach anklicken*, damit es durch eine Linie mit insgesamt acht Anfasserpunkten markiert wird.

- **Größe ändern** ①
  Auf den gewünschten Anfasserpunkt zeigen, damit der Mauszeiger zum Doppelpfeil wird, und
  bei gedrückter Maustaste in die
  gewünschte Richtung vergrö-
  ßern/verkleinern.

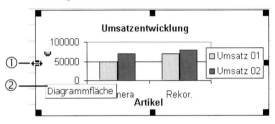

- **Verschieben** ②
  Auf einen beliebigen Punkt der Diagrammfläche zeigen und bei gedrückter Maustaste in die gewünschte Richtung verschieben.

☐ **Diagramm-Objekte ändern**

- **Vorbereitung**
  Zuerst das Diagramm durch *Einfachklick* in das Diagramm aktivieren, damit es durch eine Linie mit insgesamt acht Anfasserpunkten markiert wird.

  Folge: Die Diagramm-Symbolleiste
  wird eingeblendet und die Befehlsmenüleiste ändert sich, um spezielle
  Diagramm-Befehle in den Unterme-
  nüs aufrufen zu können.

- **Diagramm-Texte gestalten, z. B. Diagrammtitel**

  * Der gewünschte Text, z. B. die Überschrift "Umsatzent-
    wicklung", ist *einfach anzuklicken*, wodurch er durch
    Editierkästchen markiert wird.

  * Durch die Symbole [**F**], [*K*] und [U̱] kann der Text pro-
    blemlos formatiert werden.

  * Eine weiter gehende Formatierung ist nach Aufruf der Befehlsfolge *'Format'*,
    'Markierter Diagrammtitel...' oder nach *Klick* auf das *'Formatier'*-Symbol der
    Diagramm-Symbolleiste möglich.
    Es erscheint ein Dialogfenster, das es erlaubt,
    - im *Muster*-Register Rahmen und Hintergrundfarben zu gestalten,
    - im *Schrift*-Register Schriftart (Arial, Times), Schriftstil (fett, kursiv) und
      Schriftgröße (8 Punkt, 14 Punkt) zu ändern und
    - im *Ausrichtung*-Register die Bündigkeit (links, rechts) und die Textrichtung
      (waagrecht, senkrecht) zu bestimmen.

36   Diagramm verändern (Fortsetzung)

☐   **Diagramm-Objekte ändern (Fortsetzung)**

• **Achsen-Skalierung gestalten**

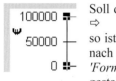 Soll die senkrechte Achse anders skaliert werden,

⇨   ⇨   ⇨   ⇨   ⇨   ⇨   ⇨   ⇨

so ist sie in dem aktivierten Diagramm zu markieren und nach Aufruf des *'Format'*-Befehls oder nach *Klick* auf das *'Formatier'*-Symbol der Diagramm-Symbolleiste neu zu gestalten.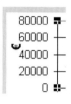

* **Wichtig:** Zuerst das Diagramm aktivieren.

* Die Achse durch *einfachen Klick* markieren.

* Die Befehlsfolge *'Format', 'Markierte Achse...'* aufrufen oder auf das *'Formatier'*-Symbol der Diagramm-Symbolleiste klicken, wodurch ein Dialogfenster geöffnet wird, das es erlaubt,
  - im *Skalierung*-Register u. a. das *Hauptintervall* von *50000* auf *20000* umzustellen; Kleinstwert, Höchstwert und der Schnittpunkt mit der waagrechten x-Achse können auch neu bestimmt werden;
  - in weiteren Registern den Achsenstrich, die Schriftart und -größe der Zahlen, die Formatierung und die Ausrichtung der Zahlen zu gestalten.

1. Öffnen Sie die *'Lager'*-Tabelle und gestalten Sie das Diagramm so, dass es der nebenstehenden Vorlage entspricht.
   Hinweise:
   • Gestalten Sie die Skalierung gemäß der obigen Anleitung.
   • Fügen Sie die fehlenden Texte dadurch ein, dass Sie bei aktiviertem Diagramm mit der Befehlsfolge *'Diagramm' 'Diagramm-Optionen...'* ein Dialogfenster aufrufen, das eine völlige Neugestaltung des Diagramms erlaubt.

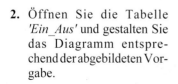

2. Öffnen Sie die Tabelle *'Ein_Aus'* und gestalten Sie das Diagramm entsprechend der abgebildeten Vorgabe.

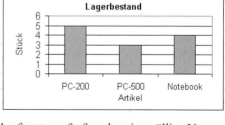

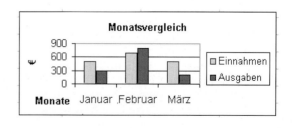

Anleitung

☐   **Die Diagramm-Symbolleiste einblenden**

Grundeinstellung
Sobald das Diagramm aktiviert ist, wird die folgende Symbolleiste eingeblendet.

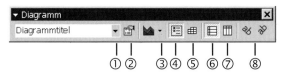

Speziell einfügen
Erscheint die Symbolleiste nicht automatisch, dann kann sie durch die Befehlsfolge *'Ansicht'*, *'Symbolleisten...'*, *'☑Diagramm'* eingefügt werden.

☐   **Die Symbolleiste nutzen**

① Nach Klick auf den Listenpfeil des *'Objekte'*-Symbols werden alle Diagrammobjekte gezeigt und das gewünschte Diagrammobjekt kann mit *Klick* ausgewählt werden (statt Klick auf das Objekt).

② Nach Klick auf das *'Eigenschaften'*- bzw. *'Objekt formatieren'*-Symbol erscheint ein Dialogfeld mit unterschiedlichen zum jeweils gewählten Objekt passenden *'Formatier-Eigenschaften'* -Registern. In diesen Registern können u. a. Rahmen, Flächen, Skalierungen und Schriften formatiert werden.

③ Nach Klick auf den Listenpfeil des *'Diagrammtyp'*-Symbols wird eine Palette aufgeklappt und der Typ kann gewechselt werden; z. B. von Säulen- auf Linien-Diagramm. **Achtung:** Bei der Wahl eines Kreisdiagramms nur *eine* Datenreihe markieren.

④ Durch Klick auf das *'Legende'*-Symbol wird die Legende ein- oder ausgeblendet.

⑤ Durch Klick auf das *'Datentabelle'*-Symbol wird unter der Rubrikenachse die zugehörige Datentabelle eingeblendet. Ein erneuter Klick blendet sie wieder aus.

⑥ Durch Klick auf das *'Nach Zeile'* - oder das ⑦ *'Nach Spalte'* - Symbol kann bestimmt werden, ob die Datenreihen aus den Zeilen- oder aus den Spaltenwerten gebildet werden sollen.

⑧ Ist der Diagrammtitel oder ein Achsentitel markiert, dann werden diese *'Dreh'*-Symbole aktiviert und durch *Klick* kann der jeweils markierte Text diagonal dargestellt werden.

☐   **Fehlende Diagramm-Elemente nachtragen**

• Zuerst das Diagramm mit *Einfachklick* aktivieren, damit fehlende oder gelöschte Diagramm-Elemente nachgetragen und gestaltet werden können.

• Danach mit der Befehlsfolge *'Diagramm'* *'Diagrammoptionen...'* ein Dialogfenster öffnen, in dessen verschiedenen Registern alle Objekte nachgetragen und genau formatiert werden können.

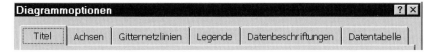

38 Diagramm aus nicht zusammenhängenden Tabellen-Bereichen

Anleitung

① Die *'Reihe'*-Tabelle öffnen, in ein evtl. vorhandenes Diagramm klicken und es mit *[Entf]* löschen, danach Zeile 2 markieren und mit *'Einfügen' 'Zeilen'* eine Leerzeile einfügen.

② Nur die gewünschten Zellen markieren (⇨ Kapitel 18: Bereichsmarkierung mit Mehrfachauswahl).
  • Zuerst die Zelle *A1*.
  • Danach bei gedrückter *[Strg]*-Taste den Bereich von *A3* bis *A6* markieren.
  • Danach bei weiterhin gedrückter *[Strg]*-Taste die weiteren Zellen markieren, also *C1* und danach *C3* bis *C6*.

③ Nach Aufruf des Diagramm-Assistenten das Diagramm in gewohnter Art erstellen.

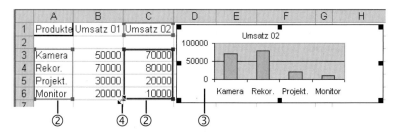

39 Datenreihe einfügen und löschen

Anleitung

❑ **Datenreihe einfügen**

• Das Diagramm mit Einfach-Klick aktivieren, damit es durch die Anfasserpunkte gekennzeichnet ist und die zugehörigen Tabellen-Daten ebenfalls markiert sind.
• So auf die Tabellen-Markierung zeigen, dass der Mauszeiger zum Doppelpfeil ④ wird (oberstes Bild).
• Bei gedrückter linker Maustaste die Markierlinie nach B6 ziehen und loslassen.
Folge: Die markierte Datenreihe erscheint und die Legende wird vervollständigt.

❑ **Datenreihe löschen**

Bei aktivem Diagramm
• auf einen Tabellen-Anfasserpunkt zeigen und durch Mausziehen den abzubildenden Datenbereich verkleinern und danach loslassen oder
• Eine Säule der zu löschenden Datenreihe *anklicken*, damit die ganze Reihe markiert wird ⑤ und mit der *[Entf]*-Taste löschen.

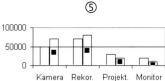

40   Kontext-Menü

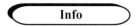

Das Kontext-Menü ist ein spezielles Menü, das nur jene Befehle zeigt, die zu einem ganz bestimmten Objekt gehören. Dadurch wird die Befehls-Auswahl erleichtert.
- Zuerst das gewünschte Objekt (eine Zelle oder ein Diagramm-Objekt) markieren.
- Danach die *rechte Maustaste* klicken. In einem speziellen Befehlsmenü werden nur die zu dem markierten Objekt passenden Befehle gezeigt.

41   Verfälschende Darstellung und Gestaltungs-Grundsätze

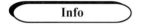

☐   **Verfälschende Darstellung**

Die gleiche Zahlenreihe kann je nach Darstellung unterschiedlich beurteilt werden.

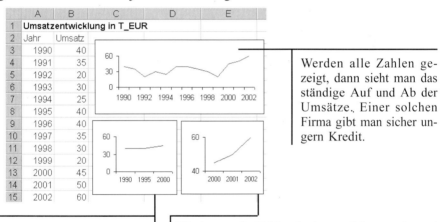

Werden alle Zahlen gezeigt, dann sieht man das ständige Auf und Ab der Umsätze. Einer solchen Firma gibt man sicher ungern Kredit.

Werden die Zahlen in 5-Jahres-Abständen gezeigt und die Einteilung der Größenachse beibehalten, dann werden weitgehend konstante Umsatzzahlen vorgetäuscht.

Werden nur die Zahlen der letzten Jahre gezeigt und wird zudem als Beginn der Größenachse (Schnittpunkt mit der Rubrikenachse) ein Wert gewählt (40), der nahe am untersten Wert der dargestellten Zahlen liegt (45), dann wird eine geradezu rasante Umsatzentwicklung vorgetäuscht.

☐   **Gestaltungs-Grundsätze**

übersichtlich	⇨ nicht alles in ein Diagramm; Achsen beschriften; mehrere Diagramme
ehrlich	⇨ durch Datenauswahl keine Verfälschung
sparsam	⇨ Hervorhebungen (Farbe, Schriftart) nur, wenn es der Sache dient
	⇨ Legende nur bei mehreren Datenreihen
Seitenaufteilung	⇨ Seitenwechsel so einfügen, dass das Diagramm beim Ausdruck nicht geteilt wird
	⇨ Diagramm in besonderes Diagramm-Blatt verschieben: Diagramm markieren, mit *'Diagramm' 'Platzieren...'* das *'Diagrammspeicherort'*-Fenster öffnen und das Diagramm *'Als Neues Blatt'* einfügen.

42   Benutzerdefiniertes Diagramm

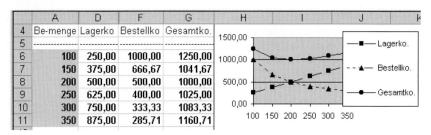

Öffnen Sie die *'Kosten'*-Tabelle und erstellen Sie das rechts abgebildete Diagramm mit den Bestellmengen als Rubrikenachsen-Beschriftung.

Problem: Da die Bestellmengen aus Spalte A Zahlen sind, werden sie automatisch als Datenreihe dargestellt. Dies ist falsch und kann im 2. Schritt des Diagramm-Assistenten im *'Reihe'*-Register wie folgt geändert werden.

Vorgehensweise:

Die Überschriften in Zeile 4 und die Werte ab Zeile 6 aus den Spalten A, D, F und G markieren, den Diagramm-Assistenten aufrufen und *'Linie'* wählen.

Zum *Schritt 2 [Weiter >]*-schalten und dort zum *'Reihe'*-Register blättern. Auf die *'Dialog reduzieren'*-Schaltfläche ① klicken, damit ② erscheint.

In dem Eingabefeld ③ den Adress-Bereich der gewünschten Beschriftung der Rubriken-Achse erfassen.

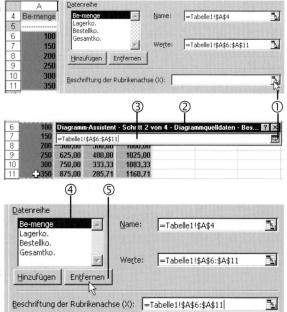

- Entweder nach dem Gleichheits-zeichen Tabellennamen, Ausrufezeichen und Adress-Felder eingeben, also:
  =Tabelle1!A6:A11
- oder die gewünschten Zellen mit Mausziehen markieren, wodurch sie in dem Eingabefeld automatisch richtig genannt werden.

Nach Klick auf die Schaltfläche ① erscheint wieder das Datenreihe-Fenster von Schritt 2. Hier die Datenreihe *Bestellmenge* ④ markieren und mit der *[Entfernen]*-Schaltfläche ⑤ entfernen. Es verbleiben nur noch die gewünschten Datenreihen Lager-, Bestell- und Gesamtkosten.

Tipp: Mithilfe der *'Dialog reduzieren'*-Schaltfläche ①, dem reduzierten Eingabefeld ② und der Möglichkeit, mit Mausziehen Zellen auszuwählen, kann auch beim Funktions-Assistenten die Felder-Eingabe erleichtert werden.

43 Aufgaben

Anleitung

1. Öffnen Sie die *'Lohn'*-Tabelle und erstellen Sie für Normal- und Gesamtlohn der drei Mitarbeiter das rechts gezeigte Diagramm. Hinweis: Datenreihen aus nicht zusammenhängenden Bereichen; bei der Größenachse die Skalierungs-Eigenschaften ändern.

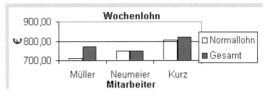

2. Öffnen Sie die *'AFA'*-Tabelle, ergänzen Sie die Formeln, um die Entwicklung der ersten 10 Jahre darstellen zu können. Bestimmen Sie die Ausrichtung der Jahre als Eigenschaft der *'Rubrikenachse'*.

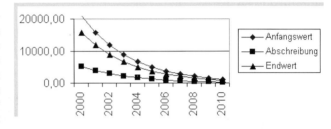

Achtung: Geben Sie in der Tabelle die Jahre als Text ein, d. h. mit einfachem Apostroph beginnen.

3. Öffnen Sie die *'Tilgung'*-Tabelle, schreiben Sie die Jahresfolge als Text, ergänzen Sie alle Formeln bis zum 20. Jahr und zeigen Sie zunächst ein Diagramm mit den Anfangswerten, der Tilgung und den Zinsen. Da man wegen der hohen Anfangswerte die Entwicklung bei Tilgung und Zinsen nicht erkennen kann, löschen Sie die Anfangswerte-Reihe und erhalten das obige Bild.

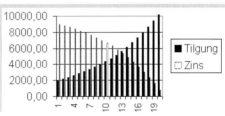

4. Öffnen Sie die *'Schwelle'*-Tabelle und erstellen Sie das nebenstehende Diagramm mit den Stückzahlen als Rubrikenachsen-Beschriftung.

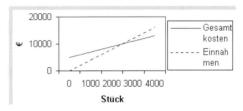

5. Öffnen Sie die *'Absatz'*-Tabelle und erstellen Sie das nebenstehende Diagramm mit den Umsatzzahlen als Rubrikenachsen-Beschriftung.

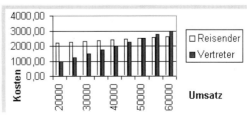

44 Makro-Befehle in Visual Basic erstellen

Info

Mit dem Makro-Rekorder können Befehlsfolgen (= Programme) aufgezeichnet und einer Tastenkombination (Shortcut) zugeordnet werden.
Nach Drücken des Tastenschlüssels wird diese Befehlsfolge dann ausgeführt.
Wichtig: Damit die selbst erstellten Makros auch wirklich ablaufen, ist die in Excel einge-baute Makro-Sicherung auszuschalten. Hierzu ist bei nicht geöffneter Tabelle nach der Befehlsfolge *'Extras', Makro', 'Sicherheit...'* die Option *'niedrig'* zu wählen.

Anleitung

Ziel: Durch den Tastenschlüssel *[Strg] [m]* soll an der vorher markierten Zelle der Copyright-Vermerk **(c) Copyright mein Name** in Fettschrift erscheinen.

Vorgehensweise:

1. 'A1' markieren und mit *'Extras'* *'Makro'* und *'Aufzeichnen...'* das 'Makro aufzeichnen'-Fenster öffnen. Den Makronamen *Copyright* und den Tastenkombinations-Buchsta-ben *m* ① eingeben und die sonsti-gen Optionen gemäß der Abbildung einstellen.
   Nach *[OK]* wird das ② *'Aufzeich-nung beenden'*-Symbol in die Tabel-le eingeblendet.

2. **Ab jetzt alles tun, was aufgezeich-net werden soll;**
   z. B. mit *[F]* die 'fett'-Formatierung einschalten, den Text *(c) Copyright mein Name* eingeben und mit *[↵]* die Eingabe beenden.
   Ist alles aufgezeichnet, dann mit Klick auf das ② *'Aufzeichnen beenden'*-Symbol die Aufzeichnung been-den.

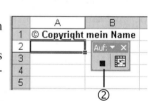

3. Wird in eine beliebige Zelle der vereinbarte Shortcut einge-geben, also *[Strg] [m]*, **dann wird die gesamte Befehlsfolge automatisch ausgeführt**, d. h. die ausgewählte Zelle wird fett formatiert, der Text eingetragen und die aktive Zelle auf 'A2' gesetzt, was allerdings nicht erwünscht ist.

Aufgabe

Zeichnen Sie ein Makro auf, das nach der Tastenkombination [Strg] [n] den Satz *'DV ist schön'* kursiv mit dem Schriftgrad (Schriftgröße) 18 in die gerade aktuelle Zelle druckt, und vergeben Sie den Makronamen *schön*.

45   Visual-Basic-Makro ändern

Anleitung

Nach *'Extras' 'Makro' 'Makros...'* mit der *[Bearbeiten]*-Schaltfläche das MS-Visual-Basic-Fenster öffnen; gleichzeitig erscheint das Programm-Symbol auf der Taskleiste. In dem Visual-Basic-Fenster wird die Codierung gezeigt, die aus Bemerkungszeilen und den eigentlichen Programmzeilen besteht. Die Bemerkungszeilen ① beginnen mit Apostroph (') und werden bei der Programmdurchführung nicht berücksichtigt.

Reduzieren Sie die Programmzeilen auf die beiden unten gezeigten Zeilen, schalten Sie auf der Taskleiste zurück zu Excel und testen Sie das Makro mit *[Strg] [m]* erneut.

Folge: Der Copyright-Text wird fett in die Zelle gedruckt und die Zelle bleibt markiert.

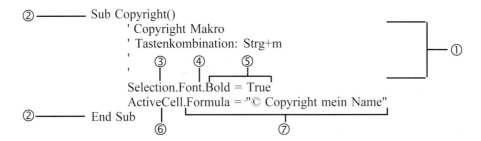

```
②————— Sub Copyright()
              ' Copyright Makro
              ' Tastenkombination: Strg+m
              '
              '       ③      ④        ⑤
              Selection.Font.Bold = True
              ActiveCell.Formula = "© Copyright mein Name"
②————— End Sub  |
                  ⑥                    ⑦
```

Info

- Jedes Programm ②
  - beginnt mit *SUB* und dem *Makronamen()* mit den *Klammern* und
  - endet mit *END SUB.*
- Die erste Programmzeile enthält
  - zuerst das Objekt ③, das bearbeitet werden soll (Selection = ausgewählte Zelle),
  - einen Punkt,
  - die Eigenschaft ④, die bearbeitet werden soll (hier die Schriftart [=Font]),
  - einen Punkt und schließlich
  - die Festlegung ⑤ der Eigenschaft (Fett[=Bold] wird mit *True* eingeschaltet).
- Die zweite Programmzeile enthält
  - zuerst das Objekt ⑥, das bearbeitet werden soll (ActiveCell bedeutet, dass mit der ausgewählten Zelle schon etwas gemacht wurde),
  - einen Punkt und danach
  - die ⑦ Formel-Eigenschaft, mit der durch die '=' - Zuweisung der aktiven Zelle ein Inhalt zugewiesen wird.
    Texte werden zwischen "Anführungszeichen" geschrieben, Werte nicht.
- Der Test zeigte, dass der Zellen-Cursor jetzt in der bearbeiteten Zelle bleibt und nicht, wie anfangs, zur Zelle 'A2' zurückspringt.
  Grund: Die Programmzeile *Range("A2").Select* wurde gelöscht, d. h. die Zelle (der Bereich) A2 wird nicht mehr gewählt.

46   Makro-Symbol gestalten - hinzufügen

⬭ **Anleitung**

☐ **Symbol hinzufügen**

- Zuerst die Tabelle mit dem Copyright-Makro öffnen bzw. beibehalten.

- Mit der Befehlsfolge *'Ansicht' 'Symbolleisten' 'Anpassen...'* das 'Anpassen'-Fenster öffnen.

- Das *'Befehle'*-Register auswählen, im *'Kategorien'*-Listfeld nach unten blättern und mit Klick *'Makros'* markieren. Entsprechend der Befehlswahl ändert sich das rechte 'Befehle'-Feld.

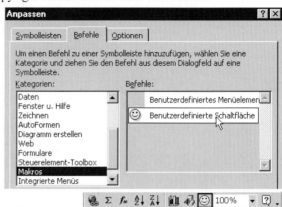

Hier auf ☺ *Benutzerdefinierte Schaltfläche* klicken und bei gedrückter Maustaste das Markier-Symbol in eine Symbolzeile ziehen und dort loslassen. Das ☺-Symbol erscheint jetzt in der Symbolleiste und ist *markiert*.

- Auf die *[Auswahl ändern]*-Schaltfläche klicken und in dem neuen Befehlsmenü im *'Name'*-Feld den alten QuickInfo-Text durch den neuen Text *'Copyright'* ersetzen.

Das Symbol inkl. Quickinfo ist damit erstellt. Jetzt muss ihm noch das gewünschte Makro zugewiesen werden:

- *'Makro zuweisen...'* wählen, damit das *'Zuweisen'*-Fenster erscheint. Hier den Makronamen *Copyright* anklicken und mit *[OK]* bestätigen.

- Danach das *'Anpassen'*-Fenster *[Schließen]*.

- Wird jetzt auf das ☺-Symbol gezeigt, so erscheint die QuickInfo *Copyright* und nach *Klick* wird das Makro ausgeführt.

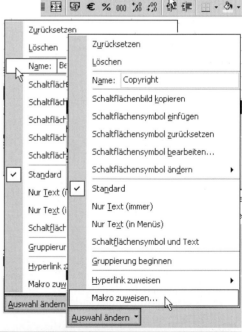

46   Makro-Symbol gestalten - ändern und löschen

⌐ Anleitung ⌐

☐ **Symbol ändern**

Vorbereitung

- Zuerst die Tabelle mit Copyright- und Schön-Makro öffnen bzw. beibehalten.
- Danach für das *Schön*-Makro, wie auf der Vorseite gezeigt, das *Schön*-Symbol ☺ erstellen, das als Symbol-Bild damit zweimal in der Symbol-Leiste existiert.
- Eines der beiden Symbole kann jetzt geändert werden.

Durchführung:

- Mit der Befehlsfolge *'Ansicht' 'Symbolleisten' 'Anpassen...'* das 'Anpassen'-Fenster öffnen.
- Das *'Befehle'*-Register auswählen und in *'Kategorien' 'Makros'* markieren.
- Jetzt das zu ändernde Symbol mit *Klick* markieren, wodurch die *[Auswahl ändern]*-Schaltfläche aktiviert wird, die nach *Klick* ein Befehlsmenü einblendet.
- Hier die Befehlszeile *'Schaltflächensymbol ändern'* anklicken, wodurch eine Symbol-Auswahl eingeblendet wird, in der das gewünschte Symbol mit Klick markiert werden kann.
- Danach das *'Anpassen'*-Fenster *[Schließen]*.

☐ **Symbol löschen**

- Mit der Befehlsfolge *'Ansicht' 'Symbolleisten' 'Anpassen...'* das 'Anpassen'-Fenster öffnen.
- Jetzt das zu ändernde *Symbol* mit dem Mauszeiger *markieren* und bei gedrückter Maustaste das Symbol von der Symbolleiste herunter in die Tabelle ziehen, wodurch es gelöscht wird.

47   Makro löschen

⌐ Anleitung ⌐

- Unbedingt darauf achten, dass das zu dem Makro gehörende Symbol - sofern ein solches existiert - zuerst gemäß der oben gezeigten Anleitung gelöscht wird. Dies ist wichtig, damit nach dem Löschen des Makros kein inhaltsloses Symbol auf der Symbolleiste verbleibt.
- Mit *'Extras' 'Makro'* und *'Makros...'* das *'Makro'*-Fenster öffnen.
- Hier im *Makroname*-Listfeld den gewünschten Makronamen, z. B. *schön,* mit Klick markieren, wodurch er in dem darüber liegenden einzeiligen Feld dargestellt wird.
- Jetzt mit Klick auf die *[Löschen]*-Befehlsschaltfläche das Makro endgültig löschen und die Kontrollfrage mit Klick auf die *[Ja]*-Schaltfläche bestätigen.

48   VBA-Programm mit Dialogfeldern - linear

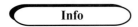
Info

□ **Konventionelle Methode**

* Der Excel-Programmierer gibt die Tabelle von A3 bis C5 mit folgenden Formeln vor:
  C4 =C3/100*B4
  C5 =C3+C4

* Der Excel-Anwender gibt die Werte in C3 und B4 ein und liest das Ergebnis in C5 ab.

	A	B	C	D
1	**Bitte gleichzeitig die Tasten [Strg] und [m] drücken !!**			
2				
3	Einkaufspreis		200,00	
4	Zuschlag in %	50	100,00	
5	Verkaufspreis		300,00	

Problem:
Ein ungeübter Benutzer muss in die Excel-Bedienung eingeführt werden und kann (bei ungeschützter Tabelle) Formeln überschreiben.

□ **Benutzerführung mit Ein- und Ausgabedialog**

* Der Benutzer sieht den Hinweis, dass er mit **[Strg] und [m]** ein Makro starten soll.

* Es erscheint ein Dialogfeld, das zur Eingabe des Einkaufspreises auffordert.

* Nach Eingabe und [OK] erscheint ein Dialogfeld, das zur Eingabe des Zuschlagsatzes auffordert.

* Nach Eingabe und [OK] wird das Ergebnis in einem Meldungs-Dialogfeld ausgegeben.

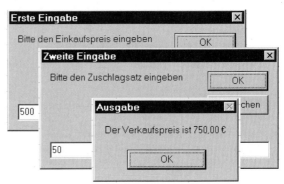

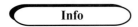
Anleitung

* Die Tabelle mit dem Copyright-Makro öffnen bzw. beibehalten.

* Mit *'Extras' 'Makro' 'Visual Basic-Editor'* oder mit *[Alt] [F11]* zum *'VB'*-Fenster wechseln, die Programmzeilen zwischen *SUB Copyright()* und *End Sub* löschen und folgendes Programm eingeben:

* *Sub Copyright()*   ⇐ nur erfassen, sofern es auch gelöscht wurde
  mEKP = InputBox("Bitte den Einkaufspreis eingeben", "Erste Eingabe")
  mZus = InputBox("Bitte den Zuschlagsatz eingeben", "Zweite Eingabe")
  *mZuschlag = mEKP / 100 * mZus*
  mVKP = mEKP + mZuschlag
  MsgBox "Der Verkaufspreis ist " & mVKP & " •", 0, "Ausgabe"
  End Sub   ⇐ nur erfassen, sofern es auch gelöscht wurde

* Zum *'Excel'*-Fenster wechseln und das Programm nach *[Strg] [m]* testen.

48   VBA-Programm mit Dialogfeldern - linear (Fortsetzung)

Info

mEKP = InputBox("Bitte den Einkaufspreis eingeben", "Erste Eingabe")
mZus = InputBox("Bitte den Zuschlagsatz eingeben", "Zweite Eingabe")
allgemein: Variable = InputBox("Eingabeaufforderungs-Text", "Fenster-Titel")
④ ① ② ③

*mZuschlag= mEKP/100*mZUS*
mVKP = *mEKP + mZuschlag*
allgemein: Variable = Rechenausdruck zur Ermittlung des Ergebnisses
⑥ ⑤

MsgBox "Der Verkaufspreis ist " & mVKP & " •" ,0,"Ausgabe"
allgemein: MsgBox "Meldung" , Schaltflächenkennziffer , "Fenster-Titel"
⑦ ⑧ ⑨ ⑩

Erläuterung:

① Die *InputBox()*-Funktion erstellt ein Fenster mit der Eingabeaufforderung ②, dem Fenstertitel ③ und einem Eingabe-Feld; die in das Eingabefeld eingegebenen Daten werden der Variablen ④ zugewiesen.
Aufforderungs-Text und Fenstertitel sind durch Komma zu trennen.

④ Die Variable ist ein Speicherplatz, dem ein Speicherinhalt zugewiesen wird. Sie sollte durch 'm' am Namensanfang als Memory-Speicher gekennzeichnet werden.

⑤ Werden die Variablen in Rechenausdrücken genannt, dann wird mit dem *Inhalt der Variablen* gerechnet und das Ergebnis einer weiteren Variablen ⑥ zugewiesen.

⑦ Die *MsgBox* - Prozedur erstellt ein Fenster mit der eigentlichen Meldung ⑧, einer oder mehreren Schaltflächen ⑨ (z. B. nur *[OK]* oder *[OK] + [Abbruch]* oder *[Ja], [Nein] + [Abbruch]*) und dem Fenstertitel ⑩.

⑧ Besteht die Meldung aus mehreren Teilen, dann sind diese durch das &-Zeichen zu verbinden; alphanumerische Teile stehen zwischen Anführungszeichen, numerische nicht.

⑨ Zur Bestimmung der Schaltflächen ist eine Kennziffer vorzugeben.
Beispiele: 0 führt zu [OK]; 1 zu [OK] [Abbrechen]; 3 zu [Ja] [Nein] [Abbrechen]

Tipp: Bei der Erfassung der MsgBox-Funktion wird eine Hilfe eingeblendet; diese stellt für die Schaltflächen-Auswahl ein Listfeld bereit, aus dem z. B. *vbOkOnly* durch Doppelklick ausgewählt werden kann.

Formatierung:

Ist der Inhalt der Variablen 'mVKP' z. B. 150,45677355, dann kann er nach der Berechnung und vor der Ausgabe durch folgenden Befehl auf 150,46 formatiert werden:

mVKP = Format(mVKP, "0.00")

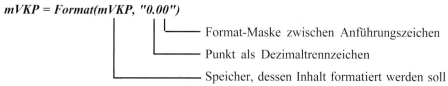

———— Format-Maske zwischen Anführungszeichen

———— Punkt als Dezimaltrennzeichen

———— Speicher, dessen Inhalt formatiert werden soll

49 VBA-Programm mit Dialogfeldern - Wiederholung

```
Info
```

Das bisherige Programm hat den Nachteil, dass es bei wiederholter Berechnung immer wieder neu gestartet werden muss. Dies lässt sich wie folgt skizzieren:

Start mit [Strg] [m]
⇨ Eingabe (EKP)
⇨ Eingabe (Zuschlag)
⇨ intern rechnen
⇨ Ausgabe
danach **erneut [Strg] [m]**
usw.

Besser wäre es, wenn das Programm wie folgt nur einmal zu starten wäre:

Start mit [Strg] [m]
⇨ Eingabe (EKP)
⇨ **wiederhole, solange EKP>0** ─────┐
⇨   Eingabe (Zuschlag)
⇨   intern rechnen
⇨   Ausgabe
⇨   ***erneute** Eingabe (EKP), damit oben geprüft werden kann, ob wiederholt werden soll*
⇨ **zurück zur Wiederholungs-Prüfung**
⇨ Programm-Abschluss

```
Anleitung
```

• Die Tabelle mit dem Copyright-Makro öffnen bzw. beibehalten.

• Mit *'Extras' 'Makro' 'Visual Basic-Editor'* oder mit *[Alt] [F11]* zum *'VB'*-Fenster wechseln, die Programmzeilen zwischen *SUB Copyright()* und *End Sub* löschen und folgendes Programm eingeben:

• *Sub Copyright()*   ⇦ nur erfassen, sofern es auch gelöscht wurde

> *mEKP = InputBox("Bitte den Einkaufspreis eingeben", "Erste Eingabe")*
> ***Do WHILE mEKP > 0***
> *mZus = InputBox("Bitte den Zuschlagsatz eingeben", "Zweite Eingabe")*
> *mZuschlag = mEKP / 100 * mZus*
> *mVKP = mEKP + mZuschlag*
> *mVKP = Format(mVKP, "0.00")*
> *MsgBox "Der Verkaufspreis ist " & mVKP & " •", 0, "Ausgabe"*
> ***mEKP = InputBox("Bitte den Einkaufspreis eingeben", "Erste Eingabe")***
> ***LOOP***
> *MsgBox "Das Programmende ist erreicht", 0, "Ende"*
> *End Sub*   ⇦ nur erfassen, sofern es auch gelöscht wurde

• Zum *'Excel'*-Fenster wechseln und das Programm nach *[Strg] [m]* testen.

```
Info
```

Da die **Do While -** Bedingungsprüfung vor den eigentlichen Programmbefehlen erfolgt, ist dies
  - ein kopfgesteuertes Programm oder
  - ein Programm mit vorausgehender Bedingungsprüfung und
  - wegen 'Do While **Wiederholungs**bedingung' eine nicht abweisende Schleife.

49   VBA-Programm mit Dialogfeldern - Wiederholung (Fortsetzung)

(Anleitung)

Eine alternative Programmstruktur mit **nachfolgender Bedingungsprüfung** (fußgesteuert) und abweisender 'Loop Until **Abbruch**bedingung' führt zum gleichen Ergebnis. Hierzu ist das Programm gemäß folgender Niederschrift zu ändern:

```
Sub Copyright()
    Do
        mEKP = InputBox("Bitte den Einkaufspreis eingeben", "Erste Eingabe")
        mZus = InputBox("Bitte den Zuschlagsatz eingeben", "Zweite Eingabe")
        mZuschlag = mEKP / 100 * mZus
        mVKP = mEKP + mZuschlag
        mVKP = Format(mVKP, "0.00")
        MsgBox "Der Verkaufspreis ist " & mVKP & " •", 0, "Ausgabe"
        mEnde = MsgBox("Weiter?", 4, "Titel")
    Loop Until mEnde = 7
End Sub
```

Der Looping zurück zum Do-Schleifenbeginn erfolgt so lange, **bis** die Abbruchbedingung 'mEnde=7' eintritt.

Die Kennziffer 4 führt zu den Schaltflächen [Ja][Nein]; die *MsgBox()*-Funktion liefert je nach gedrückter Schaltfläche einen anderen Wert; wird *[Nein]* gedrückt, dann ist dies 7.

50   VBA-Programm mit Dialogfeldern - Verzweigung

(Anleitung)

Fall: Nur der Einkaufspreis wird eingegeben. Ist dieser Preis unter 500,00 •, dann wird mit einem Zuschlagsatz von 50 % gerechnet; ab einem Preis von 500,00 • aufwärts wird nur noch mit einem Zuschlagsatz von 30 % gerechnet.

- Zur Lösung die Copyright-Tabelle öffnen, mit *[Alt] [F11]* zu VB umschalten und das folgende Programm erfassen bzw. das vorhandene entsprechend ändern:

- ```
  SUB Copyright()
      mEKP = InputBox("Bitte den Einkaufspreis eingeben", "Erste Eingabe")
      If mEKP < 500 Then
          mZuschlag = mEKP / 100 * 50  ──────────────────────── ①
      Else
          mZuschlag = mEKP / 100 * 30  ──────────────────────── ②
      End If
      mVKP = mEKP + mZuschlag
      mVKP = Format(mVKP, "0.00")                              ──③
      MsgBox "Der Verkaufspreis ist " & mVKP & " •", 0, "Ausgabe"
  End Sub
  ```

- Die Infos der nächsten Seite beachten!
  ```

50 VBA-Programm mit Dialogfeldern - Verzweigung (Fortsetzung)

Info

Programmerläuterung zur Vorseite:
① Dieser Befehlsweg wird nur durchlaufen, wenn die Bedingung erfüllt ist.
② Dieser Befehlsweg wird nur durchlaufen, wenn die Bedingung nicht erfüllt ist.
③ Dieser Befehlsweg wird immer durchlaufen, da er dem Ende der Verzweigung folgt.

51 VBA-Programm mit Dialogfeldern - Datenaustausch

Info

Bisher erschienen in den Copyright()-Programmen die Eingabewerte nur in den InputBox-Fenstern ① und das Ergebnis in dem MsgBox-Fenster ⑤. Die Inhalte der zur Berechnung und Ergebnisspeicherung nötigen Variablen mEKP ②, mZus ③ und mVKP ④ können jedoch auch den Tabellenzellen zugewiesen ⑥ werden, wodurch ein Datenaustausch zwischen Speichervariablen und Tabellenfeldern möglich wird. Dadurch werden die vorübergehend in den Dialogfeldern gezeigten Werte dauerhaft in der Tabelle dargestellt.

Anleitung

- Die Copyright()-Tabelle öffnen, zu VB umschalten und bei ⑥ das Programm ergänzen; hier wird nur das lineare Programm gezeigt, möglich ist auch jede andere Version.
- Sub Copyright()
  ② mEKP = InputBox("Bitte den Einkaufspreis eingeben", "Erste Eingabe")   ①
  ③ mZus = InputBox("Bitte den Zuschlagsatz eingeben", "Zweite Eingabe")   ①
      mZuschlag = mEKP / 100 * mZus
  ④ mVKP = mEKP + mZuschlag
  ⑤ MsgBox "Der Verkaufspreis ist " & mVKP & " •", 0, "Ausgabe"
  ⑥ ————

End Sub   Nach [↵] einfügen:

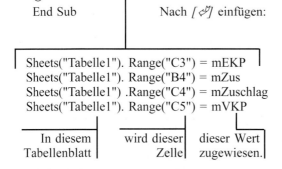

```
Sheets("Tabelle1"). Range("C3") = mEKP
Sheets("Tabelle1"). Range("B4") = mZus
Sheets("Tabelle1") .Range("C4") = mZuschlag
Sheets("Tabelle1"). Range("C5") = mVKP
```

In diesem | wird dieser | dieser Wert
Tabellenblatt | Zelle | zugewiesen.

	A	B	C
1	**Bitte gleichzeitig die Tasten**		
2	**[Strg] und [m] drücken !!**		
3	Einkaufspreis		500,00
4	Zuschlag in %	50	250,00
5	Verkaufspreis		750,00
6			
7			
8			
9			
10			

Ausgabe

Der Verkaufspreis ist 750,00 €

OK

Der umgekehrte Datenaustausch von der Tabelle zur Variablen ist folglich mit folgendem Befehl möglich:

$$mEKP = Sheets("Tabelle1") \,\textbf{.}\, Range("C3")$$

Wichtig: Punkt zwischen Haupt- und Unterobjekt.

52 VBA-Programm mit Dialogfeldern - Programmstrukturen

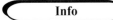

Info

Die bisher erstellten Programme können auch in einer nach DIN genormten Form als Struktogramme dargestellt werden. Dabei haben wir folgende Formen kennen gelernt:

lineare **Folgestruktur:**
mEKP eine Eingabe zuweisen
mZus eine Eingabe zuweisen
mZuschlag berechnen
mVKP berechnen
mVKP ausgeben

verzweigte **Auswahlstruktur**

mEKP eine Eingabe zuweisen	
mEKP < 500	
ja	nein
mZuschlag mit 50 % berechnen	mZuschlag mit 30 % berechnen
mVKP berechnen	
mVKP ausgeben	

Wiederholungsstruktur:
(kopfgesteuert)

mEKP eine Eingabe zuweisen
So lange mEKP > 0
mZus eine Eingabe zuweisen
mZuschlag berechnen
mVKP berechnen
mVKP ausgeben
mEKP eine Eingabe zuweisen
zurück zur Bedingungsprüfung

Wiederholungsstruktur:
(fußgesteuert)

Starte
mEKP eine Eingabe zuweisen
mZus eine Eingabe zuweisen
mZuschlag berechnen
mVKP berechnen
mVKP ausgeben
mEnde ein Funktionsergebnis zuw.
Wiederhole bis mEnde = 7

Aufgabe

Erstellen Sie die folgende Tabelle, errichten Sie darin ein Makro, das einen Text schreibt, rufen Sie über *'Extras' 'Makro' 'Makros' [Bearbeiten]* VB auf und ändern Sie das Makro so, um mit den Dialog-feldern arbeiten zu können. Program-mieren Sie in Wiederholungs-struktur und schrei-ben Sie die Werte in die Tabelle zurück.

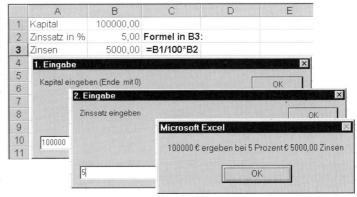

53   VBA-Programm mit UserForm - VB öffnen

Info

Soll in einer selbst gestalteten UserForm z. B. nach
Eingabe einer Zahl mit Klick auf die Befehlsschaltfläche
[Rechnen] deren Quadratzahl ausgegeben werden, so
kann von der Excel-Tabelle mit *[Alt] [F11]* zum Visual
Basic-Fenster gewechselt werden, in dem mit Klick auf
③ ein vorhandenes Programm gestartet werden kann.

Soll dieses Programm jedoch durch eine Makro-Tasten-
kombination von der Tabelle aus gestartet werden, dann ist es einfacher, zunächst ein
einfaches Makro zu erstellen und dies dann um eine User-Form zu ergänzen.

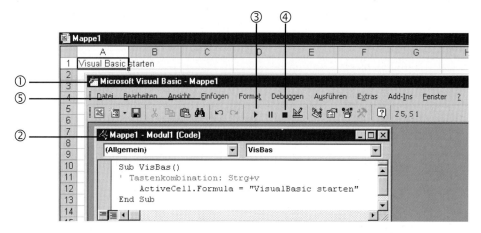

Anleitung

- In der Excel-Tabelle nach *'Extras' 'Makro' 'Aufzeichnen...'* z. B. den Namen *VisBas* und
  die Tastenkombination Strg + *V* eingeben und mit *[⏎]* bestätigen.
  In die aktuelle Zelle *'Visual Basic starten'* schreiben, mit *[⏎]* bestätigen und mit *Klick*
  auf das *'Aufzeichnung beenden'*-Symbol die Kurz-Makro-Aufzeichnung beenden.

- Nach *'Extras' 'Makro' 'Makros ..'* *[Bearbeiten]* das *Visual Basic*-Fenster ① mit dem
  integrierten *Modul1 (Code)*-Fenster ② öffnen und das Programm gemäß der obigen
  Abbildung kürzen. Durch Einblenden des VB-Fensters wird die Task-Leiste um das
  Microsoft Visual Basic -
  Programmsymbol ergänzt.

- Das VB-Fenster ① so verschieben, dass man die markierte Zelle sieht, mit Klick auf das
  'Ausführen'-Symbol ③ das Makro testweise starten und danach mit Klick auf das
  'Beenden'-Symbol ④ die Ausführung beenden, damit der Code geändert werden kann.

- Im VB-Fenster ① mit der Befehlsfolge *'Einfügen'* ⑤ *'UserForm'* die auf der Folgeseite
  gezeigte UserForm einfügen, die mithilfe der gleichzeitig eingeblendeten Werkzeugsammlung und einem zusätzlich einzublendenden 'Eigenschaftenfenster' z. B. zu der
  oben gezeigten Form gestaltet werden kann.

54   VBA-Programm mit UserForm - Objekte gestalten

Info

Um die gewünschte UserForm zu erhalten, sind Bezeichnungsfelder ① (Eingabe, Ergebnis), Textfelder ② (6, 36) und eine Befehlsschaltfläche ③ (Rechnen) einzufügen.

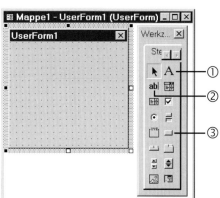

Anleitung

☐ **Objekte einrichten**

① Bezeichnungsfeld-Symbol *[A]* anklicken und danach in der UserForm dort klicken, wo die linke obere Ecke des Bezeichnungsfeldes sein soll, das als 'Label1' erscheint.

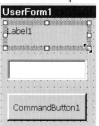

② Textfeld-Symbol *[ab]* anklicken und danach in der UserForm an der gewünschten Stelle klicken, damit eine leere Textbox-Fläche erscheint.

③ Befehlsschaltfläche-Symbol anklicken und ebenso in der UserForm die gewünschte Stelle anklicken, damit der CommandButton1 erscheint.

☐ **Objekte vergrößern/verkleinern, verschieben und entfernen**

Wichtig: Das Objekt mit Klick markieren, damit es durch die graue Markierlinie und die acht Anfasserpunkte markiert wird.

* **Verschieben:** Auf die graue Markierlinie zeigen, damit der Mauszeiger zum Vierfach-Pfeil wird, und bei gedrückter Maustaste in die gewünschte Richtung verschieben.
* **Vergrößern/verkleinern:** Auf einen Anfasserpunkt zeigen, damit der Mauszeiger zum Doppel-Pfeil wird, und bei gedrückter Maustaste in die gewünschte Richtung vergrößern oder verkleinern.
* **Entfernen:** Das markierte Objekt mit der [Entf]-Taste entfernen.

Aufgabe

Richten Sie die Objekte entsprechend der Abbildung ein.

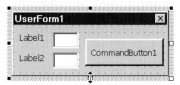

Nach Klick kann auch die Größe der UserForm verändert werden.

Hinweis

Eine fehlende Form kann durch Klick auf *Projekt-Explorer* ⑤, *UserForm1* ⑥ und *Objekt anzeigen* ⑦ eingeblendet werden; die Werkzeuge durch Klick auf *Werkzeugsammlung* ④.

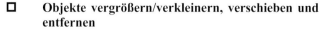

54   VBA-Programm mit UserForm - Objekte gestalten (Fortsetzung)

<img>Info</img>

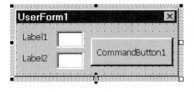

⇨ ⇨ ⇨ ⇨
Die Rohform wird zur gewünschten Form, wenn die Objekt-Beschriftungen (Caption) der Objekte geändert werden.

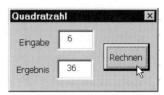

<img>Anleitung</img>

☐   **Objekt-Eigenschaften ändern**

- Mit dem *'Eigenschaften'*-Symbol ① das 'Eigenschaften'-Fenster öffnen.

- In der Form das gewünschte Objekt (hier: *Label1*) anklicken, damit dessen Objekt-Eigenschaften gezeigt werden und geändert werden können.

- Die *'Caption'*-Zeile wählen und mit *Doppelklick* auf *'Label1'* ② diesen Text markieren.

- Den markierten Text durch den gewünschten Text *Eingabe* überschreiben und mit [⏎] bestätigen.

Folge: Der Label1.Caption-Text lautet jetzt ⇨ Eingabe

Aufgabe: Ändern Sie die Caption-Eigenschaft des
Label2-Objekts	von	Label2	in ⇨	*Ergebnis*
CommandButton1-Objekts	von	CommandButton1	in ⇨	*Rechnen*
UserForm1-Objekts	von	UserForm1	in ⇨	*Quadratzahl*

☐   **Objekt-Namen ändern**

Da mit dem Inhalt der Textbox1 gerechnet und das Ergebnis in die Textbox2 geschrieben werden soll, ist es sinnvoll, diesen Objekten sprechende Namen zu geben, welche danach in dem zu erstellenden Programm verwendet werden können.

- Mit dem *'Eigenschaften'*-Symbol das 'Eigenschaften'-Fenster öffnen, sofern es nicht schon geöffnet wurde.

- In der Form die Textbox1 (die obere) markieren, damit deren Name-Eigenschaft geändert werden kann.

- In der *'Name'*-Zeile 'Textbox1' mit *Doppelklick* markieren und mit dem Namen *txtEingabe* überschreiben.

- Nach [⏎] die zweite Textbox markieren und deren Name in *txtErgebnis* ändern und mit [⏎] bestätigen.

- Jetzt kann auch noch der 'CommandButton1' markiert und sein Name von 'CommandButton1' in *cmdRechnen* geändert werden.

Merke: Objekte können durch zwei wesentliche Merkmale gekennzeichnet werden:
        1. Caption: sichtbare Beschriftung des Objekts;
        2. Name: Benennung des Objekts, mit der es aufgerufen werden kann.

55   VBA-Programm mit UserForm - Programm erstellen und starten

Info

Sobald bei dem Objekt 'cmdRechnen' das Ereignis 'Click' eintritt, soll das 'Objekt_Ereignis()-Programm' starten, das in das txtErgebnis-Textfeld das Ergebnis aus der Quadrierung des Wertes aus dem txtEingabe-Textfeld schreibt.

Anleitung

1. Schritt: Code-Fenster öffnen

Durch *Doppelklick* auf die *cmdRechnen*-Befehlsschaltfläche das Codierfenster öffnen, in das die Kopf- und Fußzeile des Programms automatisch eingetragen ist.

2. Schritt: Programm erfassen

Zwischen Kopf- und Fußzeile die folgende Programmzeile schreiben:

*txtErgebnis.Text = txtEingabe.Text * txtEingabe.Text [⏎]*

| Die Objekte müssen vorher natürlich entsprechend benannt worden sein. | Die Text-Eigenschaft sagt, dass die Text-Inhalte bearbeitet und gezeigt werden. |

3. Schritt: Programm starten und testen

① Mit *Klick* auf *'UserForm ausführen'* das Programm starten.
② In das Eingabe-Textfeld klicken und eine beliebige Zahl eingeben.
③ Danach auf die Befehlsschaltfläche *[Rechnen]* klicken und das Ergebnis im Ergebnis-Textfeld ablesen.
④ Zur Beendigung auf das *'Fenster schließen'*-Symbol ⊠ oder auf die *'Beenden'*-Schaltfläche klicken.

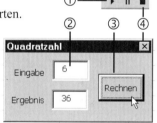

4. Schritt: Das Programm mit dem Excel-Makro verbinden

Bisher kann das Programm nur von Visual Basic aus gestartet werden. Soll es jedoch auch durch das Excel-Makro aufgerufen werden können, so ist dieses Makro um den *'UserForm1.Show'*-Befehl zu ergänzen. Hierzu ist mit der Folge ⑤ -⑦ der *'Modul1-Code'* aufzurufen, damit er um den *UserForm1.Show*-Befehl ergänzt werden kann. Danach zu Excel wechseln und das Makro mit *[Strg] [V]* starten.

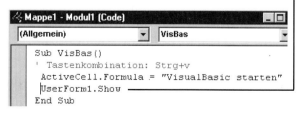

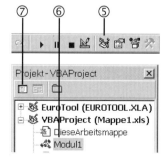

56 VBA-Programm mit UserForm - Variablen-Programmierung

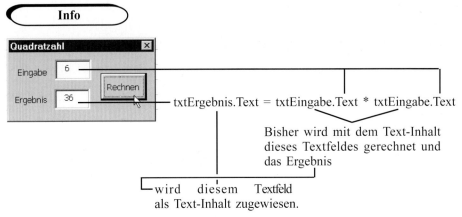

Info

txtErgebnis.Text = txtEingabe.Text * txtEingabe.Text

Bisher wird mit dem Text-Inhalt
dieses Textfeldes gerechnet und
das Ergebnis

wird diesem Textfeld
als Text-Inhalt zugewiesen.

Dieses Rechnen mit 'Texten' wird von VB bei einfachen Aufgabenstellungen akzeptiert.
Grundsätzlich ist es jedoch besser,
- die Eingabe-Texte numerischen Variablen zuzuweisen,
- dann mit dem Inhalt der numerischen Variablen zu rechnen und
- den Wert der Ergebnis-Variablen einem Ausgabe-Text zuzuweisen.

Anleitung

- Alle bisher zu dieser Tabelle erstellten Programme dadurch speichern, dass die Excel-
  Tabelle nach *'Datei' 'Speichern unter...'* bzw. nach *Klick* auf das 🖬 *Speichern*-Symbol
  z. B. unter dem Namen *VisBas* gespeichert wird.

- Zum *UserForm1(Code)*-Fenster wechseln.
  Ist dieses Fenster nicht sichtbar, dann kann es über
  den *Projekt-Explorer* ①, *UserForm1* ② und *Code
  anzeigen* ③ geöffnet werden.

```
Private Sub cmdRechnen_Click()
    txtErgebnis.Text = txtEingabe.Text * txtEingabe.Text
End Sub
```

- Nach *Klick* auf den *Objekt*-Listenpfeil ④ von
  'cmdRechnen' zu *(Allgemein)* wechseln, wodurch im
  Prozedur-Listenfeld ⑤ *(Deklarationen)* erscheint und
  im Codier-Bereich eine leere Zeile eingeschoben wird.

- **Variable dimensionieren**, d. h. die nötigen Variablen als numerische Variable einrich-
  ten und ihnen einen sprechenden Namen geben.
  Hierzu ist folgende Dim-Zeile im UserForm1(Code)-Fenster zu erfassen:
  Dim mEingabe As Single, mErgebnis As Single

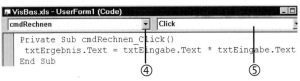

m soll auf die Memory-
Eigenschaft verweisen

Der Single-Typ kann einfach genaue Zahlen
speichern (reicht für normale Berechnungen).

Anleitung

- **Programm ändern:** Das Programm zum '3-Schritte-Programm' umändern, d. h.
  ① Eingabe-Text in Wert umwandeln,
   ② mit Werten rechnen und
    ③ den Ergebnis-Wert in einen Text umwandeln.
  Konkret das Programm entsprechend der folgenden Abbildung ändern:

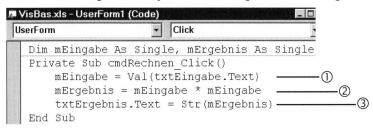

- Programm von VB aus, aber auch von Excel aus testen.

Info

☐ **Funktionen**

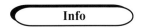

$mEingabe = VAL(txtEingabe.Text)$ $txtErgebnis.Text = STR(mErgebnis)$

Funktionswort(Funktionsargument)   Funktionswort(Funktionsargument)
  (Wert = **Val**ue)   (Zeichenkette = **Str**ing)

Nach dem Funktionswort (Val, Str) folgt in Klammern das Argument, auf das sich die Funktion bezieht. Argument ist hier der Textfeld- bzw. der Variablen-Inhalt.

☐ **Objekt.Eigenschaft** (z. B. txtErgebnis**.**Text)

Objekt *(txtErgebnis)* und Eigenschaft *(Text)* werden durch **Punkt** getrennt.

☐ **Zuweisung**

Das *txtErgebnis*-Textfeld hat mehrere Eigenschaften; z. B. eine bestimmte *Backcolor*-Hintergrundfarbe, eine bestimmte *Font*-Schriftart und einen bestimmten *Text*-Textinhalt.

Durch die Zuweisung

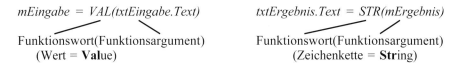

$$txtErgebnis\textbf{.Text} = Str(mErgebnis)$$

wird nur die genannte Eigenschaft verändert; d. h. dem Text wird jene Zeichenkette zugewiesen, die durch die Str-Umwandlung der numerischen Variablen *mErgebnis* entsteht.

56 VBA-Programm mit UserForm - Variablen-Programmierung (Forts.)

Aufgabe

Öffnen Sie die *'Devisen'*-Tabelle und erstellen Sie die unten eingeblendete Form.

Vorteil: In den Ergebniszellen der Tabelle stehen Formeln, die durch Eingaben evtl. gelöscht werden können; dies ist in den Textfeldern der Form nicht möglich.

Tipp: Errichten Sie zuerst die Textfelder in der gezeigten Reihenfolge und danach die Befehlsschaltflächen in der Reihenfolge von oben nach unten. Dies hat den Vorteil, dass Sie nach Start des Programms mit [Tab] oder [↵] in der gewünschten Reihenfolge von Objekt zu Objekt wechseln können.

□ **Objekt-Eigenschaften:**

Legen Sie im Eigenschaften-Fenster folgende Eigenschaften fest:

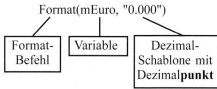

Textfelder: **Name:**

TextBox	Name
TextBox1	*txtEuro*
TextBox2	*txtGeld*
TextBox3	*txtFremd*
TextBox4	*txtBrief*
TextBox5	*txtRück*

Befehlsschaltflächen:

Name:	Caption:
cmdFremd	*Fremd berech.*
cmdEuro	*• berechnen*
cmdNeu	*Neu*
cmdEnde	*Ende*

□ **Dimensionierung der Variablen:**

Die Variablen sind als 'Double'-Variable zu dimensionieren, damit sie mit Dezimalzahlen korrekt rechnen können.

Dim mEuro As Double, mGeld As Double
Dim mFremd As Double
Dim mBrief As Double, mRück As Double

□ **Programmieren Sie folgende Prozeduren:**

• **Private Sub cmdFremd_Click()**

```
mEuro = CDbl(txtEuro.Text)
mGeld = CDbl(txtGeld.Text)
mFremd = mEuro * mGeld
txtFremd.Text = Format(mFremd, "0.000")
End Sub
```

nicht Val(), sondern mit der CDbl-Funktion in eine Double-Variable umwandeln

rechnen

nicht Str(), sondern mit der Format-Funktion formatiert ausgeben

• **Private Sub cmdEuro_Click()**

Erstellen Sie diese Prozedur bitte auch mit Variablen-Programmierung und Nutzung von Double-Variablen.

Formel: mRück = mFremd / mBrief

Aufbau der Format-Funktion:

Format(mEuro, "0.000")

Format-Befehl	Variable	Dezimal-Schablone mit Dezimal**punkt**

• **Private Sub cmdEnde_Click()**

```
End
End Sub
```

Mit dem End-Befehl erübrigt sich der Klick auf die ⊠-Schließen-Schaltfläche des UserForm1-Fensters.

56 VBA-Programm mit UserForm - Variablen-Programmierung (Forts.)

Aufgabe

- **Private Sub cmdNeu_Click()**
Durch Klick auf cmdNeu sollen
- alle Währungstext-Fenster gelöscht und
- der Eingabe-Focus auf das erste Textfeld
  gesetzt werden.
Erfassen Sie hierzu die folgende Prozedur:

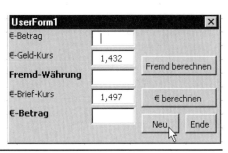

```
Private Sub cmdNeu_Click()
    txtEuro.Text = ""
    txtFremd.Text = ""
    txtRück.Text = ""
    txtEuro.SetFocus
End Sub
```

Durch die Zuweisung eines leeren Strings wird
das Textfeld gelöscht; alternativer Befehl:
z. B.   txtEuro.Text = Space(0)

Mit der .SetFocus-Methode wird der Focus
auf das zuvor genannte Objekt gesetzt.

57 VBA-Programm mit User-Form - Datenaustausch

Info

Alle in der UserForm enthaltenen Werte können problemlos in die Excel-Tabelle zurückge-
schrieben werden. Diese Rückschreibbefehle (siehe Kapitel 51) können durch eine
besondere Befehlsschaltfläche ausgelöst, aber z. B. auch an die Befehle zur [Neu]-Schalt-
fläche angehängt werden.

```
Private Sub cmdNeu_Click()
    ...
    txtEuro.SetFocus
    Sheets("Tabelle1").Range("D2") = mEuro
    Sheets("Tabelle1").Range("D3") = mGeld
    Sheets("Tabelle1").Range("D4") = mFremd
    Sheets("Tabelle1").Range("D5") = mBrief
    Sheets("Tabelle1").Range("D6") = mRück
End Sub
```

Achtung: Durch diese Rückschreibbefehle werden die Formeln, die bisher in den Ergebnis-
Zellen 'D4' und 'D6' stehen,
natürlich gelöscht.

Aufgabe

Die 'Kalk'-Tabelle von S. 34, Aufg. 16 zeigt in
D18 den Preis ohne Berücksichtigung der Mehr-
wertsteuer. Erstellen Sie die UserForm, in der automatisch der BVKPreis aus Zelle D18 übernommen und nach Eingabe des MwSt-Satzes der
Bruttoverkaufspreis ermittelt wird.

58   VBA-Programm mit UserForm - Diagramm mit Programm-Steuerung

Info

Aus Tabellen-Daten können problemlos Diagramme (Kapitel 34 ff.) erstellt werden. Dies ist auch dann noch einfach möglich, wenn eine Zahlenreihe (hier Spalte B) in funktionaler Abhängigkeit von den Werten der Spalte A ermittelt wird. Eine weitere Erleichterung für den Benutzer kann durch die Einrichtung einer UserForm erreicht werden.

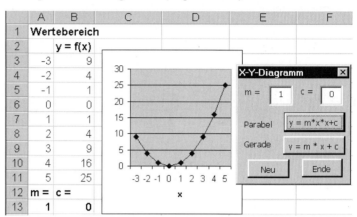

Anleitung

- Erfassen Sie alle Texte und die Werte der Spalte A und der Zeile 13.
- Schreiben Sie in Zelle B3 folgende Formel: = $AS13 * A3 * A3 + B13 [↵]
- Kopieren Sie diese Formel von B3 nach unten bis B11.
- Markieren Sie den Zellbereich von A2 (leer) bis B11 und erstellen Sie mit dem Diagrammassistenten ein (XY)Punkt-Diagramm mit Linien, ohne Diagrammtitel, nur mit der Rubrikenachsenbeschriftung x und ohne Legende. So erhalten Sie, durch den Verzicht auf Texte, eine relativ große Zeichenfläche.
- Ändern Sie die Werte in A13 und B13, so passen sich die Werte in Spalte B und das Diagramm entsprechend an.
- Zeichnen Sie ein Makro auf (Name: *Diagramm*, Schlüssel: *Strg V*), *[Bearbeiten]* Sie es, löschen Sie dabei alle aufgezeichneten Befehle und rufen Sie mit *UserForm1.Show* die noch zu bildende UserForm auf.
- Fügen Sie eine *UserForm* ein, gestalten Sie sie entsprechend dem obigen Beispiel und legen Sie dabei folgende Eigenschaften fest:

Form:		Caption ⇨ *X-Y-Diagramm*	
TextBox1	Name: ⇨ *txtM*		
Textbox2	Name: ⇨ *txtC*		
CommandButton1	Name: ⇨ *cmdParabel*	Caption: ⇨ $y = m * x * x + c$	
CommandButton2	Name: ⇨ *cmdGerade*	Caption: ⇨ $y = m * x + c$	
CommandButton3	Name: ⇨ *cmdNeu*	Caption: ⇨ *Neu*	
CommandButton4	Name: ⇨ *cmdEnde*	Caption ⇨ *Ende*	

Anleitung

- Doppelklicken Sie auf die 'Parabel'-Befehlsschaltfläche und erfassen Sie das folgende Programm:

Private Sub cmdParabel_Click()
```
    m = CDbl(txtM.Text)                          ┐
    c = CDbl(txtC.Text)                          │   Die Textfeld-Inhalte den
    Zeile = 3                                    ┘   Variablen zuweisen.
                                           ④
    Sheets("Tabelle1").Range("A13") = m  ┐
    Sheets("Tabelle1").Range("B13") = c  ┘   Die Textfeld-Inhalte in die Tabel-
    For x = -3 To 5 ———————————————— ①  len-Zellen A13 und B13 schreiben.
        y = m * x * x + c ————————————— ② y gemäß Formel berechnen
        tZeile = Str(Zeile) ——————————— ⑤ Wert in Text (String) umwandeln
        tZeile = "B" + Mid(tZeile, 2, 2)——— ⑥ Mid(tZeile, ab 2. Stelle, 2 Zeichen)
        Sheets("Tabelle1").Range(tZeile) = y —— ③ in der Zelle 'tZeile' ausgeben
        Zeile = Zeile + 1 ———————————— ④ neue Ausgabe-Zeile ermitteln
    Next x —————————————————— ① Ende der Schleife
End Sub
```

- Dimensionieren Sie die benötigten Variablen:

Dim **m** As Double, **c** As Double, **y** As Double, **Zeile** As Single, **x** As Single
Dim **tZeile** As String

- Erläuterung:

① Innerhalb einer Zählerschleife werden für alle x-Werte folgende Aktionen durch-geführt:
  - Berechnung des zum x-Wert gehörenden y-Wertes gemäß Formel ② und
  - Ausgabe des ermittelten y-Wertes in der richtigen Tabellen-Zelle ③.
③ Die Ausgabe in der richtigen Zell-Adresse 'tZeile' erfordert folgende Befehle:
  ④ Die jeweils richtige Zeile muss als Zahl bekannt sein:
  anfangs 3; später immer um 1 mehr (Zeile = Zeile + 1).
  ⑤ Damit z. B. die Zeilen-Nummer '3' mit dem Spalten-Buchstaben 'B' zu einer Zell-Adresse 'B3' zusammengefügt werden kann, muss die Zeilen-Nummer mit der Str()-Funktion in einen Text umgewandelt werden. Dieser Text beginnt mit einer Leerstelle (für Minus-Zeichen), der dann die Zahl folgt.
  ⑥ Mit der Mid()-Funktion werden von dieser Text-Zahl ab der 2. Stelle zwei Zeichen (z. B. 3_) entnommen und dem Buchstaben 'B' angehängt, wodurch die vollständige Zell-Adresse (z. B. B3) gebildet wird.

Aufgabe

- Erstellen Sie die entsprechende Prozedur für die 'Gerade'-Schaltfläche.
- Erstellen Sie die Prozeduren für [Ende] und [Neu], wobei mit [Neu] die Eingabe-Textfelder, die y-Werte der Spalte B und A13 und B13 auf '0' gesetzt werden sollen.

59 ACCESS: Datenbank-Tabellen normalisieren

(Info)

- Die folgenden Bestelldaten sind in einer oder mehreren Tabellen zur weiteren Verarbeitung darzustellen.

Bestellung an: Absender:

Micro AG   **Handy GmbH**

Fährstr. 1

18147 Rostock   BestNr   001   LiefNr   811

Pos	TeileNr	Bezeichnung	Menge	Preis/St.	Gesamt
01	121	PC	5	1700	8500
02	232	Monitor	3	700	2100

Bestellung   **an:**   Absender:

Multi AG   **Handy GmbH**

Karlstr. 10

52080 Aachen   BestNr   002   LiefNr   833

Pos	TeileNr	Bezeichnung	Menge	Preis/St.	Gesamt
01	354	Drucker	2	1100	2200

Bestellung an: Absender:

Micro AG   **Handy GmbH**

Fährstr. 1

18147 Rostock   BestNr   003   LiefNr   811

Pos	TeileNr	Bezeichnung	Menge	Preis/St.	Gesamt
01	121	PC	2	1700	3400
02	232	Monitor	1	700	700

- **1-Tabelle-Lösung:** Alle Daten werden in einer Tabelle gezeigt, wobei in jeder Zelle etwas stehen muss, d. h. jede Zeile ist - trotz Wiederholungen - vollständig auszufüllen.

- **Ergebnis: Bestell-Tabelle**

BNr	LNr	Name	Straße	PLZ	Ort	Pos	Num	Bez.	Stk	Preis	Gesamt
001	811	MicroAG	Fährstr.1	18147	Rostock	01	121	PC	5	1700	8500
001	811	MicroAG	Fährstr.1	18147	Rostock	02	232	Monitor	3	700	2100
002	833	Multi AG	Karlstr.10	52080	Aachen	01	354	Drucker	2	1100	2200
003	811	MicroAG	Fährstr.1	18147	Rostock	01	121	PC	2	1700	3400
003	811	MicroAG	Fährstr.1	18147	Rostock	02	232	Monitor	1	700	700

- **Kritik:**   ① Doppelnennungen   ② Doppel-   ③ kann be-
  nennungen   rechnet werden

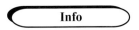

Info

- **Verbesserungen:**

① Die sich wiederholenden Lieferanten-Anschriften jeweils einmalig in eine gesonderte 'Lieferant'-Tabelle schreiben.
In der 'Bestell'-Tabelle verbleibt nur noch das 'LNr'-Feld, durch welches eine Verbindung zu der neuen 'Lieferant'-Tabelle hergestellt werden kann.

② Die sich wiederholenden Artikelbezeichnungen jeweils einmalig in eine gesonderte 'Artikel'-Tabelle schreiben.
In der 'Bestell'-Tabelle verbleibt nur noch das 'Num'-Feld, durch welches eine Verbindung zu der neuen 'Artikel'-Tabelle hergestellt werden kann.

③ Das berechenbare 'Gesamt'-Feld ersatzlos streichen, da es aus 'Stk' * 'Preis' rekonstruierbar ist.
Die 'Bestell'-Tabelle besteht demnach nur noch aus den folgenden Feldern:

Bestell-Tabelle

BNr	LNr	Pos	Num	Stk	Preis
001	811	01	121	5	1700
001	811	02	232	3	700
002	833	01	354	2	1100
003	811	01	121	2	1700
003	811	02	232	1	700

└─ Fremdschlüssel für ⇨ ─┐

└─ Fremdschlüssel für ⇨ ─

Artikel-Tabelle

Num	Bez.
121	PC
232	Monitor
354	Drucker

Primärschlüssel

- **Fremdschlüssel** verweisen auf den Primärschlüssel einer anderen Tabelle.

- **Primärschlüssel** erlauben die eindeutige Identifikation einer Datensatzzeile und sichern damit den korrekten Zugriff auf eine Tabelle.

Lieferant-Tabelle

LNr	Name	Straße	PLZ	Ort
811	MicroAG	Fährstr.1	18147	Rostock
833	Multi AG	Karlstr.10	52080	Aachen

Primärschlüssel

- **Problem:** Eine Zeile der 'Bestell'-Tabelle lässt sich nur durch 'BNr' **und** 'Pos' eindeutig identifizieren. Benötigt man mehrere Felder zur eindeutigen Identifikation, so bilden diese einen **zusammengesetzten Primärschlüssel**.

- **Vereinfachung:** Den folgenden Ausführungen liegen nur eine 'Artikel'- und eine 'Lieferant'-Tabelle zugrunde, wobei in der 'Artikel'-Tabelle die 'LNR' als Fremdschlüssel auf die 'Lieferant'-Tabelle verweist.

60 ACCESS laden und schließen

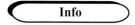

Anleitung

☐ Access laden

- Access gemäß Kapitel 3 (Seite 12) laden.
- Den Aufgabenbereich mit der Befehlsfolge *'Ansicht' 'Symbolleisten' 'Aufgabenbereich'* ausblenden.

Info

☐ **Access-Bildschirm:**   Access meldet sich mit dem leeren Access-Bildschirm.

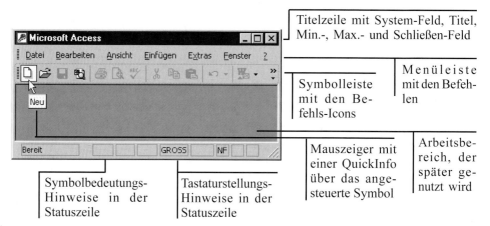

Titelzeile mit System-Feld, Titel, Min.-, Max.- und Schließen-Feld

Symbolleiste mit den Befehls-Icons

Menüleiste mit den Befehlen

Mauszeiger mit einer QuickInfo über das angesteuerte Symbol

Arbeitsbereich, der später genutzt wird

Symbolbedeutungs-Hinweise in der Statuszeile

Tastaturstellungs-Hinweise in der Statuszeile

☐ **Access schließen / beenden**

Mit schnellem *Doppelklick* auf das System-Menüfeld am linken Rand der Access-Titelzeile oder mit *Einfachklick* auf das ☒ -Schließen-Symbol am rechten Rand.
Alternativen: Mit *[Alt]* die Menüleiste (Befehlszeile) aktivieren und die unterstrichenen Buchstaben *D* für *D*atei und *B* für *B*eenden eingeben oder mit *[Alt] [F4]*.

61 Eine Datenbank erstellen

Anleitung

Nach *Klick* auf das *'Neu'-Symbol* bzw. nach der Befehlsfolge *'Datei' 'Neu ...'* erscheint der Aufgabenbereich *'Neue Datei'*.
Nach *Klick* auf *'leere Datenbank'* erscheint das *'Neue Datenbankdatei'*-Fenster.
Hier kann gemäß ☒ Kapitel 6 (S. 15) das Laufwerk und der Ordner für die neue Datenbank gewählt und der Dateiname, z. B. *BETRIEB*, eingegeben werden.

61   Eine Datenbank erstellen (Fortsetzung)

Anleitung

Nach *Klick* auf die *[Erstellen]* -
Schaltfläche des *'Neue Datenbankdatei'*-Fensters erscheint
das Datenbank-Fenster, das bei
aktivierter *[Tabellen]*-Schalt-
fläche und angeklicktem *'Liste'*-
Symbol ① die drei 'Tabellen-
Erstellungsmöglichkeiten' in der
dargestellten Form anbietet.

62   Eine Datenbank speichern und schließen

Info

☐   **Speichern**

Sofort nach Erstellen der Datenbank wird sie auf dem angegebenen Laufwerk unter dem
eingegebenen Namen gespeichert und ab dann von dem Datenbankmanagementsystem
(hier Access) so verwaltet, dass die neu erstellte, aber auch die später geöffnete Datenbank
automatisch aktualisiert wird.

Anleitung

☐   **Schließen**

Mit der Befehlswahl *[Alt]*
'Datei' 'Schließen' oder

⇩

mit *Doppelklick*   ⇩
auf das System-
Menüfeld (links)   ⇩
oder *Klick* auf ⊠
des Datenbank-   ⇩
fensters.   ⇩

⇩

⇩

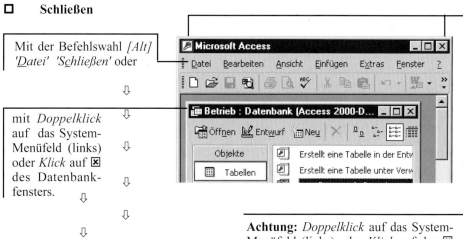

Folge: Die Datenbank verschwindet;
Access bleibt aktiv.

Achtung: *Doppelklick* auf das System-
Menüfeld (links) oder *Klick* auf das ⊠
Schließen-Symbol des Access-Fensters
schließt Access.

63   Eine gespeicherte Datenbank öffnen

Anleitung

Mit *[Alt]* *'Datei'* *'Öffnen...'* oder mit *Mausklick* auf das [▭] Öffnen-Symbol das folgende Dialogfeld öffnen: ⊠   Weitere Infos: Kapitel 7 (S. 16)

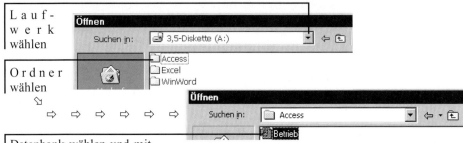

L a u f -
w e r k
wählen

O r d n e r
wählen

Datenbank wählen und mit
Doppelklick, *Klick* auf *[Öffnen]* oder *[⏎]* öffnen.

Folge: Das Datenbank-Fenster, das leer sein kann,
erscheint. Eine Datenbank wird vom Datenbankmanagementsystem also auch dann verwaltet, wenn
sie noch keine Daten enthält.

64   Tabelle erstellen

Info

In einer Datenbank werden die zu speichernden Daten auf verschiedene Tabellen verteilt,
wie in Kapitel 59 gezeigt wurde. Wie dort angekündigt, wird zunächst vereinfachend nur
eine 'Artikel'-Tabelle erstellt, die später um eine Verbindung zu einer 'Lieferant'-Tabelle
ergänzt wird. Diese 'Artikel'-Tabelle soll folgenden Aufbau haben:

Felder (Attribute), durch welche
die Datensätze beschrieben werden.

Artikel : Tabelle

	Num	Bezeich	Bestand	MelBe	BeMeng	Preis
▶	008	Mappe	10	5	5	10,00
	121	PC	20	8	40	1700,00
	232	Monitor	14	8	20	700,00
	344	Drucker	16	8	20	400,00
	354	Drucker	10	6	20	1100,00
	522	Modem	3	4	5	550,00
*						

Name der Tabelle (Entität), die Objekte enthält, die sich durch gleiche
Attribute beschreiben lassen.

Ein Datensatz (Tupel), der die zusammengehörenden Infos **eines**
Objekts enthält.

Mit diesem Feld kann jede Tabellen-Zeile
identifiziert werden (= **Primärschlüssel**).

64   Tabelle erstellen (Fortsetzung)

Aufgaben

1   Nennen Sie in der Artikel-Tabelle das Attribut, das die Artikel-Bezeichnung beschreibt.
2   Welches Tupel der Artikel-Tabelle wird durch den Bestand von 16 Stück beschrieben?
3   Nennen Sie den Primär-Schlüssel der Artikel-Tabelle.
4   Wozu dient ein Primär-Schlüssel?
5   Hat die Artikel-Tabelle einen einfachen oder einen zusammengesetzten Primär-Schlüssel?
6   Besitzt die Artikel-Tabelle einen Fremd-Schlüssel?
7   Wie könnte der Fremd-Schlüssel lauten, wenn auf die Artikellieferanten verwiesen werden soll?
8   Warum enthält die Artikel-Tabelle kein Attribut 'Lagerwert' (Bestand * Preis)?

Anleitung

☐   **1. Schritt: Attribute definieren = Struktur der <u>neuen Tabelle</u> bestimmen**

① Im Datenbank-Fenster durch *Mausklick* auf die *'Tabellen'*-Schaltfläche das *'Tabellen'*-Blatt aktivieren.
② Mit *Klick* auf die *[Neu]*-Schaltfläche das *'Neue Tabelle'*-Fenster einblenden, hier *'Entwurfsansicht'* wählen und mit *[OK]* bestätigen oder

③ Doppelklick auf die *'Entwurfserstellung'*,
damit folgendes 'Tabellenentwurf'-Fenster in das Access-Fenster eingeblendet wird:

Info

Angepasste Symbol-Leiste von Access.

Eingabe-Bereich für Feld**name** und Feld**typ** (Text, Zahl).

Eingabe-Bereich für genaue Bestimmung der **Feldeigenschaften**; dieser Bereich wird eingeblendet, sobald im Eingabe-Bereich der Feldtyp bestimmt wird.

64   Tabelle erstellen (Fortsetzung)

Anleitung

① Feldname eingeben und mit *[Tab]* oder *[⏎]* weiter.

② Feldtyp akzeptieren.

③ Mit *Mausklick* oder *[F6]* in die *'Feldgröße'*-Zeile des 'Eigenschaften'-Bereichs wechseln und die Feldgröße *3* eingeben.

④ Danach mit *Mausklick* oder *[F6]* in den 'Name + Typ'-Bereich zurückwechseln und das zweite Feld bestimmen.

⑤ Hier keine Eingaben machen, sondern gemäß dieser Angaben die Feldgrößen im 'Eigenschaften'-Bereich festlegen.

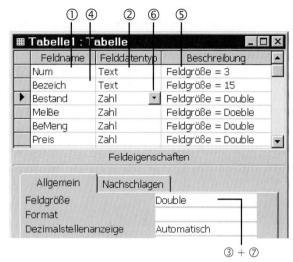

⑥ Muss der Felddatentyp von 'Text' auf 'Zahl' gewechselt werden, dann mit *Klick* auf den Listenpfeil ein Listenfeld öffnen und den Wunsch-Typ mit *Klick* wählen.

⑦ Bei dem 'Zahl'-Typ kann die zugehörige Feldgröße 'Double' oder 'Single' auch nach *Klick* auf den Listenpfeil gewählt werden.

Wichtig: Zwischen "Name+ Typ"- und "Eigenschaften"-Bereich wird mit *Mausklick* oder *[F6]* gewechselt.

☐   **2. Schritt: Primärschlüssel setzen; absolut wichtig, damit Access weiß, wie es die Daten identifizieren kann !!**

① Zuerst in die Feldzeile klicken, nach der die Tabelle geordnet werden soll. **Folge:** Der dreieckige Feldzeiger zeigt auf "NUM".

② Danach das "Primärschlüssel"-Symbol anklicken, wodurch sich der Feldzeiger des neuen Schlüsselfeldes so ändert, dass er die Schlüssel-Eigenschaft anzeigt.

☐   **3. Schritt: Tabelle unter einem bestimmten Namen speichern**

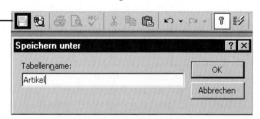

Nach *Klick* auf das *'Speichern'*-Symbol erscheint dieses Dialogfeld, in das der Tabellenname *Artikel* eingegeben und mit *[⏎]* bestätigt werden kann. Nach [Alt] '<u>D</u>atei' 'Speichern <u>u</u>nter' kann der Tabellenname auch bestimmt werden.

65   Daten erfassen und die Tabelle nutzen

Anleitung

Num	Bezeich	Bestand	MelBe	BeMeng	Preis
Num	Bezeich	Bestand	MelBe	BeMeng	Preis
121	Pc	20	8	40	1700
232	Monitor	14	8	20	700
344	Drucker	16	8	20	400
354	Drucker	10	6	20	1100
522	Modem	3	4	5	550

Nach *Klick* auf den *'Ansicht'*-Listenpfeil *'Datenblattansicht'* wählen bzw. *[Alt]* *'Ansicht'* *'Datenblatt'* wählen, damit eine leere Tabellenzeile erscheint.
Danach die Daten eingeben.
Gleichzeitig ändert sich das *'Ansicht'*-Symbol und erlaubt die Rückschaltung zum Entwurf.

Eingabe-Hinweise

- Von Zelle zu Zelle mit *[Tab]* oder *[⏎]*.
- Zurück mit *[⇧] [Tab]* oder *Mausklick*.
- Innerhalb der gerade aktiven Zelle mit *[⟵]* löschen oder mit *[Cursor]* vor und zurück.
- Korrektur einer bereits ausgefüllten und verlassenen Zelle nach *[F2]* oder *Mausklick*.

Info

Satzzeiger-Arten

① Nur-Zeige-Satzzeiger (Dreieck) zeigt den gerade aktiven Satz.
② Bearbeitungs-Satzzeiger (Stift) zeigt, dass aktuell geändert wird.
③ EOF-Satzzeiger (Stern; End of File) zeigt das Ende der Tabelle.

Datensatz löschen:

Mit Mauszeiger in den Zeilenkopf ④, linke Maustaste klicken, damit die ganze Satzzeile schwarz unterlegt wird, die *[Entf]*-Taste drücken und die Warnmeldung mit *[⏎]* akzeptieren.

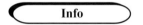

	Num	Bezeich	Bestand	MelBe	BeMeng	Preis
	121	PC	20	8	40	1700
	232	Monitor	14	8	20	700

④ — →   ⑤

Spaltenbreite (Layout) ändern:

Mit Mauszeiger in den Spaltenkopf ⑤ und in die gewünschte Richtung ziehen.

Anfangs-Spalten fixieren: ⑥   ⑦

	Bestand	MelBe	BeMeng	Preis
▶	20	8	40	**1700**
	14	8	20	700

	Num	Bezeich	BeMeng	Preis
▶	121	PC	40	1700
	232	Monitor	20	700

Beim Blättern mit *[Tab]* zum letzten Feld ⑥ verschwindet das Anfangs-Feld *'Num'* .
Um dies zu verhindern, auf den gewünschten Spaltenkopf ⑦ zeigen, mit *Klick* die Spalte schwarz unterlegen (evtl. zur nächsten Spalte ziehen) und *'Format'* *'Spalten fixieren'* wählen. ⇔ Rückgängig machen mit *'Format'* *'Spaltenfixierung aufheben'*.

66 Daten suchen

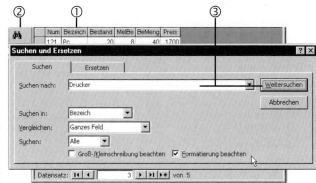

Anleitung

- Tabelle in der Tabellen-Ansicht öffnen.
- In die ① "Such"-Spalte klicken.
- Danach das *'Suchen'*-Symbol ② anklicken.
- Den Such-Begriff eingeben, z. B. *Drucker* und die *[Weitersuchen]*-Schaltfläche aktivieren ③.

Der gefundene Begriff wird in der Tabelle markiert und zugleich wird in der Datensatz-Navigationszeile die Datensatznummer angegeben.

67 Tabellenstruktur ändern ⇨   ⇨   ⇨   Änderung immer speichern

Anleitung

☐ **Primärschlüssel ändern**

- Zur Entwurfsansicht umschalten.
- Die neue Schlüsselfeldzeile anklicken.

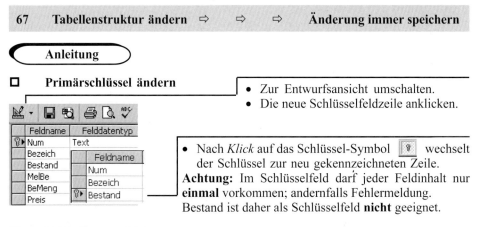

- Nach *Klick* auf das Schlüssel-Symbol [🔑] wechselt der Schlüssel zur neu gekennzeichneten Zeile.
Achtung: Im Schlüsselfeld darf jeder Feldinhalt nur **einmal** vorkommen; andernfalls Fehlermeldung.
Bestand ist daher als Schlüsselfeld **nicht** geeignet.

☐ **Feldzeile verschieben**

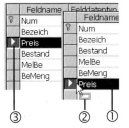

- Zur Entwurfsansicht umschalten.
- Auf den gewünschten Zeilenkopf ① zeigen (schwarzer Pfeil) und kurz anklicken, damit die Zeile schwarz unterlegt wird.
- Auf den vertieften Zeilenzeiger zeigen ② und die Maustaste drücken, damit der Mauszeiger durch ein kleines Rechteck ergänzt wird.
- Mit gedrückter Maustaste zur gewünschten Stelle ③ ziehen und dann loslassen.

☐ **Feldzeilen einfügen** [⧉] **, löschen** [⧉] **und anhängen**

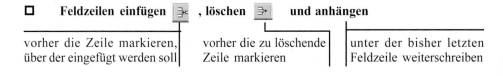

| vorher die Zeile markieren, über der eingefügt werden soll | vorher die zu löschende Zeile markieren | unter der bisher letzten Feldzeile weiterschreiben |

68	Zahlen formatieren	⇨ ⇨ ⇨	Änderung immer speichern

Anleitung

① Zur Entwurfsansicht wechseln.

② Die gewünschte Feld-Zeile anklicken.

③ Bei unformatierter Darstellung steht in der Format-Zeile 'Allgemeine Zahl'.

④ Format-Zeile anklicken, Listenpfeil anklicken und aus der Liste das gewünschte Format *(Festkommazahl)* auswählen.

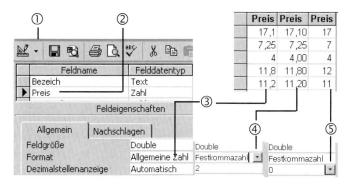

⑤ Dezimalstellen-Zeile anklicken und die gewünschte Anzahl *(2)* oder *(0)*bestimmen.

---

69   Eingabebeschränkungen - mit Gültigkeitsregeln

Soll nach einer unerlaubten Fehleingabe, z. B. einem negativen Preis ⑤ eine Fehlermeldung erscheinen, kann dies durch eine einfache **Feldeigenschaft**-Bestimmung festgelegt werden:

Anleitung

① Zur Entwurfsansicht umschalten.

② Gewünschte Feldzeile markieren.

③ Eine Gültigkeitsregel festlegen: **>0** bedeutet, dass die Eingabewerte größer als 0 sein müssen.

④ Die Gültigkeitsmeldung vorgeben, die dann ausgegeben werden soll, wenn die vorher festgelegte Regel **nicht** eingehalten wird.

Hinweise zur Erfassung der ③ Gültigkeitsregeln:

Vergleichsoperatoren:	⇨ < (kleiner); <= (kleiner/gleich); <>(ungleich)
Vergleichskonstante:	⇨ numerisch ohne " ", alphanumerisch mit " ";
Bedingungen verknüpfen:	⇨ UND, ODER

WIE "Platzhalterschablone":
　　? (1 Zeichen); *(viele Zeichen)　⇨ z. B.   Wie "M?ller"; Wie "M*"
　　# (1 Ziffer)　　　　　　　　　⇨　　　　Wie "###"
　　[EW] (muss E oder W enthalten) ⇨　　　　Wie "*[EW]*"

Info

Artikel : Tabelle									
Num	Bezeich	Bestand	MelBe	BeMeng	Preis	Name	Straße	PLZ	Ort
121	PC	20	8	40	1700,00	Micro AG	Fährstr. 1	18147	Rostock
232	Monitor	14	8	20	700,00	Micro AG	Fährstr. 1	18147	Rostock
344	Drucker	16	8	20	400,00	Laser KG	Hafenallee 7	18147	Rostock
354	Drucker	10	6	20	1100,00	Multi AG	Karlstr. 10	52080	Aachen
522	Modem	6	4	5	550,00	Multi AG	Karlstr. 10	52080	Aachen

Artikel : Tabelle						
Num	Bezeich	Bestand	MelBe	BeMeng	Preis	Lief
121	PC	20	8	40	1700,00	811
232	Monitor	14	8	20	700,00	811
▶ 344	Drucker	16	8	20	400,00	**822**
354	Drucker	10	6	20	1100,00	833
522	Modem	6	4	5	550,00	833

Alle Daten in einer Tabelle zu führen ist schlecht, da dies u. a. zu Redundanz (= Doppelnennung) und zu mangelnder Datensicherheit führt.

Mit diesen "Lief"-Nummern kann von der "Artikel"- auf die "Lieferant"-Tabelle zugegriffen werden, in der die Daten nur noch **einfach** geführt werden (siehe Normalisierung, Kapitel 59).

Lieferant : Tabelle				
Lief	Name	Straße	PLZ	Ort
811	Micro AG	Fährstr. 1	18147	Rostock
822	Laser KG	Hafenallee 7	18147	Rostock
833	Multi AG	Karlstr. 10	52080	Aachen

Anleitung

- Artikel-Tabelle um 'Lief'-Feld ergänzen.
- Lieferant-Tabelle erstellen und die Daten eingeben.
- Beide Tabellen **schließen** und bei aktivem Datenbank-Fenster das *Beziehungen*-Symbol anklicken, wonach die folgenden Fenster eingeblendet werden:

  Sollte das "Tabelle anzeigen"-Fenster fehlen, dann kann es mit *[Alt] 'Beziehungen' 'Tabelle anzeigen...'* eingeblendet werden.

- Zuerst *'Lieferant'* markieren und auf die *[Hinzufügen]*-Schaltfläche klicken. Danach *'Artikel'* markieren und auf *[Hinzufügen]* und dann auf *[Schließen]* klicken.

Folge: Beide Tabellen werden im "Beziehungen"-Fenster dargestellt (nächste Seite).

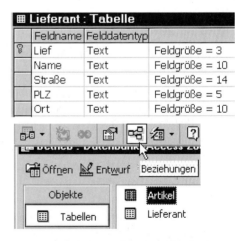

Lieferant : Tabelle		
Feldname	Felddatentyp	
⚷ Lief	Text	Feldgröße = 3
Name	Text	Feldgröße = 10
Straße	Text	Feldgröße = 14
PLZ	Text	Feldgröße = 5
Ort	Text	Feldgröße = 10

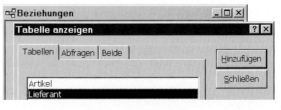

70   Tabellen verknüpfen (Fortsetzung)

Anleitung

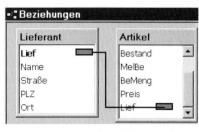

- Die Tabellen stehen zunächst **ohne Verknüp-fung** in dem Beziehungen-Fenster nebeneinander. Dies wird in folgenden Schritten geändert:
- In *'Lieferant'* das *'Lief'*-Feld anklicken und mit gedrückter linker Maustaste bis *'Artikel'-Lief* ziehen. Hier loslassen, damit das folgende Beziehungen-Fenster erscheint:
- Hier *'Mit referentieller Integri-tät'* und *[Erstellen]* anklicken, damit die darunter dargestellte Beziehung gezeigt wird.

- Die geänderte Beziehung mit *Klick* auf [🖫] speichern und danach das 'Beziehungen'-Fenster mit *Doppelklick* auf sein System-Menüfeld oder mit *Klick* auf das ☒ Schließen-Symbol schließen.
- Sollte nach der Wahl von *'Referentielle Integrität'* und *[Erstellen]* eine Fehlermeldung erscheinen, dann kann der Vorgang ohne die referentielle Integrität wiederholt werden. Besser ist es aber, gemäß der Fehlermeldung die eingegebenen Daten zu überprüfen und doppelt vorhandene Daten zu löschen oder zu ändern.
- **Folge:** Der übergeordneten 'Lieferant'-Tabelle wird ein Verknüpfungsfeld ① beigefügt. Nach *Klick* auf ⊞ oder ⊟ werden die Daten der untergeordneten Tabelle ein- oder ausgeblendet.

☐   **Verbindung löschen**

- Im Beziehungen-Fenster auf die Verbindungslinie zeigen und anklicken, damit die Linie fett dargestellt wird,
- *[Entf]* drücken und die Sicherheitsfrage mit *[Ja]* oder *[⏎]* bestätigen.

Info

Der **Beziehungstyp** '1 : n' bedeutet, dass das 'Lief'-Feld

- in der 'Lieferant'-Tabelle Primärschlüssel ist und der Feldinhalt einmalig sein muss und
- in der 'Artikel'-Tabelle Fremdschlüssel ist und der Feldinhalt wiederholt vorkommt. Nach Anklicken der **[Verknüpfungstyp...]**-Schaltfläche ist die Verknüpfungsart *1:* zu wählen, sofern die Datensätze beider Tabellen nur dann zugeordnet werden sollen, wenn die Feldinhalte des verbindenden 'Lief'-Feldes gleich sind (Normalfall).

71 Aufgaben

Absatz

Der Kontoauszug zeigt die Zahlungseingänge. Um deren Korrektheit zu überprüfen, sind sie mit den Rechnungsdaten zu vergleichen. All diese Daten sind in Tabellen zu speichern.
Bilden Sie diese Tabellen gemäß Kapitel 59 und vergleichen Sie Ihren Vorschlag mit der 'Absatz'-Datenbank auf der Lösungsseite (S. 100).

Kontoauszug			
Nr	Tag	RechNr	Betrag
01	12.05.03	R03	3000,00
02	15.05.03	R03	3462,71
03	30.05.03	R02	4143,64
04	02.06.03	R01	4176,00

Rechnung an: Absender: **Quick GmbH**

Susi OHG
Talstr. 5   RechnNr   R01   vom   05.05.03   KdNr   K11
89081 Ulm   AuftrNr   A04   vom   11.04.03   Termin   05.05.03

Pos	TeileNr	Bezeichnung	Menge	Preis/St.	Rab.Satz	Gesamt
01	121	PC	1	2550,00	0,0	2550,00
02	232	Monitor	1	1050,00	0,0	1050,00

                                   Gesamtbetrag: 3600,00
Innerhalb 10 Tagen   2 % Skonto   - Rabatt :   0,00
oder in   30 Tagen netto.   Rechnungsbetrag (ohne USt)   3600,00

Strolch GmbH
Bergstr. 8   RechnNr   R02   vom   07.05.03   KdNr   K13
53129 Bonn   AuftrNr   A05   vom   14.04.03   Termin   07.05.03

Pos	TeileNr	Bezeichnung	Menge	Preis/St.	Rab.Satz	Gesamt
01	232	Monitor	2	1050,00	5,0	2100,00
02	354	Drucker	1	1650,00	0,0	1650,00

                                   Gesamtbetrag: 3750,00
Innerhalb 10 Tagen   2 % Skonto   - Rabatt :   105,00
oder in   30 Tagen netto.   Rechnungsbetrag (ohne USt)   3645,00

Susi OHG
Talstr. 5   RechnNr   R03   vom   07.05.03   KdNr   K11
89081 Ulm   AuftrNr   A06   vom   17.04.03   Termin   07.05.03

Pos	TeileNr	Bezeichnung	Menge	Preis/St.	Rab.Satz	Gesamt
01	121	PC	1	2550,00	0,0	2550,00
02	354	Drucker	2	1650,00	5,0	3300,00

                                   Gesamtbetrag: 5850,00
Innerhalb 10 Tagen   2 % Skonto   - Rabatt :   165,00
oder in   30 Tagen netto.   Rechnungsbetrag (ohne USt)   5685,00

71 Aufgaben (Fortsetzung)

Lohn

Zur Erstellung der Lohn-/Gehaltsmitteilungen sind die benötigten Daten in den Tabellen einer Datenbank zu speichern. Erstellen Sie diese Tabellen und bedenken Sie dabei, dass

- es privat- und betriebsorientierte Personenstammdaten gibt,
- die Speicherung der Arbeitszeit unabhängig von den Stammdaten erfolgen soll,
- die Lohnsteuersätze in einer besonderen Steuer-Tabelle gespeichert sind,
- die Kirchensteuer 8 % der Lohnsteuer beträgt und
- der gesamte Sozialversicherungssatz vereinfachend 20,5 % des Bruttolohns beträgt.

Vergleichen Sie Ihren Vorschlag mit der 'Personal'-Datenbank auf der Lösungsseite.

Gehaltsmitteilung für: Absender: **Quick GmbH**

Monat: 01.03

Ute Kurz	PersNr:	P01	Abtlg.:	Versand	geb. 05.04.75
Feldstr. 5	FamStand:	vh	Eintritt:	01.04.95	
51103 Köln	Konf:	rk	StKlasse	3	StdLohn 15,00

Arbeitszeit	Brutto	Lohnsteuer	K.Steuer	Soz-Vers.	Netto
180	2.700,00	00,00	00,00	553,50	2.146,50

Monat: 01.03

Peter Müller	PersNr:	P02	Abtlg.:	Lager	geb. 29.06.69
Glasstr. 9	FamStand:	ld	Eintritt:	01.10.90	
50823 Köln	Konf:	--	StKlasse	1	StdLohn 13,00

Arbeitszeit	Brutto	Lohnsteuer	K.Steuer	Soz-Vers.	Netto
150	1.950,00	94,58	00,00	399,75	1.455,67

Monat: 01.03

Gabi Müller	PersNr:	P03	Abtlg.:	Versand	geb. 13.06.71
Ruhrstr. 1	FamStand:	vh	Eintritt:	01.09.93	
50937Köln	Konf:	ev	StKlasse	3	StdLohn 20,00

Arbeitszeit	Brutto	Lohnsteuer	K.Steuer	Soz-Vers.	Netto
170	3.400,00	124,66	9,97	697,00	2.568,37

Monat: 02.03

Ute Kurz	PersNr:	P01	Abtlg.:	Versand	geb. 05.04.75
Feldstr. 5	FamStand:	vh	Eintritt:	01.04.95	
51103 Köln	Konf:	rk	StKlasse	3	StdLohn 15,00

Arbeitszeit	Brutto	Lohnsteuer	K.Steuer	Soz-Vers.	Netto
130	1.950,00	00,00	00,00	399,75	1.550,25

71   Aufgaben (Fortsetzung)

(Lösung - Absatz)

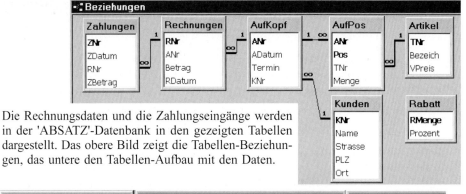

Die Rechnungsdaten und die Zahlungseingänge werden in der 'ABSATZ'-Datenbank in den gezeigten Tabellen dargestellt. Das obere Bild zeigt die Tabellen-Beziehungen, das untere den Tabellen-Aufbau mit den Daten.

Artikel : Tab...

	TNr	Bezeich	VPreis
⑤ +	121	PC	2.550,00
+	232	Monitor	1.050,00
+	354	Drucker	1.650,00

AufPos : T...

	ANr	Pos	TNr	Menge
④	A04	01	121	1
	A04	02	232	1
	A05	01	232	2
	A05	02	354	1
	A06	01	121	1
	A06	02	354	2
▶				0

Kunden : Tabelle

	KNr	Name	Strasse	PLZ	Ort
③ +	K11	Susi OHG	Talstr. 5	89081	Ulm
+	K13	Strolch GmbH	Bergstr. 8	53129	Bonn

AufKopf : Tabelle

	ANr	ADatum	Termin	KNr
② +	A04	11.04.03	05.05.03	K11
+	A05	14.04.03	07.05.03	K13
+	A06	17.04.03	07.05.03	K11

Rechnungen : Tab...

	RNr	ANr	Betrag	RDatum
① +	R01	A04	3600,00	05.05.03
+	R02	A05	3645,00	07.05.03
+	R03	A06	5685,00	07.05.03
▶			0,00	

Rabatt...

	RMenge	Prozent
⑥	1	0
	2	5
	3	5
	4	5
	5	10
▶	0	0

Zahlungen : Ta...

	ZNr	ZDatum	RNr	ZBetrag
	Z01	12.05.03	R03	3.000,00
	Z02	15.05.03	R03	3.462,71
	Z03	30.05.03	R02	4.143,64
	Z04	02.06.03	R01	4.176,00

(Info)

Die **Daten-Navigation** zeigt, wie die Daten für eine konkrete Problemlösung aus den verschiedenen Tabellen zusammengesucht werden.

Konkretes Beispiel: Daten für die Rechnung 'R01' zusammenstellen.

① In 'Rechnungen' *R01* suchen und *RDatum* und die zugehörige *A04* finden.

② In 'AufKopf' *A04* suchen und *ADatum, Termin* und die zugehörige KNr *K11* finden.

   ③ In 'Kunden' *K11* suchen und *Name, Strasse, PLZ* und *Ort* finden.

   Jetzt sind alle Daten gefunden, um den Rechnungskopf zu drucken.

④ In 'AufPos' *A04* suchen und die Pos *01* und die zugehörige TNr *121* und Menge *1* finden.

   ⑤ In 'Artikel' die TNr *121* suchen und *Bezeich* und *VPreis* finden.

   ⑥ In 'Rabatt' die RMenge *1* suchen und die zugehörigen Prozente *0* finden.

   Jetzt kann die erste Positionszeile berechnet und ausgegeben werden.

④ In 'AufPos' prüfen, ob sich *A04* wiederholt, und dann die entsprechenden Daten für die Folgezeile (= Pos *02*) suchen.

71	Aufgaben (Fortsetzung)

Lösung - Lohn

Die Stammdaten werden aus Datenschutzgründen in betriebliche und private getrennt, die monatliche Arbeitszeit wird gesondert erfasst und die Steuer-Tabelle wird auch elektronisch geführt. Die nicht gespeicherten Daten können berechnet werden:

Kirchensteuer: 8 % der Lohnsteuer
Sozialversicherung: 20,5 % (Vereinfachung)
Netto: Brutto minus Summe aller Abzüge

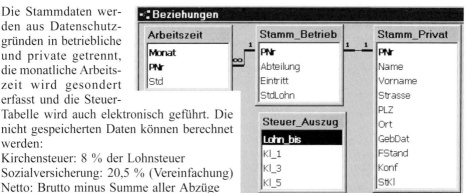

Info

Daten-Navigation zur Ermittlung des Januar-Lohns für die Angestellte P01:

① In 'Arbeitszeit' für den Monat *01.03* für *P01* die Stunden *180* finden.

② In 'Stamm_Betrieb' *P01* suchen und *Abteilung, Eintritt* und *StdLohn* finden.

③ In 'Stamm_Privat' *P01* suchen und alle zugehörigen Daten finden.
   Aus *StdLohn* und *180* Stunden den Bruttolohn ermitteln und davon abgeleitet den *Sozialversicherungsbeitrag* berechnen.

④ In 'Steuer_Auszug' den Bruttolohn suchen, die *Lohnsteuer* gemäß Steuerklasse finden, die *Kirchensteuer* und den *Nettolohn* berechnen und alle Daten ausgeben.

Aufgabe

Erstellen Sie die 'LOHN'- und die 'ABSATZ'-Datenbank mit den Tabellen und achten Sie darauf, dass verbindende Felder den gleichen Datentyp haben, Nummernfelder 'Texte' sind und die fett gedruckten Felder im Beziehungen-Fenster die Primärschlüssel sind.

72 Auswahl-Abfrage mit Projektion - nur bestimmte Spalten/Attribute

⬭ **Info** ⬭

Durch die Vereinbarung bestimmter Abfrage-Regeln kann der **einmalig vorhandene Datenbestand** entsprechend dieser Regeln betrachtet werden. **Achtung:** Nicht die so gezeigten Daten werden gespeichert, sondern nur die Abfrageregeln.

Hierzu ist die Abfrage in mehreren Stufen zu bestimmen:

Num	Bezeich	Preis
▶ 121	PC	1700,00
232	Monitor	700,00
344	Drucker	400,00
354	Drucker	1100,00
522	Modem	550,00

⬭ **Anleitung** ⬭

☐ **Vorbereitung**

① Die 'BETRIEB'-Datenbank öffnen.
② Im Datenbank-Fenster durch *Maus-klick* auf die *'Abfragen'*-Schaltfläche das Abfrage-Blatt aktivieren.
③ Mit *Klick* auf *[Neu]* das 'Neue Abfrage'-Fenster einblenden, die *'Entwurfs-ansicht'* markieren und mit *[OK]* wählen.
　④ Alternativ statt ③ nur *Doppelklick* auf die *'Entwurfserstellung'*.

⇨ "Auswahlabfrage"-Fenster *plus* "Tabelle anzeigen"-Fenster werden eingeblendet.

⑤ Sollte "Tabelle anzeigen" fehlen, dann hiermit einblenden.
⑥ Die *Artikel*-Tabelle mit *Maus-klick* markieren.
⑦ *[Hinzufügen]* anklicken
⑧ *[Schließen]* anklicken

Folge:

Die Artikeltabellenbeschreibung wird in das Abfrage-Fenster eingeblendet und erlaubt es, Felder in den QbE-Bereich zu ziehen.
(**Q**uery **b**y **E**xample = Abfrage per Beispiel)

☐ **Feld-Bestimmung 1**

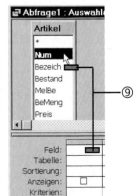

⑨ *NUM*-Zeile anklicken, linke Maustaste 'drücken und halten', bei gedrückter Maustaste bis zur (obersten) 'Feld'-Zeile ziehen und hier die Maustaste loslassen.

　⇨ Das NUM-Feld ist mit "Drag & Drop" in die Feldzeile gezogen worden.

☐ **Feld-Bestimmung 2**

Das *'Bezeich'*-Feld durch *Doppelklick* auf *Bezeich* in die nächste Feldspalte eintragen.

72 Auswahl-Abfrage mit Projektion (Fortsetzung)

Anleitung

☐ **Feld-Bestimmung 3**

① In die Feldzeile klicken, den Listenpfeil anklicken und danach aus der Liste mit Klick das ② gewünschte *'Preis'*-Feld wählen. Jetzt stehen die gewünschten Felder in der Feldliste.

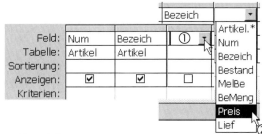

☐ **Zur Datenblattansicht wechseln und speichern**

③ Stehen alle gewünschten Felder im QbE-Bereich, dann mit Klick auf *'Ansicht'* zur *Datenblattansicht* wechseln, die das Ergebnis der Abfrage als **Dynaset** zeigt.

④ Nach Klick auf den Listenpfeil kann auch zwischen den Ansichten gewechselt werden.

⑤ Nach erneutem Wechsel zur *Entwurfsansicht* sollte die Abfrage durch *Klick* auf das [🖫]-Symbol gespeichert werden.

Folge: Das folgende Fenster erscheint und erlaubt die Eingabe eines Abfrage-Namens.

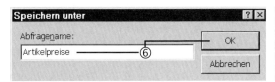

⑥ Nach Eingabe des Namens und Bestätigung von [OK] mit *Mausklick* oder *[⏎]* wird dieser Name in das Datenbank-Fenster ⑦ und in das Abfrage-Fenster ⑧ übernommen.

Aufgaben

Bezeich	Bestand	MelBe
PC	20	8
Monitor	14	8
Drucker	16	8
Drucker	10	6
Modem	6	4

Num	Bezeich	BeMeng	Lief
121	PC	40	811
232	Monitor	20	811
344	Drucker	20	822
354	Drucker	20	833
522	Modem	5	833

Name	Lief
Micro AG	811
Laser KG	822
Multi AG	833

Erstellen Sie die oben gezeigten Abfragen aus der 'Artikel'- bzw. der 'Lieferant'-Tabelle.

73 Abfrage mit einem berechneten Feld

Der Lagerwert kann in der Abfrage mit der Formel '[Bestand]*[Preis]' berechnet werden und darf daher nicht in der Tabelle genannt werden.
Das Dynaset mit Lagerwert wird in folgenden Schritten erstellt:

Bezeich	Bestand	Preis	Lagerwert
PC	20	1700,00	34000
Monitor	14	700,00	9800
Drucker	16	400,00	6400
Drucker	10	1100,00	11000
Modem	6	550,00	3300

Anleitung

* Im *Abfrage*-Register eine *neue* Abfrage in *Entwurfsansicht* öffnen,
* *Artikel*-Tabelle *[Hinzufügen]* und *[Schließen]*,
* die Felder *Bezeich*, *Bestand* und *Preis* in den QbE-Bereich ziehen und
* in eine neue Feldspalte folgende Formel schreiben:
  Lagerwert:[Bestand]*[Preis]

Feld:	Bezeich	Bestand	Preis	Lagerwert: [Bestand]*[Preis]
Tabelle:	Artikel	Artikel	Artikel	
Sortierung:				
Anzeigen:	☑	☑	☑	☑

Spaltenüberschrift mit **Doppelpunkt** abschließen.	Verwendete Felder in **eckige Klammer** schreiben.⇨siehe **Tipp**	Im Spaltenkopf verbreitern oder mit *[⇧] [F2]* ein Zoom-Fenster öffnen, das mit *[Esc]* oder *[↵]* geschlossen werden kann.

* Nach dem Wechsel zur **Datenblattansicht** wird das gewünschte Dynaset gezeigt.

Aufgaben

Tipp: Vergessene Klammern werden evtl. automatisch gesetzt.

Erstellen Sie folgende Abfragen:
① VKPreis (BETRIEB, Artikel-Tabelle)
② Verfügbar (BETRIEB, Artikel)
③ Wochen-Schnitt (LOHN, Arbeitszeit)
④ Skonto (ABSATZ, Rechnungen)

Formatierung gemäß nächstem Kapitel !!

VKPreis ermitteln(1,5) :

❶	Bezeich	Preis	VPreis
	PC	1700,00	2550
	Monitor	700,00	1050

Verfügbar : Auswahlabfrage

❷	Bezeich	Bestand	MelBe	Verfügbar
	PC	20	8	12
	Monitor	14		
	Drucker	16		
	Drucker	10		
	Modem	6		

Wochen-Schnitt : Auswahlabfrage

❸	PNr	Std	Wochen-Schnitt	Differenz
	P01	180	45	7,5
	P02	150	37,5	0

Skonto : Auswahlabfrage

❹	RNr	Betrag	Betrag (incl 16%)	2 % Skonto	Betrag (netto)	Skt-Frist
	R01	3600,00	4176,00	83,52	4092,48	15.05.03
	R02	3645,00	4228,20	84,56	4143,64	17.05.03
	R03	5685,00	6594,60	131,89	6462,71	17.05.03

74   Abfrage formatieren

Info

Bezeich	Bestand	Preis	Lagerwert
PC	20	1700,00	34000,00
Monitor	14	700,00	9800,00
Drucker	16	400,00	6400,00

①   ②

Anleitung

③

| Preis | Lagerwert: [Bestand]*[Preis] ▾ | 🖳 —④ |

🖳 **Feldeigenschaften**   ✕

Allgemein   Nachschlagen

Beschreibung . . . .
Format . . . . Festkommazahl ——⑤
Dezimalstellenanzeige . . . . . . 2 ——⑥

Abschließend

- das Feldeigenschaften-Fenster mit *Klick* auf ✕ oder 🖳 schließen und
- die Abfrage nach *Klick* auf das [🖫]-Symbol mit dem Namen *Lagerwert* speichern
- und zur Datenblattansicht wechseln, um das Ergebnis zu überprüfen.

① Das Preis-Feld wurde bereits in der Tabelle formatiert und wird in die Abfrage entsprechend übernommen.
② Ein neues (berechnetes) Feld kann in der Abfrage formatiert werden.
③ Zur Entwurfsansicht umschalten und die zu formatierende Feldspalte anklicken,
④ mit *Klick* auf das 'Eigenschaften'-Symbol das *Feldeigenschaften*-Fenster einblenden,
⑤ in der Format-Zeile *Festkommazahl* und
⑥ in der Dezimalstellen-Zeile *2* wählen.

75   Felder ausblenden

Anleitung

① Das "Preis"-Feld wurde ausgeblendet.

☐ **Kurzfristig ausblenden:**
② Im Entwurf in der auszublendenden Feldspalte den Anzeige-Haken ☑ mit *Mausklick* löschen.

🖳 **Lagerwert : Auswahlabfrage**

Bezeich	Bestand	Lagerwert
PC	20	34000,00
Monitor	14	9800,00
Drucker	16	6400,00
Drucker	10	11000,00
Modem	6	3300,00

①

Kurzfristig

Feld:	Bezeich	Bestand	Preis	Lagerwert: [Bestand]*[Preis]
Tabelle:	Artikel	Artikel	Artikel	
Sortierung:				
Anzeigen:	☑	☑	☐	☑
Kriterien:				

②

☐ **Endgültig ausblenden:**
③ In den gewünschten Spaltenkopf zeigen, damit der Zeiger zum schwarzen Pfeil wird.
④ Die Spalte mit *Mausklick* schwarz unterlegen und mit *[Entf]* löschen.

Endgültig   ③   ④

Feld:	Bezeich	Bestand	Preis	**Preis**
Tabelle:	Artikel	Artikel	Artikel	**Artikel**
Sortierung:				
Anzeigen:	☑	☑	☑	☑

76   Feldspalte einfügen - Entwurf-Fenster verändern

Anleitung

Spalte einfügen:

① Zum *Abfrage-Entwurf* umschalten,

② in der Feldliste die *Preis*-Zeile anklicken, die linke Maustaste *'drücken und halten'* ,

③ das Feldsymbol auf die Feld-Spalte ziehen, vor der eingefügt werden soll, und hier die Maustaste loslassen.

Folge: Das 'Preis'-Feld ist wieder vor dem 'Lagerwert'-Feld eingefügt.

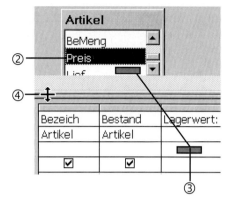

Fenster verändern:

④ Die Trennlinie zwischen oberem Feldlisten- und unterem QbE-Bereich so markieren, dass der Mauszeiger zum Doppelpfeil wird und bei gedrückter Maustaste in die gewünschte Richtung verschieben, damit der eine Bereich kleiner und der andere größer wird.

⑤ Nach Klick auf den Fensterrand kann das Abfrage-Fenster - wie jedes Windows-Fenster - vergrößert oder verkleinert werden.

77   In der Abfrage Daten ändern - die Tabellen-Auswirkung testen

Anleitung

• Neue Auswahl-Abfrage mit den gezeigten Feldern erstellen und unter dem Namen *Selektion* speichern.

• Zur *Datenblattansicht* wechseln und bei den gekennzeichneten Artikeln die Bestände wie gezeigt ändern.

• Im Datenbank-Fenster zum *Tabelle*-Register wechseln und die *Artikel*-Tabelle öffnen.

Selektion : Auswahlabfrage			
Bezeich	**Bestand**	**MelBe**	**Preis**
PC	20	8	1700,00
Monitor ->	4	8	700,00
Drucker	16	8	400,00
Drucker	10	6	1100,00
Modem ->	3	4	550,00

Folge: Die Bestände sind auch hier geändert.

Aufgaben

1. Öffnen Sie in LOHN die *Wochen-Schnitt*-Abfrage und blenden Sie das *Std*-Feld aus.

2. Öffnen Sie in BETRIEB die *VKPreis*-Abfrage, löschen Sie das *Preis*-Feld und fügen Sie es nach *VPreis* erneut ein.

3. Öffnen Sie in ABSATZ die *Skonto*-Abfrage und blenden Sie das *Betrag*-Feld aus.

Info

□   **nach einem Feld**

Soll das Dynaset z. B. nach Preisen aufsteigend sortiert ausgegeben werden, dann kann dies in der *Entwurfansicht* der Auswahlabfrage festgelegt werden.

Selektion : Auswahl	
Bezeich	**Preis**
Drucker	400,00
Modem	550,00
Monitor	700,00
Drucker	1100,00
PC	1700,00

Anleitung

① In BETRIEB aus der *Artikel*-Tabelle eine neue *'Selektion'*-Abfrage mit *Bezeich*- und *Preis*-Feld erstellen.

② Die *Sortierung-Zeile* der gewünschten 'Preis'-Spalte anklicken,

③ mit *Klick* auf den *Listenpfeil* eine Liste aufklappen und

④ in der Liste die gewünschte Sortierrichtung *(Aufsteigend)* mit *Klick* auswählen.

②   ③ ④

Feld:	Bezeich	Preis
Tabelle:	Artikel	Artikel
Sortierung:		▼
Anzeigen:	☑	Aufsteigend
Kriterien:		Absteigend
oder:		(nicht sortiert)

Folge: Die Datenblattansicht der Abfrage zeigt dann das gewünschte Ergebnis.

Info

□   **nach mehreren Feldern**

① Haupt-Sortierschlüssel ist das "Bezeich"-Feld.

② Innerhalb gleicher Bezeichnungen wird nach dem Preis sortiert.

Selektion : Auswahl	
Bezeich	**Preis**
▶ Drucker	400,00
Drucker	1100,00
Modem	550,00
Monitor	700,00
PC	1700,00

Anleitung

③ Im Abfrage-Entwurf das Hauptschlüssel-Feld **links vom** Nebenschlüssel-Feld platzieren und

④ in der Sortier-Zeile die gewünschte Sortierung auswählen.

Sonderfall: Der Haupt-Sortierschlüssel soll **rechts vom** Neben-Schlüssel stehen.

③   ①   ②

Feld:	Bezeich	Preis
Tabelle:	Artikel	Artikel
Sortierung:	Aufsteigend	Aufsteigend
Anzeigen:	☑	☑

⑤ Hierzu Hauptschlüssel ganz links und **nicht anzeigen**

⑥ **und** zusätzlich rechts ohne Sortierung wiederholen und anzeigen.

Selektion : Auswahl	
Preis	**Bezeich**
▶ 400,00	Drucker
1100,00	Drucker
550,00	Modem
700,00	Monitor

⑤   ⑥

Bezeich	Preis	Bezeich
Artikel	Artikel	Artikel
Aufsteigend	Aufsteigend	
☐	☑	☑

79   Auswahl-Abfrage mit Selektion - nur bestimmte Zeilen/Datensätze

Info

Bezeich	Bestand	MelBe	Preis
▶ Drucker	16	8	400,00
Modem	3	4	550,00

Sollen nur jene Datensätze gezeigt werden, deren **Preis unter 700,00 EUR** liegt, kann dies in einer neuen Abfrage formuliert werden.

Anleitung

* In der BETRIEB-Datenbank das *Abfrage*-Register anklicken,

* *Neue* Abfrage im *Entwurf*,

* *Artikel*-Tabelle *[Hinzufügen]* und *[Schließen]*,

Feld:	Bezeich	Bestand	MelBe	Preis
Tabelle:	Artikel	Artikel	Artikel	Artikel
Sortierung:				
Anzeigen:	☑	☑	☑	☑
Kriterien:				<700

* die Felder in den QbE-Bereich ziehen und

* in der *Kriterien*-Zeile der *Preis*-Spalte das Auswahl-Kriterium *<700* eintragen und mit *[↵]* bestätigen.

Achtung: Das gewünschte Kriterium (<700) muss in der passenden Feldspalte (Preis) eingetragen werden.
Nach der Speicherung unter *Selektion* und dem Wechsel zur *Datenblattansicht* erscheint die gewünschte Tabelle.

❏   **Eine andere [Feldspalte] als Kriterium**

Fall: Es sind nur die Artikel zu zeigen, deren **Bestand kleiner als der Meldebestand [MelBe]** ist.

Selektion : Auswahlabfrage

Bezeich	Bestand	MelBe	Preis
▶ Monitor	4	8	700,00
Modem	3	4	550,00

Lösung:

* Zum Abfrage-Entwurf schalten.

* Dort **zuerst** das alte Kriterium löschen:
  - Mit gedrückter Maustaste über das alte Kriterium ziehen und es schwarz markieren und
  - mit *[Entf]* oder *[↵]* entfernen.

Feld:	Bezeich	Bestand	MelBe	Preis
Tabelle:	Artikel	Artikel	Artikel	Artikel
Sortierung:				
Anzeigen:	☑	☑	☑	☑
Kriterien:		<[MelBe]		

* **Danach** in der *Kriterien*-Zeile der *Bestand-Spalte* das gewünschte Kriterium *<[MelBe]* eintragen und mit *[↵]* bestätigen.

Achtung: Verwendete Felder müssen auch hier zwischen [ ] eckige Klammern geschrieben werden.

Anleitung

☐   **Ein Text als Kriterium**

Fall: Es sollen nur **Drucker** gezeigt werden.

Lösung:

* Das alte Kriterium löschen und
* den Kriteriums-Text zwischen "Anführungszeichen" schreiben; die " " setzt Access automatisch.
* Nach der Speicherung und dem Wechsel zur *Datenblattansicht* erscheint die gewünschte Tabelle.

Selektion : Auswahlabfrage

Bezeich	Bestand	MelBe	Preis
Drucker	16	8	400,00
Drucker	10	6	1100,00

Feld:	Bezeich	Bestand	MelBe	Preis
Tabelle:	Artikel	Artikel	Artikel	Artikel
Sortierung:				
Anzeigen:	☑	☑	☑	☑
Kriterien:	"Drucker"			

Aufgaben

1   Ergänzen Sie die 'Lieferant'-Tabelle der BETRIEB-Datenbank um die Daten der Firma *'ABC Soft'* und erstellen Sie danach die folgenden Abfragen:

Name : Ausw...

Name	Ort	Lief
ABC Soft	Aachen	844
Laser KG	Rostock	822
Micro AG	Rostock	811
Multi AG	Aachen	833

Ort : Auswahl...

Name	Ort	Lief
Multi AG	Aachen	833
ABC Soft	Aachen	844
Laser KG	Rostock	822
Micro AG	Rostock	811

Name: Die Felder zeigen, wobei die Datensätze nur nach Namen geordnet sind.

Ort: Die Datensätze nur nach Ort ordnen.

Ort + Name : ...

Name	Ort	Lief
ABC Soft	Aachen	844
Multi AG	Aachen	833
Laser KG	Rostock	822
Micro AG	Rostock	811

Aachen : Aus...

Name	Ort	Lief
ABC Soft	Aachen	844
Multi AG	Aachen	833
*		

Ort + Name: Die Datensätze nach Ort und innerhalb gleicher Orte nach Namen ordnen, wobei der Name links vom Ort auszugeben ist.

Aachen: Nur die Lieferanten aus "Aachen" zeigen.

2   Erstellen Sie folgende Abfragen aus der 'Arbeitszeit'-Tabelle der LOHN-Datenbank:

Stunden: Für den Monat "01.03" die Daten nach Stunden absteigend geordnet ausgeben.

PersNum: Für "P01" die Zeitentwicklung von Monat zu Monat zeigen.

Stunden...

Monat	PNr	Std
01.03	P01	180
01.03	P03	170
01.03	P02	150

PersNum...

Monat	PNr	Std
01.03	P01	180
02.03	P01	130
*		0

80   Kriterien logisch verknüpfen

Info

Bisher wurde immer nur **ein** Selektionskriterium genannt.
Sollten nur "Drucker" gezeigt werden, dann entstand folgende
Datenblattansicht:

	Bezeich	Preis
	PC	1700,00
	Monitor	700,00
	Drucker	400,00
	Drucker	1100,00
	Modem	550,00

Drucker | 400,00
Drucker | 1100,00

Sollten nur die Artikel 'über 1000' gezeigt werden, dann entstand
folgende Ansicht: PC   1700,00
                            Drucker   1100,00

Sollen jetzt z. B. nur die "Drucker" gezeigt werden, die 'über 1000' kosten, dann muss
folgende Ansicht entstehen: Drucker | 1100,00

Anleitung

❑   **UND-Verknüpfung in zwei Feldern (gleiche Zeile)**

	Bezeich	Preis
	Drucker	1100,00

Fall: Es sollen nur die Artikel gezeigt werden, die 'Drucker'
sind **und gleichzeitig** 'teurer als 1000' sind.

Lösung:

* In der BETRIEB-Datenbank aus der *Artikel*-
  Tabelle eine *'Neue Abfrage'* erstellen,
* die gezeigten Felder in den QbE-Bereich ziehen
  und
* beide Kriterien bei den richtigen Feldern in die
  gleiche Kriterienzeile schreiben.
* Die Abfrage unter dem Namen *'Verknüpfen'* speichern.

Feld:	Bezeich	Preis
Tabelle:	Artikel	Artikel
Sortierung:		
Anzeigen:	☑	☑
Kriterien:	"Drucker"	>1000
oder:		

❑   **ODER-Verknüpfung in zwei Feldern (verschiedene Zeilen)**

Fall: Es sollen sowohl alle 'Drucker' (egal wie teuer) als auch
alle Artikel 'über 1000' gezeigt werden. In diesem Fall wird eine
Datensatz-Zeile dann gezeigt, wenn die eine **oder** die andere
Bedingung erfüllt ist.

Verknüpfen : Ausw		
	Bezeich	Preis
	Drucker	400,00
	Drucker	1100,00
	PC	1700,00

Lösung:

* Die *'Verknüpfen'*-Abfrage öffnen,
* die alten Kriterien mit Mausziehen markieren und
  mit *[Entf]* löschen und
* die beiden Kriterien bei den richtigen Feldern in
  verschiedene Kriterienzeilen schreiben.

* Die geänderte Abfrage speichern.

Feld:	Bezeich	Preis
Tabelle:	Artikel	Artikel
Sortierung:		
Anzeigen:	☑	☑
Kriterien:	"Drucker"	
oder:		>1000

80 Kriterien logisch verknüpfen (Fortsetzung)

Anleitung

❑ **ODER-Verknüpfung in einem Feld (verschiedene Zeilen)**

Fall: Es sollen sowohl alle Drucker als auch alle Monitore gezeigt werden. In diesem Fall wird eine Datensatzzeile dann gezeigt, wenn die eine **oder** die andere Bedingung erfüllt ist.

Verknüpfen : Auswahl	
Bezeich	**Preis**
Monitor	700,00
Drucker	400,00
Drucker	1100,00

Lösung:
* Die *'Verknüpfen'*-Abfrage öffnen,
* die alten Kriterien mit Mausziehen markieren und mit *[Entf]* löschen und
* die beiden Kriterien in dem *Bezeich*-Feld in **verschiedene Kriterienzeilen** schreiben.
* Die geänderte Abfrage speichern.

Feld:	Bezeich	Preis
Tabelle:	Artikel	Artikel
Sortierung:		
Anzeigen:	☑	☑
Kriterien:	"Drucker"	
oder:	"Monitor"	

❑ **ODER-Verknüpfung in einem Feld (verschiedene Zeilen oder gleiche Zeile)**

Fall: Es sollen sowohl alle Artikel 'unter 500' als auch alle Artikel 'über 1500' gezeigt werden. In diesem Fall wird eine Datensatz-Zeile dann gezeigt, wenn die eine **oder** die andere Bedingung erfüllt ist.

Verknüpfen : Auswah	
Bezeich	**Preis**
▶ PC	1700,00
Drucker	400,00
*	

Lösung:
* Die *'Verknüpfen'*-Abfrage öffnen,
* die alten Kriterien mit Mausziehen markieren und mit *[Entf]* löschen und
* die beiden Kriterien in dem 'Preis'-Feld in **verschiedene Kriterienzeilen** schreiben.
* Die geänderte Abfrage speichern.

Feld:	Bezeich	Preis
Tabelle:	Artikel	Artikel
Sortierung:		
Anzeigen:	☑	☑
Kriterien:		<500
oder:		>1500

Alternative Darstellung:

Bei Verwendung des **ODER-Funktionswortes** können beide Kriterien zusammen in eine Zeile geschrieben werden.

Feld:	Bezeich	Preis
Tabelle:	Artikel	Artikel
Sortierung:		
Anzeigen:	☑	☑
Kriterien:		<500 Oder >1500

❑ **UND-Verknüpfung in einem Feld (gleiche Zeile)**

Fall: Es sollen nur die Artikel gezeigt werden, die 'teurer als 500' **und gleichzeitig** 'billiger als 1500' sind. In diesem Fall wird eine Datensatz-Zeile dann gezeigt, wenn der Preis zwischen den Grenzwerten liegt, d. h. wenn er größer als 500 **und gleichzeitig** kleiner als 1500 ist.

Verknüpfen : Auswahl	
Bezeich	**Preis**
Monitor	700,00
Drucker	1100,00
Modem	550,00

80 Kriterien logisch verknüpfen (Fortsetzung)

(Anleitung)

Lösung für die UND-Verknüpfung in einem Feld:

* Die *'Verknüpfen'*-Abfrage öffnen,
* die alten Kriterien mit Mausziehen markieren und mit *[Entf]* löschen und

Feld:	Bezeich	Preis
Tabelle:	Artikel	Artikel
Sortierung:		
Anzeigen:	☑	☑
Kriterien:		>500 Und <1500

* die beiden Kriterien in dem 'Preis'-Feld
  in die **gleiche Kriterienzeile** schreiben, d. h. die Kriterien sind mit dem **UND-Funktionswort** zu verbinden.
  Statt der Vergleichsoperatoren (>, <) hätte auch das **Zwischen-Funktionswort** verwendet werden können. Das Kriterium lautet dann: ⇨ *Zwischen 500 und 1500*
* Die geänderte Abfrage speichern.

□ **Platzhalter bei Text-, Ziffer- und Datums-Kriterien**

M*	alles, was mit M beginnt	⇨ *	ist Platzhalter für beliebig viele Zeichen
*er	alles, was mit er endet		
M?ller	alle Müller, Möller, Miller	⇨ ?	ist Platzhalter für ein Zeichen
..2003	alle Termine aus 2003	⇨ *	ist auch Platzhalter für Datumsteile; Vergleichsdatum zwischen # # schreiben
*.12.2003	alle Termine vom Dezember 2003		
01.*.2003	alle Monatsersten in 2003		

(Aufgaben)

1 Erstellen Sie aus der 'Artikel '-Tabelle der BETRIEB-Datenbank folgende Abfragen:
   - Artikel, die weniger als 500,00 bzw mehr als 1000,00 kosten.
   - Artikel von Lieferant 811, die unter 1000,00 kosten.

Unter 500 über 1000 : Auswahlabfrage

Bezeich	Preis
Drucker	400,00
Drucker	1100,00
PC	1700,00

Lief 811 bis 1000 € : Au

Bezeich	Preis	Lief
Monitor	700,00	811

2 Erstellen Sie in der ABSATZ-Datenbank folgende Abfragen:
   - Aus der 'AufKopf'-Tabelle von 'K11' jene Aufträge, die vor dem #15.04.2003# erteilt wurden.
   - Aus der 'AufPos'-Tabelle die Daten zum Auftrag 'A04'.
   - Aus der 'AufPos'-Tabelle jene Teile, die im Auftrag 'A06' in einer Menge von mehr als 1 bestellt wurden.

von K11 vor 15_04 : A

ANr	ADatum	KNr
A04	11.04.03	K11

Auftrag A04 : Auswahl

ANr	Pos	TNr	Menge
▶ A04	01	121	1
A04	02	232	1

von A06 mehr als 1 : A

ANr	Pos	TNr	Menge
▶ A06	02	354	2

3 Finden Sie Fragestellungen, um aus den Tabellen der 'LOHN'-Datenbank Abfragen zu bilden.

81 Abfrage mit verbundenen Tabellen

Info

① Aufgrund der 'Lief'-Lieferantennummer der 'Artikel'-Tabelle kann in der 'Lieferant'-Tabelle (auch über 'Lief') der jeweilige Lieferant ermittelt werden.

Artikel : Tabelle

Num	Bezeich	Bestand	MelBe	BeMeng	Preis	Lief
121	PC	20	8	40	1700,00	811
232	Monitor	4	8	20	700,00	811
344	Drucker	16	8	20	400,00	822
354	Drucker	10	6	20	1100,00	833
522	Modem	3	4	5	550,00	833

① ────

Lieferant : Tabelle

	Lief	Name	Straße	PLZ	Ort
+	811	Micro AG	Fährstr. 1	18147	Rostock
+	822	Laser KG	Hafenallee 7	18147	Rostock
+	833	Multi AG	Karlstr. 10	52080	Aachen
+	844	ABC Soft			Aachen

Abfrage1 : Auswahlabfrage

Bezeich	Name	Ort
Monitor	Micro AG	Rostock
PC	Micro AG	Rostock
Drucker	Laser KG	Rostock
Drucker	Multi AG	Aachen
Modem	Multi AG	Aachen

② Einfacher wäre es, in einer neuen Abfrage-Tabelle alle Daten bzw. Teile der Daten aus **beiden** Tabellen zeigen zu können.

aus **Artikel** ② aus **Lieferant**

Anleitung

* BETRIEB-Datenbank öffnen und **unbedingt** die Tabellen miteinander verknüpfen.
  ⊠ siehe Kapitel 70

* Danach eine neue Abfrage erstellen.
  ⊠ siehe Kapitel 72

* Im *"Tabelle anzeigen"*-Fenster

  * *Lieferant [Hinzufügen]*,

  * *Artikel [Hinzufügen]* und

  * danach *[Schließen]*, wodurch sich der nebenstehende Abfrage-Entwurf ergibt.

    Erkenntnis: Bei den verbundenen Tabellen wird automatisch die Verbindung angezeigt.

* Aus jeder Tabelle die gewünschten Felder in den QbE-Bereich ziehen.

* Zur Datenblatt-Ansicht umschalten.

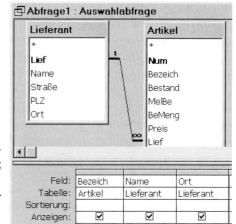

Achtung: Sind die Tabellen nicht verbunden, dann werden die Ergebnisse falsch. Daher kann man sie durch Mausziehen von *'Lief'*-Feld zu *'Lief'*-Feld (bei gedrückter Maustaste) einfach miteinander verbinden.

81   Abfrage mit verbundenen Tabellen (Fortsetzung)

Info

Wird die 'Artikel'-Tabelle um die eigengefertigten Mappen ergänzt, so enthält das 'Lief'-Feld keine Daten. Haben wir von der Firma 'ABC Soft' aus Aachen ein gutes Angebot erhalten, so nehmen wir diese Firma in unsere 'Lieferant'-Tabelle auf, obwohl wir noch keine Artikel von ihr bezogen haben.

Artikel : Tabelle

	Num	Bezeich	Bestand	MelBe	BeMeng	Preis	Lief
▶	008	Mappe	100	20	200	10	❸
	121	PC	20	8	40	1700	811
	232	Monitor	4	8	20	700	811
	344	Drucker	16	8	20	400	822
	354	Drucker	10	6	20	1100	833
	522	Modem	3	4	5	550	833

❶

Lieferant : Tabelle

		Lief	Name	PLZ	Ort
	+	811	Micro AG	18147	Rostock
	+	822	Laser KG	18147	Rostock
	+	833	Multi AG	52080	Aachen
▶	❷	844	ABC Soft	52080	Aachen
*					

Problem: Eine normale Abfrage, die gemäß der Vorseite erstellt wurde, zeigt weder den eigengefertigten Artikel noch den neuen Lieferanten.

Grund: Es werden nur die Daten gezeigt, bei denen die Inhalte des verbindenden 'Lief'-Feldes in beiden Tabellen ❶ gleich sind.

❶ nur Inhalte gleich: ❷ Inhalte gleich + Lieferant: ❸ Inhalte gleich + Artikel:

Art_Lief gleich : Auswa

	Bezeich	Lief	Name
	Monitor	811	Micro AG
	PC	811	Micro AG
	Drucker	822	Laser KG
	Drucker	833	Multi AG
	Modem	833	Multi AG
▶			

Art_Lief Lieferant : Aus

	Bezeich	Lief	Name
	Monitor	811	Micro AG
	PC	811	Micro AG
	Drucker	822	Laser KG
	Drucker	833	Multi AG
	Modem	833	Multi AG
▶		844	ABC Soft

Art_Lief Artikel : Auswa

	Bezeich	Lief	Name
▶	Mappe		
	Monitor	811	Micro AG
	PC	811	Micro AG
	Drucker	822	Laser KG
	Drucker	833	Multi AG
	Modem	833	Multi AG

Anleitung

Sollen Abfragen zu den Ergebnissen ❷ oder ❸ kommen, so ist dies wie folgt möglich:

- In der BETRIEB-Datenbank eine neue Abfrage mit den Tabellen 'Artikel' und 'Lieferant' erstellen und darauf achten, dass die beiden Tabellen miteinander verbunden sind. Sollte dies nicht der Fall sein, dann kann durch Mausziehen von *'Lief'*-Feld zu *'Lief'*-Feld (bei gedrückter Maustaste) eine einfache Verbindung hergestellt werden.

- Mit *Doppelklick* auf die Verbindungslinie ❹ das *'Verknüpfungseigenschaften'*-Fenster öffnen und feststellen, dass die Option '⊙1:' ausgewählt ist, d. h. es werden nur die Daten gezeigt, bei denen 'Lief'-Feld-Gleichheit besteht.

- Wird die Option '⊙2:' gewählt, dann werden alle 'Lieferant'-Daten und zusätzlich die 'Lief'-identischen Artikel-Daten gezeigt.

- Wird die Option '⊙3:' gewählt, dann werden alle 'Artikel'-Daten und zusätzlich die 'Lief'-identischen Lieferant-Daten gezeigt.

Anleitung

☐ Erstellen Sie in der LOHN-Datenbank aus den Tabellen 'Stamm_Betrieb', 'Stamm_Privat' und 'Arbeitszeit' folgende Abfragen:

1 'Verknüpft_Übersicht' mit den gezeigten Feldern nur für den Monat "01.03".

Verknüpft_Übersicht : Ausw...

Name	Vorname	Abteilung	Monat	Std
Kurz	Ute	Versand	01.03	180
Müller	Peter	Lager	01.03	150
Müller	Gabi	Versand	01.03	170

2 'Verknüpft_Brutto', wobei das 'Brutto'-Feld zu berechnen ist und die Ausgabe nach Monat und innerhalb des gleichen Monats nach Namen geordnet sein soll.

Verknüpft_Brutto : Auswahlabfrage

Name	Vorname	Abteilung	Monat	StdLohn	Std	Brutto
▶ Kurz	Ute	Versand	01.03	15,00	180	2700,00
Müller	Gabi	Versand	01.03	20,00	170	3400,00
Müller	Peter	Lager	01.03	13,00	150	1950,00
Kurz	Ute	Versand	02.03	15,00	130	1950,00

☐ Erstellen Sie in der ABSATZ-Datenbank aus den Tabellen 'Zahlungen', 'Rechnungen', 'AufKopf' und 'Kunden' folgende Abfragen:

3 'Verknüpft_Übersicht' mit den gezeigten Feldern.

Verknüpft_Übersicht : Auswahlabfrage

ZBetrag	ZDatum	RNr	Betrag	RDatum	Name
▶ 4.176,00	02.06.03	R01	3600,00	05.05.03	Susi OHG
4.143,64	30.05.03	R02	3645,00	07.05.03	Strolch GmbH
3.000,00	12.05.03	R03	5685,00	07.05.03	Susi OHG
3.462,71	15.05.03	R03	5685,00	07.05.03	Susi OHG

4 'Verknüpft_Skontovergleich', wobei 'Rech_Brutto' berechnet wird aus dem 'Betrag' zuzüglich 16 % MwSt und 'Rech_Netto' aus 'Rech_Brutto' abzüglich 2 % Skonto. Nur so kann die Korrektheit des Zahlungsbetrages überprüft werden.

Verknüpft_Skontovergleich : Auswahlabfrage

ZBetrag	ZDatum	RNr	Betrag	Rech_Brutto	Rech_Netto	RDatum	Name
4.176,00	02.06.03	R01	3600,00	4176,00	4092,48	05.05.03	Susi OHG
4.143,64	30.05.03	R02	3645,00	4228,20	4143,64	07.05.03	Strolch GmbH
3.000,00	12.05.03	R03	5685,00	6594,60	6462,71	07.05.03	Susi OHG
3.462,71	15.05.03	R03	5685,00	6594,60	6462,71	07.05.03	Susi OHG

5 'Verknüpft_Fristvergleich', damit neben der Korrektheit des Zahlungsbetrages auch die korrekte Fristeinhaltung überprüft werden kann. Hierzu sind zum 'R_Datum' die 10 Tage Skontofrist zu addieren.

Verknüpft_Fristvergleich : Auswahlabfrage

ZBetrag	ZDatum	Rech_Frist	RNr	Betrag	Rech_Brutto	Rech_Netto	RDatum	Name
4.176,00	02.06.03	15.05.03	R01	3600,00	4176,00	4092,48	05.05.03	Susi OHG
4.143,64	30.05.03	17.05.03	R02	3645,00	4228,20	4143,64	07.05.03	Strolch GmbH
3.000,00	12.05.03	17.05.03	R03	5685,00	6594,60	6462,71	07.05.03	Susi OHG
3.462,71	15.05.03	17.05.03	R03	5685,00	6594,60	6462,71	07.05.03	Susi OHG

83 Von der Auswahl- zur Aktualisierungsabfrage (Aktionsabfrage)

Info

Auswahlabfrage	Auswahlabfrage ⇨ ⇨	Aktualisierungsabfrage
nur Projektion	Projektion + Selektion	Preis der selektierten Artikel
(Bezeich- + Preis-Feld)	(Preis < 700)	um 10 % auf 110 % erhöhen

Projektion : Auswahlab

Bezeich	Preis
PC	1700,00
Monitor	700,00
Drucker	400,00
Drucker	1100,00
Modem	550,00

Selektion <700 : Ausw

Bezeich	Preis
Drucker	400,00
Modem	550,00

Aktualisierung : Auswahlab

Bezeich	Preis
Drucker	440,00
Modem	605,00

Eine Aktualisierungsabfrage entsteht offensichtlich aus einer vorhergehenden Auswahlabfrage mit oder ohne Selektion.

Anleitung

- In der BETRIEB-Datenbank eine neue Abfrage mit der 'Artikel'-Tabelle erstellen und hierzu *'Bezeich'* und *'Preis'* in den QbE-Bereich ziehen und in die Kriterienzeile des 'Preis'-Feldes das Selektionskriterium *<700* eintragen.
- Nach dem Wechsel zur Datenblattansicht zeigt sich die Tabelle mit 'Drucker' und 'Modem'.
- Sollen die Preise dieser Datensätze z. B. um 10 % erhöht werden, dann soll der Auswahl eine Aktion folgen, d. h. die **Auswahlabfrage** wird zur ⇨ **Aktionsabfrage**.

Vorgehensweise:

① Nach dem Umschalten zur *Entwurfsansicht* ist in der Symbolleiste das *Abfragetyp*-Symbol automatisch als *'Auswahlabfrage'* dargestellt.

② Mit *Klick* auf den Listenpfeil eine Liste öffnen, in der zur *'Aktualisierungsabfrage'* umgeschaltet werden kann. **Hierdurch** wird in die Entwurfsansicht eine *'Aktualisieren'*-Zeile ③ eingefügt.

③ In dieser Zeile die Formel für die gewünschte Änderung eingeben, d. h. bei einer Preiserhöhung um 10 % ist der alte Preis mit dem Faktor 1,1 zu multiplizieren.

④ Anschließend soll nichts gezeigt, sondern ③ etwas geändert werden; daher ist in der Symbolleiste auf die *'Ausführen'*-Schaltfläche ❗ zu klicken.

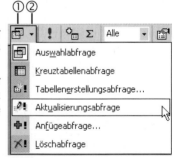

Feld:	Bezeich	Preis
Tabelle:	Artikel	Artikel
Aktualisieren:		[Preis]*1,1
Kriterien:		<700

Folge: In einem Meldungsfenster teilt Access mit, dass die beiden ausgewählten Datensätze aktualisiert werden, was mit *[Ja]* oder *[↵]* zu bestätigen ist.
Um die vollzogene Änderung zu überprüfen, ist wieder zur *Auswahlabfrage* zurückzuschalten und zur *Datenblattansicht* zu wechseln. **Hinweis**: Die Datenblattansicht in der Aktualisierungsabfrage würde nur das geänderte Feld zeigen.

84 Von der Auswahl- zur Tabellenerstellungsabfrage (Aktionsabfrage)

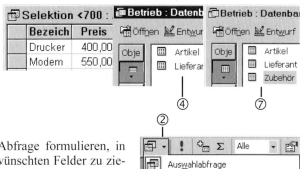

Info

Für kleinpreisige Artikel (weniger als 700,00 •) soll eine eigene Tabelle erstellt werden, ohne die Struktur neu bestimmen zu müssen und ohne die Daten neu erfassen zu müssen.

Anleitung

① In gewohnter Weise eine Abfrage formulieren, in deren QbE-Bereich **alle** gewünschten Felder zu ziehen sind und in deren Kriterienzeile die Bedingung (<700) einzutragen ist.

② In der Symbolzeile mit *Klick* auf den Listenpfeil des *'Abfragetyp'*-Symbols eine Liste öffnen, in der zu *'Tabellenerstellungsabfrage...'* umgeschaltet werden kann, wonach folgendes Eingabe-Fenster eingeblendet wird:

③ Den neuen Tabellennamen eingeben und mit *[OK]* oder *[⏎]* bestätigen.

④ **Achtung:** Ein Wechsel zum Tabellen-Register der Datenbank zeigt, dass noch keine neue Tabelle hinzugefügt wurde.

⑤ Erst nach dem Wechsel zurück zum Abfrage-Blatt kann die gerade aktive Tabellenerstellungsabfrage durch *Klick* auf das *'Ausführen'-Symbol* ausgeführt werden.

⑥ Die Access-Meldung, dass mit den ausgewählten Datensätzen eine neue Tabelle erstellt wird, kann mit *[Ja]* oder *[⏎]* bestätigt werden.

⑦ Der Blick in das Tabellen-Register der Datenbank zeigt die erfolgreiche Erstellung.

85 Von der Auswahl- zur Löschabfrage (Aktionsabfrage)

Info

Stehen die kleinpreisigen Artikel in einer gesonderten Tabelle, dann sollten sie aus der 'Artikel'-Tabelle automatisch gelöscht werden können, damit sie nicht doppelt geführt werden. Das Ergebnis ist die nebenstehende Tabelle.

Artikel : Tabelle

	Num	Bezeich	Preis
▶	121	PC	1700
	232	Monitor	700
	354	Drucker	1100

85 Von der Auswahl- zur Löschabfrage (Fortsetzung)

Anleitung

① In gewohnter Weise eine Abfrage formulieren, in deren QbE-Bereich mindestens das Preis-Feld zu ziehen ist.

② In die Kriterienzeile des Preis-Feldes die Bedingung *<700* eintragen.

③ In der Symbolzeile mit *Klick* auf den Listenpfeil des 'Abfragetyp'-Symbols eine Liste öffnen, in der zu 'Löschabfrage' umgeschaltet werden kann, wodurch sich das Abfrage-Fenster wie folgt ändert:

④ Ein *Klick* auf die *'Tabellenansicht'* zeigt die ausgewählten Datensätze, führt aber nicht zur Löschung.

⑤ Erst der *Klick* auf ![] *'Ausführen'* führt zu der Meldung, dass gelöscht wird.

⑥ Wird diese Meldung mit *[Ja]* oder *[↵]* bestätigt, dann werden die ausgewählten Datensätze gelöscht, wie ein Blick in die Artikel-Tabelle zeigt.
Hierzu zum *Datenbank*-Fenster wechseln und die *Artikel*-Tabelle *[Öffnen]*.

86 Von der Auswahl- zur Anfügeabfrage (Beispiel)

Anleitung

Mit der Anfügeabfrage können die ausgewählten Datensätze einer Tabelle an eine andere Tabelle angefügt werden.

- **Vorbereitung**: *Zubehör*-Tabelle öffnen, im Entwurf ggf. ein *NUM*-Feld einfügen, die Änderung *speichern* und im Datenblatt Nummern eingeben, die es in der Artikel-Tabelle noch nicht gibt.

- In einer **neuen Abfrage** nur die *Zubehör*-Tabelle hinzufügen, **alle** Felder in den QbE-Bereich ziehen und im *'Abfragetyp'*-Listenfeld die *'Anfügeabfrage...'* [⊞!▾] wählen.

- In dem eingeblendeten Fenster *Artikel* als die Tabelle angeben, an die angefügt werden soll, und mit *[OK]* oder *[↵]* bestätigen.

- Nach *Klick* auf das ![] *Ausführen*-Symbol erfolgt die Mitteilung, dass Datensätze angehängt werden.
Ein Blick in die *Artikel-Tabelle* bestätigt dies.

Hinweis: Die einzufügenden Sätze müssen ein Feld enthalten, das dem *Schlüsselfeld* der zu erweiternden Tabelle *entspricht*; auch die weiteren Felder müssen sich entsprechen.

87   In der Abfrage gruppieren und Funktionen verwenden

Info

① In einer 'normalen' Abfrage werden gleiche Artikel mehrmals gezeigt.

② Durch Gruppierung ist es möglich, gleiche Elemente zusammenzufassen und die Zusammenfassung durch Funktionen auszuwerten.

normale : Auswahlabfrage

Bezeich	Bestand	Preis
PC	20	1700,0
Monitor	4	700,0
Drucker	16 ①	400,0
Drucker	10	1100,0
Modem	3	550,0

Gruppieren : Auswahlabfrage

Bezeich	Summe von Bestand
Drucker	② 26
Modem	3
Monitor	4
PC	20

Anleitung

③ In der BETRIEB-Datenbank in gewohnter Weise aus der *'Artikel'*-Tabelle eine *Neue Abfrage in der Entwurfsansicht* mit den Feldern *'Bezeich'*, *'Bestand'* und *'Preis'* erstellen, die zur Datenblattansicht ① führt, welche zwei 'Drucker'-Zeilen zeigt.

Fall 1: Pro Artikelgruppe sollen die Gesamtbestände gezeigt werden.

④ Zur *Entwurfsansicht* umschalten und mit *Klick* auf das ∑ *Funktionen*-Symbol die 'Funktion'-Zeile ⑤ in den QbE-Bereich einblenden.

⑤ Diese Zeile enthält automatisch die 'Gruppierung'-Funktion. Dies bedeutet, dass nach den Feldinhalten aller Felder gruppiert wird, was natürlich zu einem falschen Ergebnis führt.

⑥ Pro Artikel-Gruppe soll etwas getan werden, also **nur** nach 'Bezeich' *gruppieren.*

⑦ Die **Gesamt**bestände sollen gezeigt werden;
also in 'Bestand' nach *Klick* auf den Listenpfeil die *'Summe'*-Funktion wählen.

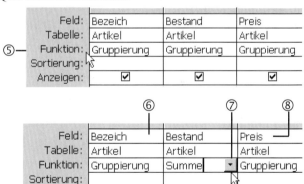

⑧ Die Preise sind überflüssig; also das 'Preis'-Feld löschen.   ⊠ siehe Kapitel 75
Die *Datenblattansicht* ② zeigt, dass die beiden *Drucker*-Zeilen zu einer Zeile zusammengefasst wurden.

Es wurde also   - nach Bezeichnungen gruppiert und
                 - pro Gruppe die Summe des gewünschten Feldes ermittelt.

Achtung:
Bei Verwendung von Funktionen sind **nicht benötigte Felder zu löschen**.

87   In der Abfrage gruppieren und Funktionen verwenden (Fortsetzung)

Anleitung

Fall 2: Nur die Bestandssumme einer bestimmten Artikelgruppe soll gezeigt werden, z. B. nur die Gesamtbestände der Gruppe "Drucker".

① Wie bereits gezeigt, im *Abfrageentwurf* nach *Bezeich gruppieren* und im *Bestand*-Feld die *Summe-Funktion* wählen; evtl. überflüssige Felder löschen.

② Danach in dem *Bezeich*-Feld das Auswahl-Kriterium *Drucker* in die Kriterienzeile schreiben.

③ Die *Datenblattansicht* zeigt das gewünschte Ergebnis.

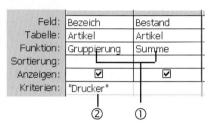

Fall 3: Der Preis des billigsten Druckers soll gezeigt werden.

④ In dem bisherigen *Abfrageentwurf* zusätzlich das *Preis*-Feld in den *QbE*-Bereich ziehen.

⑤ Im Preis-Feld die *Min-Funktion* (Listenpfeil mit Liste) auswählen.

⑥ Das überflüssige *Bestand*-Feld kann gelöscht werden. Es kann jedoch auch in dem QbE-Bereich verbleiben, da es *eine Funktion* enthält.

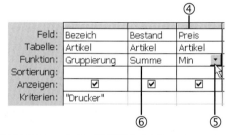

Achtung:

Abfragen mit Funktionen zeigen nur die Datenzusammenfassungen. Sollen diese Zusammenfassungen und gleichzeitig die Daten gezeigt werden, dann eignen sich Berichte mit Funktionen besser dazu.   ⊠   siehe Kapitel 101

☐   **Funktion-Zeile ausschalten**

Wird die Funktion-Zeile in der *Entwurfsansicht* durch *Klick* auf das Σ *Funktionen*-Symbol ausgeschaltet, dann erscheint wieder eine normale Auswahlabfrage. Ein erneuter *Klick* auf das Symbol schaltet die gerade erstellte Funktionsabfrage wieder ein.

Fall 4:   Der billigste Drucker soll mit allen Daten gezeigt werden.

Lösungsweg: Zuerst Fall 3 lösen und danach in einer normalen Abfrage den gefundenen Minimalpreis als Kriterium einsetzen.

88 Parameter - Abfrage

Info

Soll nur ein Teil der Tabelle gezeigt werden, dann ist in der *'Kriterien'-Zeile* des QbE-Bereichs das entsprechende Auswahlkriterium (hier *"Drucker"*) einzutragen.

Bezeich	Preis
PC	1700,00
Monitor	700,00
Drucker	400,00
Drucker	1100,00
Modem	550,00

⇔

nur Drucker : Aus

Bezeich	Preis
▶ Drucker	1100,00
Drucker	400,00

nur Drucker : Auswahlabfrage

Feld:	Bezeich	Preis
Tabelle:	Artikel	Artikel
Sortierung:		
Anzeigen:	☑	☑
Kriterien:	"Drucker"	

Nachteil: Sollen nacheinander verschiedene Artikel ausgewählt werden, dann muss jedes Mal der QbE-Bereich des Abfrageentwurfs geändert werden.

Lösung:
Mit einer Parameter-Abfrage ein Dialogfeld erstellen, in das der jeweils gewünschte Auswahlparameter eingegeben werden kann.

Anleitung

- In gewohnter Weise eine Abfrage mit den gewünschten Feldern erstellen.
- In die Kriterienzeile der gewünschten Feldspalte die Eingabeaufforderung *[Gewünschter Artikel]* zwischen *eckige Klammern* schreiben.
- Mit 'Ausführen' bzw. mit dem Wechsel zur 'Datenblattansicht' erscheint automatisch das Dialogfeld mit der Eingabeaufforderung.

Parameter : Auswahlabfrage

Feld:	Bezeich	Preis
Tabelle:	Artikel	Artikel
Sortierung:		
Anzeigen:	☑	☑
Kriterien:	[Gewünschter Artikel]	

Parameterwert eingeben ✕

Gewünschter Artikel

[   ]

OK   Abbrechen

Variationen:

Fall 1: Es sind alle zu zeigen, deren Preis über einem einzugebenden Mindestpreis liegt.

⇨ Lösung als Parameterabfrage:
In die Kriterienzeile der 'Preis'-Spalte ⇨ *> [Mindestpreis]*

Fall 2: Es sind alle zu zeigen, deren Artikel**bezeich**nung mit einem bestimmten Buchstaben beginnt.

⇨ Lösung als QbE-Abfrage (z. B. für Monitor, Modem usw.):
In die Kriterienzeile der 'Bezeich'-Spalte ⇨ *Wie "M*"*

⇨ Lösung als Parameterabfrage:
In die Kriterienzeile der 'Bezeich'-Spalte ⇨ *Wie [Anfangsbuchstabe ?] & "*"*

Hinweise: 1. Die Parameterabfrage kann auch Basis für eine Aktionsabfrage sein.
2. In einer Abfrage können gleichzeitig mehrere Parameter abgefragt werden.

89   Abfrage - Projektaufgaben

Aufgaben

□ Erstellen Sie in der LOHN-Datenbank die folgenden Aktions-, Gruppierungs- und Parameter-Abfragen:

1   Mit 'Akt_Lohn_plus_1' sollen die Löhne in der 'Stamm_Betrieb'-Tabelle um 1,00 • erhöht werden, sofern der bisherige Stundenlohn unter 20,00 • liegt.

2   Mit 'Akt_Februar' soll aus der 'Arbeitszeit'-Tabelle eine 'Februar'-Tabelle erstellt werden, welche nur die Daten des Monats "02.03" enthält.

3   Mit 'Akt_Feb_Lösch' sollen aus der 'Arbeitszeit'-Tabelle die "02.03"-Daten gelöscht werden (ohne Abbildung).

4   Mit 'Abteilungs_Summe' sollen für den Monat "01.03" die Daten nach Abteilungen gruppiert und für alle Abteilungen die Arbeitszeitsumme gebildet werden.

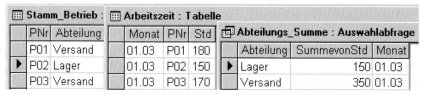

5   Mit 'Parameter_PNr_Name' soll nach Eingabe der gewünschten Personalnummer der zugehörige Name gezeigt werden.

6   In einer Erweiterung soll neben dem Namen auch noch die Arbeitszeit für den Monat "01.03" gezeigt werden.

89   Abfrage - Projektaufgaben (Fortsetzung)

Aufgaben

☐ Erstellen Sie in der ABSATZ-Datenbank die folgenden Aktions-, Gruppierungs- und Parameter-Abfragen:

1 Mit 'Akt_plus_5' sollen die Verkaufspreise aller Artikel um 5 % erhöht werden.

Artikel : Tabelle				Akt_plus_5
TNr	**Bezeich**	**VPreis**		**VPreis**
121	PC	2.550,00		2.677,50
232	Monitor	1.050,00		1.102,50
354	Drucker	1.650,00		1.732,50

2 Mit 'Akt_minus_10' sollen die Verkaufspreise um 10 % gesenkt werden, sofern die aktuellen Preise über 2.000,00 • liegen.

Artikel : Tabelle				Akt_minus_10
TNr	**Bezeich**	**VPreis**		**VPreis**
121	PC	2.677,50		2.409,75
232	Monitor	1.102,50		0,00
354	Drucker	1.732,50		

3 Mit 'Akt_plus_2' sollen für Verkaufsmengen ab 4 Stück die Rabattsätze um 2 % erhöht werden.

Rabatt : ...			Akt_plus_2
RMenge	**Prozent**		**Prozent**
1	0		0
2	5		5
3	5		5
4	5		7
5	10		12

4 Mit 'Akt_Lösch' soll die höchste Rabattstufe (12 %) gelöscht werden.

Rabatt : ...			Akt_Lösch
RMenge	**Prozent**		**Prozent**
1	0		0
2	5		5
3	5		5
4	7		7
5	12		0

5 Mit 'Akt_ZBetragSumme' sollen die Daten nach Rechnungsnummern gruppiert und pro Rechnungsnummer die Summe der Zahlungseingänge ermittelt werden.

Zahlungen : Tabelle				Akt_ZBetragSumme :
ZNr	**RNr**	**ZBetrag**	**RNr**	**Summe von ZB**
Z01	R03	3.000,00	R03	6462,71
Z02	R03	3.462,71	R02	4143,64
Z03	R02	4.143,64	R01	4176,00
Z04	R01	4.176,00		

6 Mit 'Akt_BetragSumme' sollen die Rechnungsbeträge der Aufträge nach Kundennummern gruppiert und pro Kunde die Gesamtauftragssumme ermittelt werden.

AufKopf : Tabe			Rechnungen : Tabelle			Akt_BetragSumme : Ausw
ANr	**KNr**		**RNr**	**ANr**	**Betrag**	**KNr**	**Summe von Betrag**
A04	K11		R01	A04	3600,00	K11	9285,00
A05	K13		R02	A05	3645,00	K13	3645,00
A06	K11		R03	A06	5685,00		

89   Abfrage - Projektaufgaben (Fortsetzung)

Aufgaben

7 Mit 'Akt_ANrSumme' sollen aus Mengen und Verkaufspreisen die Positionsgesamt-
werte ermittelt werden und diese Werte dann pro Auftragsnummer zur Nettoauftrags-
summe zusammengefasst werden.

Artikel : Tabelle				AufPos : Tabelle				Akt_ANrSumme : Auswal	
	TNr	VPreis		ANr	Pos	TNr	Menge	ANr	Gesamt
+	121	2.550,00		A04	01	121	1	A04	3600,00
+	232	1.050,00		A04	02	232	1	A05	3750,00
+	354	1.650,00		A05	01	232	2	A06	5850,00
Datensatz: ◄◄ ◄				A05	02	354	1		
				A06	01	121	1		
				A06	02	354	2		

8 Mit 'Par_Nr_Bez' soll nach Eingabe der gewünschten Teilenummer die zugehörige
Artikelbezeichnung gezeigt werden.

9 Mit 'Par_Bez_Preis' sollen nach Eingabe der gewünschten Bezeichnung die zugehörige
Teilenummer und der Preis gezeigt werden.

90   SQL - Abfrage

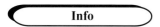
Info

Bisher wurde immer zwischen der QbE-Entwurfsansicht und der Datenblattansicht gewechselt. Ein Wechsel zur SQL-Entwurfsansicht zeigt die jeweilige Abfrage in der für alle Datenbankprogramme geltenden strukturierten Abfragesprache (= **S**tructured **Q**uery **L**anguage).

Anleitung

❑   **Projektion** (siehe Kapitel 72)

Fall: Aus der 'Artikel'-Tabelle sollen nur die Felder 'Bezeich' und 'Preis' gezeigt werden.

* In gewohnter Weise in der BETRIEB-Datenbank eine *Neue Abfrage* mit der *'Artikel'*-Tabelle entwerfen und die gewünschten Felder in den QbE-Bereich des Abfrage-Entwurfs ziehen.

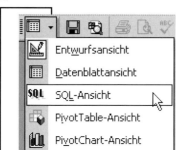

* Mit dem Listenpfeil die *'Ansicht'*-Liste öffnen und mit *Klick* auf *'SQL'* zur folgenden Darstellung umschalten.

* Den automatisch erscheinenden SQL-Befehl durch den darunter stehenden Kurzbefehl ──────── ersetzen.
Die Tabellenansicht zeigt auch hier das korrekte Ergebnis.

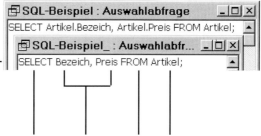

Bedeutung der SQL-Befehlsteile: Wähle diese Felder aus dieser Tabelle;

Achtung: Jeder SQL-Befehl endet mit einem Strichpunkt.

90   SQL - Abfrage (Fortsetzung)

```
(              Info              )
```

SQL-Abfragen können auch ohne vorherigen QbE-Abfrage-Entwurf gestaltet werden.

```
(           Anleitung           )
```

☐   **Selektion** (siehe Kapitel 79)

Fall 1: Es sollen nur die Datensätze gezeigt werden, deren Artikel**bezeich**nung gleich *'Drucker'* ist.

- In gewohnter Weise in der BETRIEB-Datenbank eine *'Neue Abfrage'* aufrufen, die *'Entwurfsansicht'* markieren und mit *[OK]* bestätigen.
- Im *'Tabelle anzeigen'*-Fenster **keine** Tabelle hinzufügen, sondern das Fenster sofort *[Schließen]*.
- Zur *SQL*-Ansicht wechseln, die sich als leeres Fenster präsentiert.
- Hier kann jetzt der folgende Befehl eingegeben werden:
    *SELECT Bezeich, Preis FROM Artikel **Where** Bezeich="Drucker";*
- Der Wechsel zur Datenblattansicht zeigt das korrekte Ergebnis.

Fall 2:   Es sollen nur die gezeigt werden, deren Preis teurer als 1.000,00 EUR ist.

- Zur *SQL*-Ansicht wechseln und den Befehl wie folgt ändern:
    *SELECT Bezeich, Preis FROM Artikel **Where** Preis>1000;*

Erkenntnis: Konstante Vergleichstexte ("Drucker") stehen zwischen Anführungszeichen, konstante Vergleichszahlen (1000) jedoch nicht.

☐   **Sortieren** (siehe Kapitel 78)

Fall 1: Es sollen alle Felder (*) aller Datensätze gezeigt werden, wobei sie nach Preisen aufsteigend sortiert werden sollen.

- Zur *SQL*-Ansicht wechseln und den Befehl wie folgt ändern:
    *SELECT * FROM Artikel **Order By** Preis;*

Fall 2: Es sollen alle Felder (*) aller Datensätze gezeigt werden, wobei sie nach Bezeichnungen und innerhalb gleicher Bezeichnungen nach Preisen aufsteigend sortiert werden sollen.

- Zur *SQL*-Ansicht wechseln und den Befehl wie folgt ändern:
    *SELECT * FROM Artikel **Order By** Bezeich, Preis;*

> **Info**

☐   **Berechnetes Feld** (siehe Kapitel 73)

Fall: Es sollen die Felder 'Bestand' und 'Preis' und das aus diesen beiden Feldern zu berechnende Feld 'Lagerwert' aus allen Datensätzen gezeigt werden.

- Zur *SQL*-Ansicht wechseln und den Befehl wie folgt ändern:

  *SELECT Bezeich, Bestand, Preis, **Bestand*Preis As Lagerwert** FROM Artikel;*

☐   **Logische Verknüpfung** (siehe Kapitel 80)

Fall 1: Es sollen alle Felder (*) jener Artikel-Datensätze gezeigt werden, die "Drucker" sind und gleichzeitig teurer als 1.000,00 EUR sind.

- Zur *SQL*-Ansicht wechseln und den Befehl wie folgt ändern:

  *SELECT * FROM Artikel **WHERE** Bezeich="Drucker" **and** Preis>1000;*

Fall 2: Es sollen alle Felder (*) jener Artikel-Datensätze gezeigt werden, die "Drucker" sind (egal wie teuer), bzw. jener, die teurer als 1.000,00 EUR sind (gleichgültig, um welchen Artikel es sich handelt).

- Zur *SQL*-Ansicht wechseln und den Befehl wie folgt ändern:

  *SELECT * FROM Artikel **WHERE** Bezeich="Drucker" **or** Preis>1000;*

☐   **Verbundene Tabellen** (siehe Kapitel 81)

Fall 1: Es sollen 'Bezeich'- und 'Lief'-Feld aus der 'Artikel'-Tabelle und das zugehörige 'Name'-Feld aus der 'Lieferant'-Tabelle gezeigt werden. Beide Tabellen sind über das 'Lief'-Feld miteinander verbunden, das in der 'Lieferant'-Tabelle Primärschlüssel ist.

- Zur *SQL*-Ansicht wechseln und den Befehl wie folgt ändern:

  SELECT Bezeich, Artikel.Lief, Name   ① | Der Befehl wird ohne Zeilenschaltung fortlaufend geschrieben.
  *FROM Lieferant **INNER JOIN** Artikel*   ②
  ***ON** Artikel.Lief=Lieferant.Lief;*   ③

① Steht ein Feld in beiden Tabellen, dann ist seinem Namen der Tabellenname mit Punkt voranzustellen (⇨ Artikel.Lief); ansonsten kann der Tabellenname entfallen.

② Nach FROM ist die erste Tabelle und nach INNER JOIN die zweite Tabelle zu nennen; erste Tabelle ist die, in der das verbindende Feld *Primärschlüssel* ist.

③ Nach ON sind aus beiden Tabellen die verbindenden Felder zu nennen, zwischen denen Gleichheit bestehen muss.

90   SQL - Abfrage (Fortsetzung)

Info

☐   **Verbundene Tabellen** (siehe Kapitel 81)

Art_Lief gleich : Auswah		
Bezeich	**Lief**	**Name**
▶ PC	811	Micro AG
Monitor	811	Micro AG
Drucker	822	Laser KG
Drucker	833	Multi AG
Modem	833	Multi AG
*		

Art_Lief Lieferant : Auswe		
Bezeich	**Lief**	**Name**
Monitor	811	Micro AG
PC	811	Micro AG
Drucker	822	Laser KG
Modem	833	Multi AG
Drucker	833	Multi AG
▶		ABC Soft

Art_Lief Artikel : Auswahl		
Bezeich	**Lief**	**Name**
▶ Mappe		
PC	811	Micro AG
Monitor	811	Micro AG
Drucker	822	Laser KG
Drucker	833	Multi AG
Modem	833	Multi AG

Fall 1 zeigt nur die zusammengehörigen Daten aus beiden Tabellen.

Fall 2 zeigt neben den zusammengehörigen Daten auch noch die restlichen Lieferantendaten.

Fall 3 zeigt neben den zusammengehörigen Daten auch noch die restlichen Artikeldaten.

Fall 2:   • Zur *SQL*-Ansicht wechseln und den Befehl wie folgt ändern:

> *SELECT   Bezeich, Artikel.Lief, Name*
>   *FROM Lieferant* **LEFT JOIN** *Artikel*   ①
>   *ON   Artikel.Lief=Lieferant.Lief;*

Fall 3:   • Zur *SQL*-Ansicht wechseln und den Befehl wie folgt ändern:

> *SELECT   Bezeich, Artikel.Lief, Name*
>   *FROM Lieferant* **RIGHT JOIN** *Artikel*   ②
>   *ON   Artikel.Lief=Lieferant.Lief;*

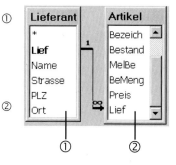

Erläuterung:

Wird die Tabelle, in der das verbindende Feld *Primärschlüssel* ist, zuerst genannt, so ist dies immer die *linke* Tabelle. Sollen alle Daten aus dieser Tabelle gezeigt werden, so ist der *Left Join* ① zu wählen, andernfalls der *Right Join* ②.

☐   **Tabelle aktualisieren** (siehe Kapitel 83)

Fall: Die Peise der über 1.000,00 EUR teuren Artikel sollen um 10 % gesenkt werden.

• Zur *SQL*-Ansicht wechseln und den Befehl wie folgt erfassen:

> *UPDATE Artikel Set Preis = Preis * 0.9 Where Preis > 1000;* | Auf das Windows-Dezimalzeichen achten!

☐   **Datensätze löschen** (siehe Kapitel 85)

Fall: Der Artikel *Mappe* soll aus der Tabelle gelöscht werden.

• Zur *SQL*-Ansicht wechseln und den Befehl wie folgt erfassen:

> *DELETE * FROM Artikel Where Bezeich = "Mappe";*

Achtung: Aktualisierung und Löschung erfolgen erst nach Klick auf ▮!▮

91 Formular mit Assistent erstellen

Anleitung

Das Formular ist zur Datenerfassung besser geeignet als die Tabelle (Ergonomie).

Formular-Handling:

① Von Satz zu Satz mit *Klick* auf die Pfeile der Datensatznavigation oder mit *[Bild auf/ab]*.

② Von Feld zu Feld mit *[Tab]*, *[Return]* oder *[Cursor]*.

Gestaltung:

③ BETRIEB-Datenbank öffnen und zu *Formulare* wechseln.

④ *[Neu]* anklicken, damit das 'Neues Formular'-Fenster erscheint.

⑤ 'AutoFormular: Einspaltig' wählen.

⑥ Nach *Klick* auf den *Listenpfeil* die gewünschte Datenbasis (hier *Artikel*) wählen.

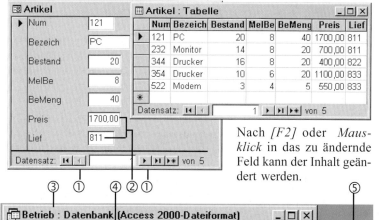

Nach *[F2]* oder *Mausklick* in das zu ändernde Feld kann der Inhalt geändert werden.

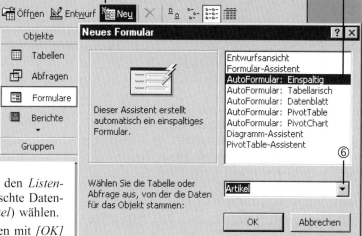

Werden die Angaben mit *[OK]* oder *[⏎]* bestätigt, dann erscheint das automatisch erstellte Formular, das nach Klick auf 🖫 unter dem Namen *'Formular1'* gespeichert werden kann.

Nach *Klick* auf den 'Ansicht'-Listenpfeil zur *'Entwurfsansicht'* wechseln, damit in dem rechts gezeigten Fenster Änderungen vorgenommen werden können.

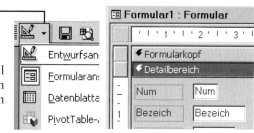

92 Ein Formular gestalten - Basiswissen

Anleitung

Nutzen Sie die Infos der folgenden Seiten, um das Formular gemäß dem nebenstehenden Bild zu ändern. Dies erfordert folgende Änderungen:

1. Felder verschieben,
2. Felder löschen, verkleinern,
3. Formularkopf/-fuß einfügen, ungebundene Bezeichnungsfelder aufziehen und beschriften,
4. Fortschritte in *'Formular1'* speichern.

Info

□ **Formularkopf einfügen**

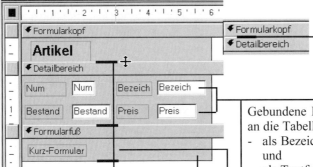

Auf die Grenzlinie zeigen, damit sich der Mauszeiger in einen Doppelpfeil verwandelt, und nach unten ziehen.

Gebundene Felder im Detailbereich sind an die Tabelle gebunden und enthalten
- als Bezeichnungsfelder die Feldnamen und
- als Textfelder die Feldinhalte.

Zeigt der Mauszeiger auf diese Grenzlinien, dann verwandelt er sich in einen Doppelpfeil; nach *Mausklick* kann der darüber liegende Bereich durch Mausziehen bei gedrückter Maustaste vergrößert/verkleinert/gelöscht werden.

Ungebundene Bezeichnungsfelder sind Felder für beliebige Bezeichnungstexte.

Formularhintergrund: umrandet, grau

Fensterhintergrund: weiß

Bei **aktivem Formularentwurfs-Fenster** können durch Anklicken der folgenden Symbole die entsprechenden zusätzlichen Fenster ein- und ausgeblendet werden.

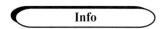
Info

☐ **Voraussetzung:** Das Formular in der Entwurfsansicht öffnen.

☐ **Felder verschieben**

• Textfeld und erläuterndes
  Bezeichnungsfeld gemeinsam:

Das Feld kurz anklicken, dann auf
den Rand zeigen, damit der Mauszeiger zur **offenen Hand** wird, und
jetzt bei gedrückter Maustaste an die
gewünschte Stelle schieben.

• Textfeld oder Bezeichnungsfeld:

Das Feld kurz anklicken, dann auf den
dicken Eckpunkt zeigen, damit der Mauszeiger zur **Zeigefingerhand** wird. Jetzt bei
gedrückter Maustaste das einzelne Element
an die gewünschte Stelle ziehen.

☐ **Felder löschen**

• Textfeld und Bezeichnungsfeld:

Mit *Klick* **in das Textfeld** markieren und die *[Entf]*-Taste drücken.
Folge: Beide Felder sind gelöscht,
da ein erläuterndes Bezeichnungsfeld ohne Textfeld keinen Sinn
macht.

• nur Bezeichnungsfeld:

Mit *Klick* **in das Bezeichnungsfeld** markieren und die *[Entf]*-Taste drücken.
Folge: Nur das Bezeichnungsfeld ist gelöscht; das die Daten enthaltende Textfeld
kann durchaus allein bestehen.

☐ **Feldgröße verändern**

Das Feld kurz anklicken und auf einen der
Anfasserpunkte zeigen, damit der Mauszeiger zum
Doppelpfeil wird. Jetzt bei gedrückter Maustaste in
die gewünschte Richtung ziehen.

☐ **Formularkopf/-fuß, Raster und Lineal ein- bzw. ausblenden**

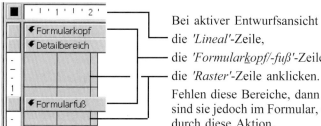

Bei aktiver Entwurfsansicht im *'Ansicht'*-Menü
die *'Lineal'*-Zeile,
die *'Formularkopf/-fuß'*-Zeile oder
die *'Raster'*-Zeile anklicken.
Fehlen diese Bereiche, dann erscheinen sie;
sind sie jedoch im Formular, dann verschwinden sie
durch diese Aktion.

92 Ein Formular gestalten - ungebundene und gebundene Felder einfügen

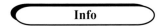

Info

□ **Ein ungebundenes Bezeichnungsfeld einfügen**

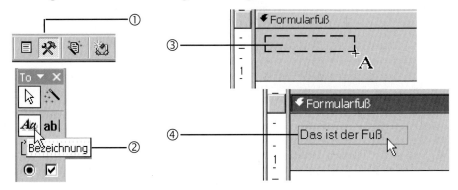

① Mit dem 'Toolbox'-Symbol die Toolbox einblenden.
② Durch *Einfachklick* das 'Bezeichnungsfeld' aktivieren.
③ Im Formular an der gewünschten Stelle mit gedrückter Maustaste ein Feld von *links oben* nach *rechts unten* aufziehen und danach die Maustaste loslassen.
④ Sofort den konstanten Text des Bezeichnungsfeldes, z. B. *'Das ist der Fuß'*, eintragen und mit *[⏎]* bestätigen.

□ **Ein gebundenes Textfeld mit zugehörigem Bezeichnungsfeld einfügen**

① Mit dem 'Feldliste'-Symbol die Feldliste der benutzten Tabelle einblenden.
② Das gewünschte Feld anklicken.
③ Auf das markierte Feld zeigen und bei gedrückter Maustaste in den Detailbereich des Formularentwurfs ziehen; der Mauszeiger wird zum Feldsymbol.
④ Etwa bei dem 2-cm-Raster (Pfeil) loslassen, damit ab hier das Textfeld erscheint; davor wird automatisch das zugehörige Bezeichnungsfeld gesetzt.

Merke:

1. Gebundene Textfelder sind an eine Tabelle gebunden und enthalten deren Daten.
2. Gebundene Bezeichnungsfelder enthalten die zugehörigen Feldnamen.
3. Ungebundene Bezeichnungsfelder enthalten beliebige Erläuterungstexte.

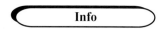

□ Schriftart und -größe eines Feldes ändern

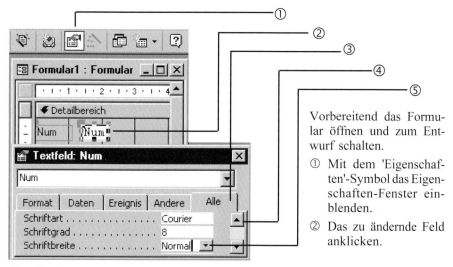

Vorbereitend das Formular öffnen und zum Entwurf schalten.

① Mit dem 'Eigenschaften'-Symbol das Eigenschaften-Fenster einblenden.

② Das zu ändernde Feld anklicken.

③ Mit *Klick* auf das *'Alle'*-Register 'alle Eigenschaften' auswählen.

④ Mit den Bildlaufpfeilen zu den gewünschten Eigenschaften blättern.

⑤ Mit *Klick* auf den Listenpfeil eine Eigenschaftauswahl aufklappen und wählen.

□ Beschriftung eines Bezeichnungsfeldes ändern

Zuerst das Bezeichnungsfeld mit *Klick* markieren und danach

noch einmal in das Bezeichnungsfeld klicken	**oder** *[F2]* drücken **oder**	'Eigenschaften'-Fenster öffnen und zur 'Beschriftung'-Eigenschaft blättern.

Folge: Mit *[Rück]*-Taste und *[Cursor]*-Tasten kann die Beschriftung manipuliert und überschrieben werden.

Folge: Nach *Klick* in den Beschriftungstext kann geändert und mit *[⏎]* bestätigt werden.

□ Hintergrundfarbe des Formulars ändern

Das Formular in dem grau unterlegten, umrahmten *'Formularhintergrund'* anklicken, das *'Eigenschaften'*-Fenster öffnen, die *'Hintergrundfarbe'* suchen, mit *Klick* in die Farbecode-Zahl eine Schaltfläche aktivieren, mit der eine Farbpalette geöffnet werden kann. Hier die Farbe mit *Klick* markieren und *[OK]* bestätigen. Nach dem Wechsel zur *'Formularansicht'* wird auch die Farbe gewechselt.

□ Zwischen Einzel- und Endlosformular wechseln

Den *'Fensterhintergrund'* außerhalb des markierten Formularhintergrundes anklicken, im *'Eigenschaften'*-Fenster in der *'Standardansicht'*-Zeile mit *Klick* auf den Listenpfeil die Liste öffnen und *'Einzelnes Formular'* oder *'Endlosformular'* wählen.

□ Wichtig: Das Formular nach *'Datei' 'Speichern unter'* als *'Artikel'* speichern.

92   Ein Formular gestalten - Aufgaben (1. Teil)

Aufgaben

☐ Erstellen Sie in der LOHN-Datenbank die folgenden Formulare. Errichten Sie hierzu jeweils ein *'einspaltiges AutoFormular'*, das Sie danach gemäß den Vorgaben ändern.

1 Mit dem Formular 'Zeit-Erfassung' sollen die Daten der 'Arbeitszeit'-Tabelle erfasst werden können.

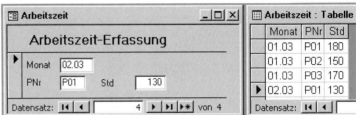

2 Das Formular 'Zeit-Erfassung' soll zur Kontrolle noch um die gezeigten Ausgabefelder aus den Tabellen 'Stamm_ Privat' und 'Stamm_ Betrieb' ergänzt werden.

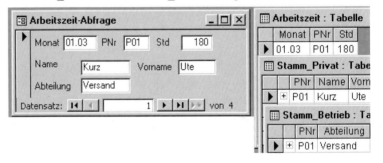

☐ Erstellen Sie in der ABSATZ-Datenbank die folgenden Formulare ebenfalls als angepasste *'einspaltige AutoFormulare'*. Achten Sie darauf, dass zwischen 'AufPos' und 'Rabatt' im Beziehungen-Fenster *keine* Beziehung erstellt wurde.

3 Mit der 'Kunden-Erfassung' sollen alle Daten aus der 'Kunden'-Tabelle gezeigt und erfasst werden können.

4 Mit dem 'AufPos'-Formular sollen die Daten aus der 'AufPos'-Tabelle mit den zugehörigen 'Artikel'-Daten gezeigt und erfasst werden.

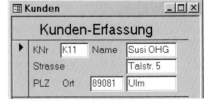

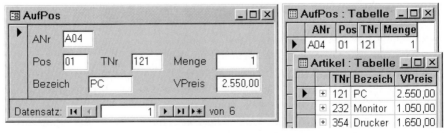

Info

① Die richtige 'Lief'-Nummer der Artikel-Tabelle kann aus der 'Lief'-Nummer der 'Lieferant'-Tabelle übernommen werden.

② Auch bei Verwendung eines Formulars muss noch in der 'Lieferant'-Tabelle nachgesehen werden.

③ Erst bei Nutzung eines Kombinationsfeldes kann nach *Klick* auf den Listenpfeil eine Liste aufgeklappt werden, aus der nach

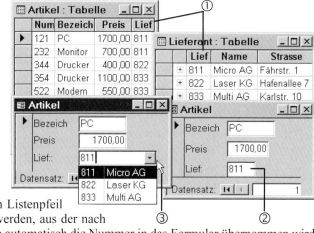

Auswahl des Lieferanten automatisch die Nummer in das Formular übernommen wird.

Anleitung

① In BETRIEB das 'Artikel'-Formular mit 'Bezeich' und 'Preis' bilden und darauf achten, dass in der Toolbox der *Steuerelementassistent* **nicht** aktiv ist.

② Im Entwurf die Toolbox öffnen und 'Kombinationsfeld' anklicken.

③ Im Detailbereich an die gewünschte Stelle klicken, damit Feld ④ entsteht.

⑤ Folgende Eigenschaften bestimmen (Direkteingabe oder durch Auswahl nach *Klick auf Listenpfeil*):

- **Steuerelementinhalt:** Feld der *aktuellen* Tabelle *(Lief)*
- **Datensatzherkunft:** *Fremd-Tabelle*, aus der die Daten kommen *(Lieferant)*
- **Spaltenanzahl:** alle Spalten ab der 1. Spalte (hier *Lief* und *Name*, also 2 Spalten)
- **Spaltenbreiten:** (pro Spalte); 0, um eine Spalte zu unterdrücken; Trennung durch Strichpunkt.
- **gebundene Spalte:** den Inhalt dieser Fremd-Tabellen-Spalte *(Lief ist die 1. Spalte der Fremd-Tabelle)* in das Feld der aktuellen Tabelle übernehmen.

⑥ Das Bezeichnungsfeld beschriften.

⑦ Als *'Artikel'*-Formular speichern.

92   Ein Formular gestalten - Formular mit Unterformular

> ### Info

① Das Haupt-Formular enthält die Datensätze der Lieferanten-Tabelle.

② Das Unterformular zeigt aus der Artikel-Tabelle die Artikel, die der jeweilige Lieferant liefert.

> ### Anleitung

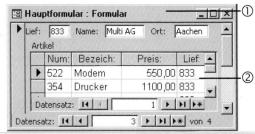

Zuerst das Unterformular erstellen, d. h. in BETRIEB die gewünschten Felder der *Artikel*-Tabelle in den Detailbereich ziehen, nach *Klick* in den Formular**fenster**hintergrund als Standardansicht *'Datenblatt'* bestimmen, das Formular unter dem Namen *Unterformular* **speichern** und **schließen**.

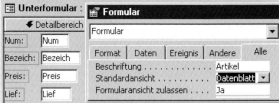

Danach das Hauptformular wie folgt bestimmen:

① In einem neuen Formular die gewünschten Felder der *'Lieferant'*-Tabelle in den Detailbereich ziehen.

② Im Datenbank-Fenster das Unterformular mit Klick markieren und mit

gedrückter Maustaste in das Haupt-Formular ziehen; nach dem Loslassen der Maustaste ergibt sich das Unterformularfeld ③ .

④ In den Formular**fenster**hintergrund klicken.

⑤ Im Eigenschaftfenster *'Einzelnes Formular'* als 'Standardansicht' bestimmen und bei den weiteren Ansichten die 'Ja'-Einstellung beibehalten.

⑥ Das 'Unterformular'-*Bezeichnungsfeld* noch korrekt beschriften und das Formular als *Hauptformular* speichern.

Folge: In der Formularansicht werden die Lieferanten im Hauptformular und zusätzlich die von jedem Lieferanten bezogenen Artikel im Unterformular gezeigt.

92 Ein Formular gestalten - Aufgaben (2. Teil)

Aufgaben

☐ Erstellen Sie in der LOHN-Datenbank die folgenden Formulare.

1 Öffnen Sie das Formular 'Zeit-Erfassung' und löschen Sie darin das 'PNr'-Feld. Fügen sie stattdessen ein neues Kombinationsfeld ein, mit dem Sie die gezeigten Daten aus der 'Stamm_Privat'-Tabelle ausgeben und die 'PNr' an das 'PNr'-Feld der Tabelle 'Arbeitszeit' binden.

2 Erstellen Sie aus der 'Arbeitszeit'-Tabelle ein einfaches Datenblatt-Formular, das Sie speichern und schließen.

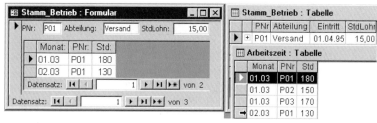

Anschließend erstellen Sie aus der 'Stamm_Betrieb'-Tabelle das gezeigte Haupt-Formular, in welches Sie das Datenblatt-Formular als Unterformular einfügen. Insgesamt zeigt Ihnen das Formular, wer (welche PNr)
- in welcher Abteilung arbeitet und welchen Stundenlohn erhält und
- in welchen Monaten wie viel arbeitet.

☐ Erstellen Sie in der ABSATZ-Datenbank das folgende Formular:

3 In dem 'AufKopf'-Hauptformular sollen die gezeigten 'AufKopf'-Daten dargestellt werden und in dem zugehörigen Unterformular sollen die zum Auftrag gehörenden Positionsdaten gezeigt werden, die aus einer Abfrage stammen, welche die Daten aus der 'Artikel'- und der 'AufPos'-Tabelle entnimmt und auch noch das *berechnete* 'PosWert'-Feld enthält.

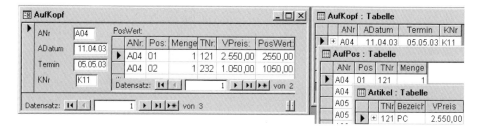

93   Formular mit Bild-Objekt

Info

Eine Datenbank-Tabelle kann in einem Feld auch auf ein Bild verweisen, das in der Formularansicht zum jeweiligen Datensatz passend gezeigt werden kann.

Anleitung

- Die gewünschte Tabelle (hier 'Stamm_Privat' aus der LOHN-Datenbank) um ein Feld des Datentyps *OLE-Objekt* ergänzen, das sich nach der Speicherung in der *Datenblattansicht* als leeres Feld darstellt.

	Feldname	Felddatentyp
🔑	PNr	Text
	Name	Text
▶	Bild	OLE-Objekt
	Vorname	Text

Stamm_Privat : Tabelle

		PNr	Name	Bild	Vorname
▶	+	P01	Kurz		Ute
	+	P02	Müller		Peter

- Anschließend ein neues Formular mit den Datenfeldern *Name, Vorname* und *Bild* erstellen und z. B. unter dem Namen *Bilder* speichern, damit es in der Entwurfsansicht der nebenstehenden Abbildung entspricht.
- Jetzt zur *Formularansicht* wechseln, in das leere Bild klicken und nach der Befehlsfolge *'Einfügen' 'Objekt...'* in dem dann eingeblendeten Fenster *'Microsoft Clip Gallery'* oder für Photos auch *'Microsoft Photo Editor'* wählen.

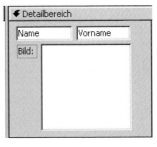

- Nach *[OK]* oder *Doppelklick* im *'Photo-Editor'*-Fenster bestimmen, dass ein Bild gescannt oder ein bereits *'vorhandenes geöffnet'* werden soll.
- Im Öffnen-Dialog die Bild-Datei (am sinnvollsten im gleichen Verzeichnis wie die Access-Datei) auswählen, worauf das Bild sowohl im Photo-Editor, als auch im Access-Formular gezeigt wird.
- Nach Klick in das Formular verschwindet der Photo-Editor und es kann zum nächsten Formular (noch ohne Bild) weitergeblättert werden.
  Hier kann auf gleiche Weise das zu diesem Datensatz passende Bild eingefügt werden.
- In der Datenblattansicht der Tabelle steht in dem bisher leeren Bildfeld jetzt der Hinweis, dass ein Photo-Editor-Bild gespeichert ist.
  Mit Doppelklick in das Tabellenfeld öffnet sich der Photo-Editor und zeigt das Bild.

Stamm_Privat : Tabelle

		PNr	Name	Bild	Vorname
▶	+	P01	Kurz	Microsoft Photo Editor 3.0-Photo	Ute
	+	P02	Müller	Microsoft Photo Editor 3.0-Photo	Peter

94   Mit VBA programmieren - Objekt_Ereignis-Programm

```
                    Info
```

Das Formular besteht aus

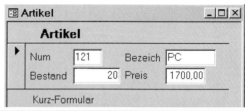

* der gesamten **Form**, die gebildet wird aus

* dem **Formularkopf** mit

  dem **Bezeichnungsfeld8** (Artikel),

* dem **Detailbereich** mit

  Bestand, Bezeich, Num und **Preis** und

* dem **Formularfuß** mit

  dem **Bezeichnungsfeld9** (Kurz-Formular);

also aus insgesamt 10 Objekten.

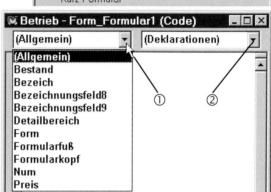

```
                 Anleitung
```

Soll das Programm dafür sorgen, dass nach Klick in den Detailbereich dessen Hintergrundfarbe rot wird, so ist dies in folgenden Stufen zu realisieren:

☐ Zuerst das Codier-Fenster öffnen und das gewünschte Objekt wählen.

* In der *BETRIEB*-Datenbank das *Formular1* in der *[Entwurf]*-Ansicht aktivieren.

* Mit *'Ansicht' 'Code'* oder mit Klick auf das 🔲 Code-Symbol das Codierfenster öffnen und danach mit Klick auf den ① *Objekt*-Listpfeil die Liste mit allen Objekten aufklappen.

* In dieser Liste das gewünschte Objekt, z. B. *Detailbereich* mit *Klick* markieren.

☐ Danach mit Klick auf den ② *Ereignis*-Listenpfeil die Liste mit allen möglichen Ereignissen aufklappen und das *Click*-Ereignis mit *Klick* auswählen. Das Codier-Fenster zeigt sich dann wie folgt und der Schreibcursor steht zwischen den Zeilen

Private Sub Detailbereich_Click()   und   *End Sub.*

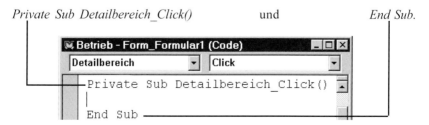

94   Mit VBA programmieren - Objekt_Ereignis-Programm (Fortsetzung)

(Anleitung)

Zwischen diesen beiden Zeilen kann jetzt das ein- oder mehrzeilige Programm geschrieben werden, das durch *Click* in den *Detailbereich* ausgelöst werden soll. Konkret:

☐ Programmzeile erfassen und mit *[↵]* abschließen:

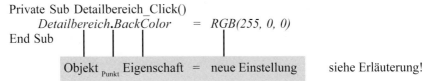

Private Sub Detailbereich_Click()
    Detailbereich.BackColor   = *RGB(255, 0, 0)*
End Sub

Objekt ₚᵤₙₖₜ Eigenschaft = neue Einstellung   siehe Erläuterung!

☐ Programm testen:

• Das Codier-Fenster schließen bzw. in den Formular-Entwurf klicken.

• Mit *'Ansicht' 'Formularansicht'* oder mit Klick auf das 'Ansicht'-Symbol zur Formularansicht wechseln.

• Einmal in den Detailbereich klicken und feststellen, dass die Hintergrundfarbe zu rot wechselt.

☐ Programmerläuterung:

1. Der zu dem Objekt *Detailbereich* gehörenden Eigenschaft *BackColor* soll durch die 'ist gleich'-Zuweisung eine neue Einstellung zugewiesen werden.

2. Diese neue Einstellung wird hier durch die **Rot**Grün**B**lau()-Funktion festgelegt, die mit den in Klammer stehenden Argumenten sagt, dass der Rot-Anteil voll (255) zur Geltung kommen soll, die anderen Farb-Anteile jedoch gar nicht (0).

3. Zwischen Objekt und Eigenschaft steht immer ein Punkt.

(Aufgaben)

1 Erstellen Sie ein Programm, das den Detailbereich nach Doppelklick blau färbt.

• Wechseln Sie zurück zur Entwurfsansicht und öffnen Sie das Codierfenster.

• Schreiben Sie jetzt ein Programm, das nach Detailbereich_DblClick der Detailbereich.Hintergrundfarbe mit der RGB()-Funktion ein reines 'blau' zuweist.

• Wechseln Sie zur Formularansicht und testen Sie Ihr Programm.

2 Erstellen Sie ein Programm, das dem Formular beim Laden den Fenster-Titel "Rot-Blau-Formular" zuweist.

• Wechseln Sie zurück zur Entwurfsansicht und öffnen Sie das Codierfenster.

• Suchen Sie das *'Form'*-Objekt und das zugehörige *'Load'*-Ereignis, damit Sie das Programm erfassen können.

• Weisen Sie der zum Objekt *Form* gehörenden Eigenschaft *Caption* mit "=" als neue Einstellung den festen Text "Rot-Blau-Formular" zu.

Hinweise: - nur konstante Texte stehen zwischen Anführungs- und Schlusszeichen;
             - mit der Caption-Eigenschaft werden feste Beschriftungstexte bestimmt.

95   Mit VBA programmieren - Focus-Feld hervorheben

Info

Nach dem Laden des Formulars in der Formularansicht ist der Schreibcursor in dem ersten Textfeld, d. h. dieses Feld hat den 'Focus'.

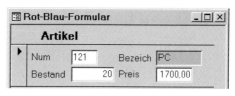

Soll das jeweils aktuelle Feld, also das Focus-Feld, durch eine besondere Hintergrundfarbe hervorgehoben werden, so ist dies dadurch möglich, dass zum jeweiligen Feld-Objekt für das

- FocusErhalt-Ereignis (GotFocus) ein Objekt.Hintergrundfarbe-Zuweisungsprogramm geschrieben wird, das den Hintergrund z. B. rot färbt und für das

- FocusVerlust-Ereignis (LostFocus) ebenfalls ein Objekt.Hintergrundfarbe-Zuweisungs-programm geschrieben wird, das den Hintergrund z. B. wieder weiß einfärbt.

Anleitung

❑ Zuerst das Codier-Fenster öffnen und das gewünschte **Objekt** wählen.

• In der *BETRIEB*-Datenbank das *Formular1* in der *[Entwurf]*-Ansicht aktivieren.

• Mit *'Ansicht' 'Code'* oder mit *Klick* auf das 🔲 Code-Symbol das Codierfenster öffnen, mit *Klick* auf den *Objekt*-Listpfeil die Liste mit allen Objekten aufklappen und in dieser Liste das gewünschte Objekt, z. B. *Num* mit *Klick* markieren.

❑ Danach mit *Klick* auf den *Ereignis*-Listenpfeil die Liste mit allen möglichen Ereignissen aufklappen und das *GotFocus*-**Ereignis** mit *Klick* auswählen. Im Codierfenster steht der Schreibcursor dann zwischen den Zeilen

         Private Sub Num_GotFocus() und   *End Sub*

❑ Schließlich das **Programm** erfassen und mit *[↵]* abschließen:

         Private Sub Num_GotFocus()
              Num.BackColor   =   RGB(255, 0, 0)
         End Sub

         Objekt _{Punkt} Eigenschaft = neue Einstellung

❑ Soll für den Fall des Focus-Verlusts (LostFocus-Ereignis) die Farbe wieder auf weiß gewechselt werden, dann ist für das *Num*-Objekt im Codierfenster mit dem rechten Listpfeil das *LostFocus*-Ereignis auszuwählen und folgende Programmzeile zu erfassen: *Private Sub Num_LostFocus()*
              Num.BackColor   = RGB(255, 255, 255)
         End Sub   Erläuterung: Die Mischung aller RGB-Farben im Vollton (255) ergibt weiß.

Aufgaben

1   Erstellen Sie für die anderen Textfelder entsprechende Ereignis-Programme.

2   Erstellen Sie ein Programm, das im *Form*-Objekt beim *Load*-Ereignis den Focus mit der *SetFocus*-Methode auf das Bezeich-Feld setzt (mit *Bezeich.SetFocus)*.

Info

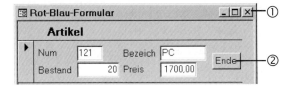

Mit Klick auf das Schließen-Symbol ① wurde bisher ein Formular geschlossen. Für den Anwender ist es einfacher, wenn ihm hierzu eine spezielle Schaltfläche ② zur Verfügung gestellt wird.

Anleitung   ③

☐ Zuerst die Schaltfläche errichten.

• In der *BETRIEB*-Datenbank das *Formular1* in der *[Entwurf]*-Ansicht aktivieren.
• Mit *'Ansicht' 'Toolbox'* oder mit *Klick* auf das *Toolbox*-Symbol ③ die Toolbox öffnen, darin das *'Befehlsschaltflächen'*-Symbol ④ mit *Klick* aktivieren und in dem Detailbereich an der gewünschten Stelle die Schaltfläche bei gedrückter Maustaste aufziehen oder mit *Klick* einrichten.
• In den neuen Schaltflächentext *'Befehl16'* klicken, ihn mit *Ende* überschreiben und nach *[⏎]* die Schaltfläche verkleinern.

④

☐ Danach die Schaltfläche mit einem 'sprechenden' Namen benennen.

• Die *'Ende'*-Schaltfläche markieren und mit *'Ansicht' 'Eigenschaften'* oder mit Klick auf das Eigenschaften-Symbol das Eigenschaften-Fenster einblenden.

• Im *'Alle'*-Register feststellen, dass die Beschriftung zwar schon 'Ende' lautet, der Name jedoch noch immer 'Befehl16' ist. Diesen Standardnamen ersetzen durch *cmdEnde*. Mit dem cmd-Vorsatz soll gezeigt werden, dass dies ein Kommando-Objekt ist; der Rest des Namens entspricht der Beschriftung. Eine 'sprechende' Namensgebung ist sinnvoll, damit man sich in der Objekt-Auflistung des Codierfensters sofort orientieren kann.

☐ Am Ende das Programm zu der neuen Schaltfläche erfassen.

• Mit *'Ansicht' 'Code'* oder mit *Klick* auf das 🔲 Codesymbol das Codierfenster öffnen, mit *Klick* auf den *Objekt*-Listpfeil die Liste mit allen Objekten aufklappen und in dieser Liste das gewünschte Objekt, also *cmdEnde,* mit *Klick* markieren.
• Danach mit *Klick* auf den *Ereignis*-Listenpfeil die Liste mit allen möglichen Ereignissen aufklappen und das *Click*-Ereignis mit *Klick* auswählen, sofern es nicht schon automatisch eingestellt ist.
• Schließlich die Befehlszeile *DoCmd.Close* erfassen, mit *[⏎]* abschließen und das Programm testen. Beim ersten Test ist die Frage, ob Veränderungen gespeichert werden sollen, zu bejahen.
• Das Formular zusätzlich unter dem Namen **Blau-Rot-Formular** abspeichern.

Info

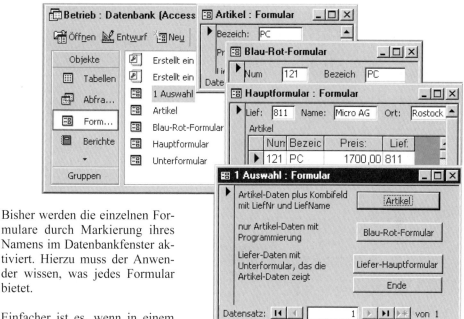

Bisher werden die einzelnen Formulare durch Markierung ihres Namens im Datenbankfenster aktiviert. Hierzu muss der Anwender wissen, was jedes Formular bietet.

Einfacher ist es, wenn in einem Auswahlformular in Bezeichnungsfeldern die Formularinhalte beschrieben werden und der Anwender nur noch auf die zugehörige Befehlsschaltfläche klicken muss.

Anleitung

☐ Formular einrichten und Eigenschaften bestimmen.

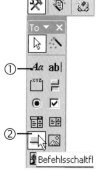

- BETRIEB-Datenbank öffnen, zu *Formulare* wechseln, *[Neu]* anklicken, *Entwurfsansicht* wählen und *ohne* Tabelle oder Abfrage *[Ok]* bestätigen, damit ein leerer Detailbereich eingeblendet wird.

- Die Toolbox einblenden, nach *Klick* auf das ① *Bezeichnungsfeld*-Symbol das erste Bezeichnungsfeld im Formular aufziehen, sofort die Beschriftung erfassen und mit *[⏎]* beenden. Anschließend in das Formular und dann wieder auf das Bezeichnungsfeld *klicken*, damit es markiert ist und an den Anfasserpunkten in der Größe verändert werden kann.

- In gleicher Weise die anderen Bezeichnungsfelder einrichten.

- Nach *Klick* auf das *'Befehlsschaltflächen'*-Symbol ② die Schaltflächen einrichten, nach *Klick* in ihre Beschriftung diese gemäß Abbildung ändern und mit *'Ansicht' 'Eigenschaften'* oder mit dem Eigenschaften-Symbol das Eigenschaften-Fenster öffnen.

97 Mit VBA programmieren - zwischen Formularen wechseln (Fortsetzung)

Anleitung

☐ Namen festlegen

- Bei eingeblendetem Eigenschaften-Fenster die erste Befehlsschalt-fläche anklicken, im Eigenschaften-fenster zum *Alle*-Register wechseln und bei der 'Artikel'-Schaltfläche als Name *cmdArtikel* eingeben.

| Artikel-Daten plus Kombifeld mit LiefNr und LiefName | Artikel |

Befehlsschaltfläche: cmdArtikel ☒

cmdArtikel ▼

| Format | Daten | Ereignis | Andere | Alle |

Name . . . . cmdArtikel
Beschriftung . . . . Artikel

- Nacheinander die anderen Schalt-flächen markieren und in gleicher Weise die Namen *cmdBlau, cmdHauptformular* und *cmdEnde* bestimmen.

- Das Formular unter dem Namen *'1 Auswahl'* speichern.

> Die Benennung ist wichtig, damit die Objekte im Objekt-Listfeld des Codier-fensters einfacher erkannt werden.

☐ Programmcode erfassen

- Das Eigenschaften-Fenster schließen und das Codier-Fen-ster mit 🔲 öffnen.

- Hier im linken Objekt-Listen-feld *cmdArtikel* und im rechten Ereignis-Listenfeld *Click* wäh-len, damit die *'Private Sub cmdArtikel_Click()'*-Zeile auto-matisch erscheint.

Betrieb - Form_1 Auswahl (Code)

cmdArtikel ▼   Click ▼

```
Private Sub cmdArtikel_Click()
   DoCmd.OpenForm "Artikel"
   DoCmd.Close acForm, "1 Auswahl"
End Sub
```

- Darunter den Programmcode erfassen:

  DoCmd.OpenForm "Artikel"   Erläuterung:
  DoCmd.Close AcForm, "1 Auswahl"   ①
                                            ②

Erläuterung: Nach der DoCmd-Aufforderung muss ein Punkt stehen. Erst danach darf die gewünschte OpenForm- oder Close-Methode genannt werden.

① Nach der 'OpenForm'-Methode muss nur noch die gewünschte Form zwischen Anführungszeichen genannt werden.

② Nach der 'Close'-Methode muss zuerst der Access-Objekttyp (AcTable für Tabelle, AcQuery für Abfrage oder AcForm für Formular) genannt werden und danach mit Komma getrennt das gewünschte Access-Objekt; hier also die gewünschte Form.

- In gleicher Weise den Programmcode für die Schaltflächen *cmdBlau* und *cmdHauptformular* erfassen, d. h. auch dort soll die jeweilige Form geöffnet und das Auswahl-Formular geschlossen werden.

- Jetzt den Programmcode für cmdEnde_Click() erfassen, d. h. mit *DoCmd.Close* das aktuelle Formular schließen. Hier muss die Close-Methode nicht erweitert werden, da in diesem Programmabschnitt vorher kein anderes Access-Objekt bearbeitet wurde.

97 Mit VBA programmieren - zwischen Formularen wechseln (Fortsetzung)

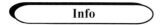

Info

Bei der bisherigen Programmgestaltung gelangt man von der Auswahlform zu den Anwendungsformen, wobei die Auswahlform verschwindet - eine Rückkehr zu der Auswahlform ist bisher jedoch noch nicht möglich.

Diese Rückkehr muss in den jeweiligen Anwendungsformen programmiert werden, wozu eine einfache [Zurück]-Schaltfläche dienen kann.

Anleitung

- Das *'Blau-Rot-Formular'* im Entwurf aktivieren, da dort bereits eine Schaltfläche existiert. Die 'Ende'-Caption durch *'Zurück'* ersetzen und das Codier-Fenster einblenden.

- Die *cmdEnde_Click()*-Prozedur öffnen (siehe Kapitel 96) und die 'DoCmd.Close'-Befehlszeile durch folgende Programmzeile ersetzen:

	Erläuterung:
DoCmd.OpenForm "1 Auswahl"	Die Auswahlform öffnen.
DoCmd.Close AcForm, "Blau-Rot-Formular"	Die eigene Form schließen.

- In den beiden anderen Formen 'Artikel' und 'Hauptformular' ebenfalls Zurück-Schaltflächen einrichten und entsprechend programmieren.

- Ist alles korrekt programmiert, dann kann jetzt problemlos zwischen dem Auswahlformular und den jeweiligen Anwendungsformularen gewechselt werden, wobei das Auswahlformular durch [Ende] endgültig geschlossen werden kann.

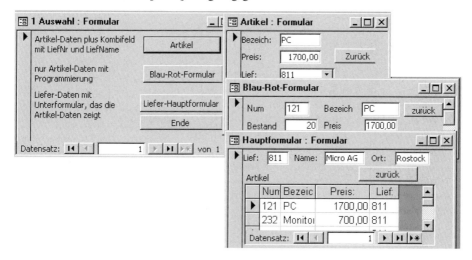

- Sobald ein Anwendungsformular erscheint, verschwindet das Auswahlformular. Soll dies nicht so sein, dann ist aus allen Befehlsschaltflächen-Prozeduren des Auswahlformulars folgende Zeile zu streichen:

  DoCmd.Close AcForm, "1 Auswahl"

98   Mit VBA programmieren - auf ein Datenbankobjekt zugreifen

Info

Beim Standard-Formular erlaubt ein Datensteuerelement am unteren Formularrand das
Blättern zwischen den Datensätzen.

Das Anfügen neuer Sätze ist je nach Eigen-
schaftseinstellung möglich oder auch nicht,
Änderungen werden ohne Rückfrage beim
Blättern automatisch gespeichert und Lö-
schungen sind nicht möglich.

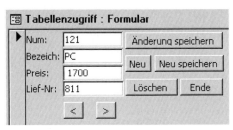

Durch individuelle Programmierung des Formulars kann auf das Datensteuerelement
verzichtet werden und durch Einrichtung spezieller Schaltflächen kann exakt bestimmt
werden, was möglich sein soll und was nicht.

Anleitung

☐ **Textfelder einrichten**

- BETRIEB-Datenbank öffnen, zu *Formulare* wechseln, *[Neu]*
  anklicken, *Entwurfsansicht* wählen und *ohne* Tabelle oder
  Abfrage *[Ok]* bestätigen, damit ein leerer Detailbereich
  eingeblendet wird.

- Die Toolbox einblenden, nach *Klick* auf das [ab]-Textfeld-
  Symbol bei der 1,5-cm-Marke vier Textfelder errichten,
  deren zugehörige Bezeichnungsfelder links davon angeordnet werden.

- Nach Klick in das Bezeichnungsfeld die jeweilige Beschriftung eingeben, damit auf den Feldinhalt der dargestellten
  Tabelle verwiesen wird.

- Das erste Textfeld markieren (hier zu Num gehörend), das
  Eigenschaften-Fenster einblenden und im
  'Alle'-Register als neue *'Name'*-Eigenschaft
  txtNum eingeben und mit *[⏎]* bestätigen.

- Entsprechend für die anderen Textfelder
  die Namen *txtBezeich, txtPreis* und *txtLief*
  festlegen. Diese sprechenden Namen weisen mit der txt-Vorsilbe auf die Textfeld-
  Eigenschaft und mit dem Rest auf den
  Feldnamen der Tabelle hin.

- Danach das Eigenschaften-Fenster schließen und im Formular von der Entwurfsansicht
  zur Formularansicht wechseln, um festzustellen, dass die Textfelder noch nichts enthalten.

- **Ziel:** Die Daten müssen aus der Tabelle in die Textfelder gelangen.

  Hinweis: Um evtl. mögliche Datenbankprobleme zu vermeiden, sollte nach jeder
  Programmänderung das aktuelle Formular geschlossen und erneut geöffnet werden.

⬭ **Anleitung**

☐ **ADODB-Datenbankobjekt einrichten**

- Damit die Daten in die Textfelder gelangen, muss eine Variable eingerichtet werden, in welcher die ganzen Tabellendaten abgebildet werden, damit im Programm auf diese Variable zugegriffen werden kann.

▣ **Formular1 : Formular**		
▶ Num:	121	
Bezeich:	PC	
Preis:	1700	
Lief-Nr:	811	

- Das 'Codier'-Fenster einblenden und in *[Allgemein] [Deklarationen]* mit der folgenden DIM-Zeile die Datenbankzugriffs-Variable *'tbArtikel'* neu einrichten. Diese nimmt als *'virtuelles Objekt'* die ADODB-Datensatzsammlung (Recordset) einer Tabelle auf, welche Teil der aktuellen **A**ctive**X** **D**ata **O**bjects-**D**aten**B**ank ist.
  Mit *DIM* wird eine Verbindung zur Datenquelle ermöglicht.

  DIM tbArtikel As New ADODB.Recordset

☐ **Objekt_Ereignis()-Programm und Prozedur schreiben**

- Im 'Codier'-Fenster das *Form*-Objekt und das *Load*-Ereignis auswählen, damit das folgende Programm erfasst werden kann:

> Durch die OPEN-Methode ① wird die genannte Tabelle der 'tbArtikel'-Recordsetvariablen zugewiesen. Dabei muss gesagt werden, dass die „Artikel"-Tabelle Teil der aktuellen Datenbank ist, d. h. mit dem laufenden Projekt verbunden ② ist. Mit *OPEN* kann auf die Datenquelle zugegriffen werden; danach kann mit *tbArtikel* so gearbeitet werden, als wären in ihr alle Daten aus der „Artikel"-Tabelle.

Private Sub Form_Load()   ①   ②
        tbArtikel.OPEN "Artikel", CurrentProject.Connection
        tbArtikel.MoveFirst ─ Den 1. Datensatz der Tabelle aktivieren.
            przZuweisen ─────── Eine Prozedur (ein Unterprogramm) aufrufen, mit der
End Sub   die Tabelleninhalte den Textfeldern zugewiesen werden.

- Im 'Codier'-Fenster unter die 'End Sub'-Zeile *Sub przZuweisen()* schreiben und mit *[⏎]* bestätigen, damit vor *End Sub* das folgende Programm erfasst werden kann:

Sub przZuweisen()
    txtNum.SetFocus
    txtNum.Text = tbArtikel!Num
    txtBezeich.SetFocus
    txtBezeich.Text = tbArtikel!Bezeich
    txtPreis.SetFocus
    txtPreis.Text = Str(tbArtikel!Preis)
    txtLief.SetFocus
    txtLief.Text = tbArtikel!Lief
End Sub

Erläuterung:
1. Mit der .SetFocus-Methode wird das davor genannte Objekt aktiviert.
2. Dem genannten Textfeld wird aus dem ADODB-Objekt der genannte Feldinhalt zugewiesen. Schreibweise:
   ADODB-Objekt!Feldname
3. In Textfeldern stehen nur Texte. Im Preis-Feld steht ein numerischer Wert, der durch die STR()-Funktion in einen Text (String) umgewandelt wird.

- Das Programm durch Wahl der *Formularansicht* starten und feststellen, dass ein einziger Datensatz ausgegeben wird.

98 Mit VBA programmieren - auf ein Datenbankobjekt zugreifen (Forts.)

Anleitung

□ **Blättern-Befehlsschaltflächen einrichten**

Formular1 : Formular

Num:	232
Bezeich:	Monitor
Preis:	700
Lief-Nr:	811

`<` `>`

- Im geöffneten Formular zur *Entwurfsansicht* wechseln, gegebenenfalls die Toolbox einblenden, hier das *'Befehlsschaltflächen'*-Symbol anklicken und die beiden kleinen Befehlsschaltflächen im Formular aufziehen.
- Jeweils in den Schaltflächentext klicken und ihn mit '<'bzw. '>' überschreiben.
- [<] markieren, das *'Eigenschaften'*-Fenster einblenden und im *'Alle'*-Register als neuen Namen *cmdRück* festlegen. Entsprechend [>] mit *cmdVor* benennen.

□ **Blättern-Befehlsschaltflächen programmieren**

- Mit 'tbArtikel.MoveFirst' wurde der 1. Datensatz der Tabelle aktiviert, der danach mit der Prozedur 'przZuweisen' in den Textfeldern des Formulars ausgegeben wurde. Entsprechend muss jetzt mit 'tbArtikel.MoveNext' weiter- bzw. mit 'tbArtikel.MovePrevious' zurückgeblättert werden, um den nächsten bzw. den vorhergehenden Datensatz zu aktivieren, der dann ebenfalls mit 'przZuweisen' ausgegeben wird.
- Damit in einem ADODB-Recordset geblättert werden kann, muss **vor** der OPEN-Methode mit der CursorType-Methode gesagt werden, dass sich der Datensatzzeiger dynamisch in alle Richtungen bewegen kann. Konkret: Das *'Codier'*-Fenster öffnen und die 'Form_Load'-Prozedur um die folgende CursorType-Zeile ergänzen:
  ⇨ *tbArtikel.**CursorType** = adOpenDynamic* ⇦ ⇦ ⇦ ⇦
     tbArtikel.OPEN "Artikel", CurrentProject.Connection
- Danach in der linken *'Objekt'*-Liste *cmdRück* wählen, rechts die *'Ereignis'*-Liste aufklappen und *Click* wählen, damit die folgenden Befehle erfasst werden können:

```
Private Sub cmdRück_Click()
    tbArtikel.MovePrevious
    If tbArtikel.BOF Then
        MsgBox "Anfang"
        tbArtikel.MoveFirst
    End If
    przZuweisen
End Sub
```

Sofern man mit 'MovePrevious' vor den ersten Datensatz zum datenlosen **'Begin of File'** zurückblättert, findet VBA keine Daten, was zu einer Fehlermeldung führen muss. Um diese Fehlermeldung zu verhindern, wird bei erfüllter 'If'-Frage eine Meldung ausgegeben und zum 1. Datensatz zurückgekehrt.

- In gleicher Weise *cmdVor* und *Click* wählen, um das folgende Programm zu erfassen:

```
Private Sub cmdVor_Click()
    tbArtikel.MoveNext
    If tbArtikel.EOF Then
        MsgBox "Ende"
        tbArtikel.MoveLast
    End If
    przZuweisen
End Sub
```

Sofern man mit 'MoveNext' hinter den letzten Datensatz zum datenlosen **'End of File'** vorblättert, findet VBA keine Daten, was zu einer Fehlermeldung führen muss. Um diese Fehlermeldung zu verhindern, wird bei erfüllter 'If'-Frage eine Meldung ausgegeben und zum letzten Datensatz zurückgekehrt.

- Das Programm testen und das ganze Formular speichern unter *Tabellenzugriff*.
- **Hinweis:** Reagiert eine Schaltfläche nicht auf den Klick, dann das Programm beenden, die Schaltfläche markieren, das 'Eigenschaften'-Fenster öffnen und sicherstellen, dass bei der *'Beim Klicken'*-Eigenschaft *[Ereignisprozedur]* eingetragen ist.

Anleitung

☐ Daten im Textfeld ändern

- Test: Ändern Sie die Bezeichnung eines Artikels und blättern Sie mit [>] weiter und danach mit [<] wieder zurück, dann werden Sie feststellen, dass nichts auf Dauer geändert wurde; d. h. die Änderung des Textfeldinhaltes wurde nicht in die Tabelle übernommen.

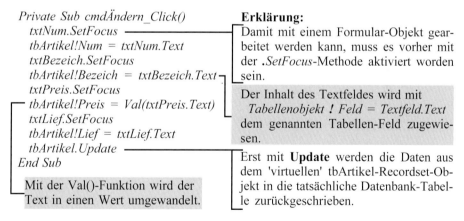

- Zur Programmänderung zurück zur *Entwurfsansicht* wechseln, nach Klick auf das *'Befehlsschaltflächen'*-Symbol der Toolbox eine Schaltfläche im Formular einfügen, in den Schaltflächentext klicken und ihn mit *'Änderung speichern'* überschreiben.

- Die Schaltfläche markiert belassen, das *'Eigenschaften'*-Fenster einblenden und im *'Alle'*-Register als neuen Namen *cmdÄndern* festlegen.

- Damit in einem ADODB-Recordset geändert werden kann, muss **vor** der OPEN-Methode mit der LockType-Methode gesagt werden, dass dies erlaubt sein soll. Konkret: Das *'Codier'*-Fenster mit 🖭 öffnen und die 'Form_Load'-Prozedur um die folgende LockType-Zeile ergänzen: tbArtikel.CursorType = adOpenDynamic

  ⇨ ⇨   ⇨   ⇨   ⇨   tbArtikel.***LockType***   = adLockOptimistic

- Danach in der *'Objekt'*-Liste *cmdÄndern* und in der *'Ereignis'*-Liste *Click* wählen, damit die folgenden Befehle erfasst werden können:

Private Sub cmdÄndern_Click()	**Erklärung:**
txtNum.SetFocus ———┐	Damit mit einem Formular-Objekt gearbeitet werden kann, muss es vorher mit der *.SetFocus*-Methode aktiviert worden sein.
tbArtikel!Num = txtNum.Text	
txtBezeich.SetFocus	
tbArtikel!Bezeich = txtBezeich.Text┐	
txtPreis.SetFocus	Der Inhalt des Textfeldes wird mit *Tabellenobjekt ! Feld = Textfeld.Text* dem genannten Tabellen-Feld zugewiesen.
┌ *tbArtikel!Preis = Val(txtPreis.Text)*	
txtLief.SetFocus	
tbArtikel!Lief = txtLief.Text	
tbArtikel.Update ———	Erst mit **Update** werden die Daten aus dem 'virtuellen' tbArtikel-Recordset-Objekt in die tatsächliche Datenbank-Tabelle zurückgeschrieben.
End Sub	
Mit der Val()-Funktion wird der Text in einen Wert umgewandelt.	

- Das Programm testen, d. h.
  - prüfen, ob die 'Beim Klicken'-Eigenschaft auf *[Ereignisprozedur]* steht,
  - Daten ändern (Preise ggf. mit Dezimal**punkt** eingeben),
  - auf die [Änderung speichern]-Schaltfläche klicken,
  - vor- und wieder zurückblättern und feststellen, dass die Änderung jetzt dauerhaft erhalten bleibt und
  - zur Kontrolle nochmals ändern und ohne [Änderung speichern] vor- und zurückblättern, um festzustellen, dass dann die Änderung nicht erhalten bleibt.

98 Mit VBA programmieren - auf ein Datenbankobjekt zugreifen (Forts.)

Anleitung

☐ **Neuen Datensatz anhängen**

- Test: Nach mehrfachem Klick auf [>] erscheint die 'Ende'-Meldungsbox, es ist aber nicht möglich, in leeren Textfeldern einen neuen Datensatz zu erfassen und zu speichern.
  Dies soll jetzt dadurch ermöglicht werden, dass

Tabellenzugriff : Formular

▶ Num: 121	Änderung speichern
Bezeich: PC	Neu Neu speichern
Preis: 1700	
Lief-Nr: 811	Löschen Ende
< >	

- durch die [Neu]-Schaltfläche alle Textfelder geleert werden und eine Neu-Eingabe ermöglicht wird und
- durch die [Neu speichern]-Schaltfläche die neu erfassten Daten in dem Recordsetobjekt gespeichert werden.

- Für die Programmänderung zur *Entwurfsansicht* wechseln, eine Befehlsschaltfläche im Formular einfügen und den Schaltflächentext mit *'Neu'* überschreiben. Danach im *'Eigenschaften'*-Fenster zu *'Alle'* wechseln und den Namen *cmdNeu* festlegen.

  Danach eine neue Befehlsschaltfläche einfügen, den Schaltflächentext mit *'Neu speichern'* überschreiben und als neuen Namen *cmdNeuSpeichern* bestimmen.

- Das *'Codier'*-Fenster öffnen, in der *'Objekt'*-Liste *cmdNeu* bzw. *cmdNeuSpeichern* und in der *'Ereignis'*-Liste jeweils *Click* wählen, damit die folgenden Prozeduren erfasst werden können:

```
Private Sub cmdNeu_Click()
    txtNum.SetFocus
    txtNum.Text = ""
    txtBezeich.SetFocus
    txtBezeich.Text = ""
    txtPreis.SetFocus
    txtPreis.Text = ""
    txtLief.SetFocus
    txtLief.Text = ""
    txtNum.SetFocus
End Sub
```

```
Private Sub cmdNeuSpeichern_Click()
    tbArtikel.MoveLast           ──── ②
    tbArtikel.AddNew             ──── ①
    txtNum.SetFocus              ──── ③
    tbArtikel!Num = txtNum.Text
    txtBezeich.SetFocus
    tbArtikel!Bezeich = txtBezeich.Text
    txtPreis.SetFocus
    tbArtikel!Preis = Val(txtPreis.Text)
    txtLief.SetFocus
    tbArtikel!Lief = txtLief.Text
    tbArtikel.Update
End Sub
```

Erklärung:

- In jedes Textfeld wird mit "" ein 'Leer'-Text geschrieben.
- Bevor ein Textfeld bearbeitet wird, ist es mit *SetFocus* zu aktivieren.
- Am Ende ist der Focus auf das erste Feld (txtNum) zu setzen.

① Mit **AddNew** wird eine neue Zeile an das 'virtuelle' Recordset-Objekt angehängt.
② Vorher wird der letzte Datensatz aktiviert.
③ Danach entsprechen die Befehle der 'Ändern'-Prozedur von der Vorseite.

- Die Programmänderung testen und zur Kontrolle in dem 'Tabellen'-Register des Datenbank-Fensters die 'Artikel'-Tabelle öffnen und die neuen Daten erkennen.

> **Anleitung**

□ **Datensatz löschen**

- Zum Löschen eines gerade aktivierten Datensatzes kann in dem VBA-gestalteten Formular eine [Löschen]-Befehlsschaltfläche eingerichtet werden, zu der eine entsprechende Löschen-Prozedur zu schreiben ist.

- Bei bereits geöffnetem Formular zur *Entwurfsansicht* wechseln, eine Befehlsschaltfläche im Formular einfügen und den Schaltflächentext mit *'Löschen'* überschreiben. Danach im *'Eigenschaften'*-Fenster zu *'Alle'* wechseln und den Namen *cmdLöschen* festlegen.

- Das *'Codier'*-Fenster öffnen, in der *'Objekt'*-Liste *cmdLöschen* und in der *'Ereignis'*-Liste *Click* wählen, damit die folgende Prozedur erfasst werden kann:

Private Sub cmdLöschen_Click()
   tbartikel.Delete
   tbartikel.MovePrevious
   If tbartikel.BOF Then
      tbartikel.MoveFirst
   End If
   przZuweisen
End Sub
	Erläuterung:
	Den aktuellen Datensatz löschen.
	Zum vorhergehenden Datensatz wechseln
	und ihn mit *przZuweisen* ausgeben, sofern
	nicht der datenlose 'Begin of File' erreicht
	wurde. War dies der Fall, dann zum neuen
	ersten Datensatz wechseln.

- Das Programm testen und zur Kontrolle in dem 'Tabellen'-Register des Datenbank-Fensters die 'Artikel'-Tabelle öffnen und überprüfen, ob der gelöschte Datensatz wirklich gelöscht ist.

□ **Form und Tabellenobjekt schließen**

- Bei bereits geöffnetem Formular zur *Entwurfsansicht* wechseln, eine Befehlsschaltfläche im Formular einfügen und den Schaltflächentext mit *'Ende'* überschreiben. Danach im *'Eigenschaften'*-Fenster zu *'Alle'* wechseln und den Namen *cmdEnde* festlegen.

- Das *'Codier'*-Fenster öffnen, in der *'Objekt'*-Liste *cmdEnde* und in der *'Ereignis'*-Liste *Click* wählen, damit die folgende Prozedur erfasst werden kann:

Private Sub cmdEnde_Click()
   DoCmd.Close acForm, "Tabellenzugriff" ——— ①
   tbArtikel.Close ——————————————— ②
End Sub
	Erläuterung:

Erläuterung:

① Nach 'DoCmd.Close' muss zuerst der Access-Objekttyp (AcTable für Tabelle, AcQuery für Abfrage oder AcForm für Formular) genannt werden und danach mit Komma getrennt das gewünschte Access-Objekt; hier also die gewünschte Form.

② Mit der Recordset.Close-Methode wird ein geöffnetes ADODB-Recordset geschlosssen. Das ist wichtig, damit ein erneutes Öffnen nicht zu Problemen führt.

99   Mit VBA programmieren - auf ein beliebiges Recordset zugreifen

Info

Soll statt der Lieferanten-Nummer der Lieferanten-Name gezeigt werden, so muss zusätzlich zur 'Artikel'-Tabelle noch auf den über die *'Lief'*-Nummer zugehörigen Datensatz der 'Lieferanten'-Tabelle zugegriffen werden.

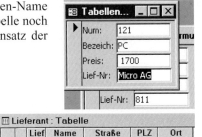

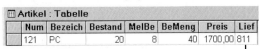

Diese Verbindung zwischen den beiden Tabellen ist durch einen SQL-Befehl möglich, der danach in den 'Set tbArtikel'-Zuweisungsbefehl zu integrieren ist.

Anleitung

- Bei bereits geöffnetem Formular zur *Entwurfsansicht* wechseln, das *'Codier'*-Fenster öffnen, in der *'Objekt'*-Liste *(Allgemein)* und in der *'Ereignis'*-Liste *(Deklarationen)* wählen und die folgende DIM-Zeile zusätzlich erfassen:

  Dim mSQL As String   ⇦   Damit wird eine Variable eingerichtet, die den SQL-Befehl als Text aufnehmen kann.

- Danach in der *'Objekt'*-Liste *Form* und in der *'Ereignis'*-Liste *Load* wählen und die bisherigen Prozedurzeilen wie folgt ändern, löschen oder ergänzen:

  Private Sub Form_Load()

  ...

  mSQL = "Select Num, Bezeich, Preis, Name From Artikel Inner Join Lieferant
  On Artikel.Lief = Lieferant.Lief Order by Num
  With OwneraccessOption;"

  ↳   Diese mSQL-Zeile **vor** der 'Open'-Zeile einfügen, wobei das entstehende Dynaset mit *Order by ..* geordnet und mit der *Owner-Access-Option* für Änderungszugriffe beliebiger Nutzer freigegeben wird.
  Die Zeile fortlaufend ohne Umbruch schreiben.

  tbArtikel.OPEN mSQL, CurrentProject.Connection

  ↳   In dieser Zeile statt mit *.OPEN "Artikel"* die Artikel-Tabelle mit *Open mSQL* jene Datensätze auswählen, die durch den SQL-Befehl bestimmt werden (⇨ S. 127).
  Auch diese Zeile fortlaufend ohne Umbruch erfassen.

- Sind die Befehle korrekt erfasst, dann die folgende *'przZuweisen'*-Zeile ändern:

  alt: *txtLief.Text = tbArtikel!Lief*   ⇨   **neu**: *txtLief.Text = tbArtikel!Name*

  Entsprechend muss bei cmdÄndern_Click und bei cmdNeuSpeichern_Click ein Zuück-Speichern-Befehl geändert werden: ⇨   **neu**: *tbArtikel!Name = txtLief.Text*

- **Achtung**: Werden in dem Dynaset Daten geändert, so wirkt sich dies auf die Ausgangstabellen aus. Löschen und Anfügen kann jedoch zu Problemen führen.

100 Mit VBA programmieren - auf ein Unterformular zugreifen

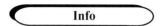
Info

Reine Formular-Lösung:

Wurde ein Unterformular in das Haupt-
formular gezogen (siehe S. 136), so
sucht Access automatisch das verbindende Feld (hier 'Lief'). Dies führt dazu,
dass beim 'Blättern' in dem Haupt-
formular im Unterformular nur die
über 'Lief' zugehörigen Daten gezeigt
werden.

VBA-Lösung:

① Der erste Zugriff erfolgt auf das Recordset
'Lieferant', zwischen dessen Datensätzen
mit den [<] [>] -Schaltflächen geblättert
werden kann.

② Zu der jeweils aktuellen 'Lief'-Nummer
werden aus der 'Artikel'-Tabelle die zugehörigen Artikel-Bezeichnungen ausgewählt und in einem Listenfeld ausgegeben.

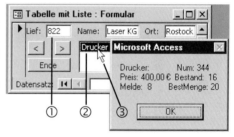

③ Nach Klick auf eine Bezeichnung werden alle Daten zu diesem Artikel in einer
Meldungsbox ausgegeben.

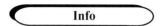
Anleitung

1. Neues Formular mit 3 Textfeldern und 3 Befehlsschaltflächen errichten, die Objekte
wie oben gezeigt einrichten, d. h. an die richtige Stelle schieben, in die richtige Größe
bringen, die Beschriftung der Bezeichnungsfelder und Befehlsschaltflächen erfassen
und Textfelder bzw. Befehlsschaltflächen wie folgt benennen:

   Texte: *txtLief, txtName, txtOrt*   Befehle: *cmdRück, cmdVor, cmdEnde*

2. In [Allgemein] [Deklarationen] die 'tbLieferant'-Objektvariable dimensionieren

   Dim tbLieferant As New ADODB.Recordset

   und danach in [Form] [Load] die Codierung zum Zugriff auf 'Lieferant' erfassen.

   Private Sub Form_Load()

   tbLieferant.CursorType = adOpenDynamic

   tbLieferant.LockType = adLockOptimistic
   tbLieferant.Open "Lieferant", CurrentProject.Connenction
   tbLieferant.MoveFirst
   przZuweisen

   End Sub

Anleitung

3. Die 'przZuweisen'-Prozedur erfassen:

Hinweise:

```
Sub przZuweisen()
    txtLief.SetFocus ────────────── 1. Bevor ein Textfeld bearbeitet wird, muss
    txtLief.Text = tbLieferant!Lief       es mit .SetFocus aktiviert werden.
    txtName.SetFocus
    txtName.Text = tbLieferant!Name
    txtOrt.SetFocus
    txtOrt.Text = tbLieferant!Ort
    mLief = tbLieferant!Lief ──────── 2. Diese Befehle erst einfügen, nachdem
    przBezSuchen ──────────────────      die Programmteile zu Punkt 7 erfasst
End Sub                                   wurden.
```

4. Die Prozeduren zum Rück- und Vorblättern und zum Beenden erfassen.

```
Private Sub cmdRück_Click()            Private Sub cmdVor_Click()
    tbLieferant.MovePrevious               tbLieferant.MoveNext
    If tbLieferant.BOF Then                If tbLieferant.EOF Then
        MsgBox "Anfang"                        MsgBox "Ende"
        tbLieferant.MoveFirst                  tbLieferant.MoveLast
    End If                                 End If
    przZuweisen                            przZuweisen
End Sub                                 End Sub
```

```
Private Sub cmdEnde_Click()
    DoCmd.Close acForm, "Tabelle mit Liste"
    tbLieferant.Close
End Sub
```

5. Das Formular unter dem Namen *'Tabelle mit Liste'* speichern.

6. Das Programm testen und problemlos innerhalb der Lieferant-Tabelle blättern. Danach in der Entwurfsansicht ein Listenfeld einrichten und es mit *lstArtBez* benennen.

7. In [Allgemein] [Deklarationen] des Code-Fensters die Textvariablen dimensionieren

   Dim mSQL As String, mLief As String   und die folgende Prozedur erfassen:

```
Sub przBezSuchen()
    mSQL = "select bezeich from Artikel where Lief =' " & mLief & " ' order by bezeich;"
    lstArtBez.RowSource = mSQL
End Sub
```

Info hierzu auf der nächsten Seite.

Editierhinweis: Vor und nach & Leertaste; zwischen ' und " keine Leertaste.

100   Mit VBA programmieren - auf ein Unterformular zugreifen (Fortsetzung)

Info

Erläuterung zu Punkt 7 der Vorseite:

- Der SQL-Befehl
  "Select Bezeich from Artikel where Lief = '811' order by Bezeich;"
  zeigt aus der Artikel-Tabelle nur die Bezeichnungen jener Artikel, welche im 'Lief'-Feld die Eintragung '811' haben.
- Mit
  mSQL = "Select.....
  wird dieser Befehl einer Textvariablen zugewiesen.
- Durch den Aufruf von mSQL in
  lstArtBez.RowSource = mSQL
  wird das Ergebnis des in mSQL gespeicherten Select-Befehls als 'Daten-Quelle' der neuen Listen-Reihe(n) an das Listenfeld angehängt.
- Sollen jedoch nicht nur die Daten von '811', sondern jene der aktuellen 'LiefNr' gezeigt werden, welche in *mLief* gespeichert sind, so gilt folgende Syntax-Regel:

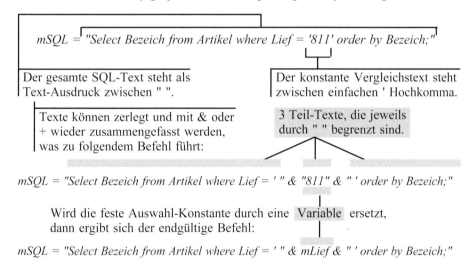

Anleitung

8. Sind alle Variablen dimensioniert und die Prozeduren korrekt erfasst, dann sollte der Test nach dem Programmstart erfolgreich verlaufen; d. h. man kann zwischen den Lieferanten 'blättern' und bekommt in dem Listenfeld die Artikelbezeichnungen jener Artikel angezeigt, die der jeweils aktuelle Lieferant liefert.

9. Sollen nach Klick auf die Artikelbezeichnung alle zugehörigen Daten gezeigt werden, so ist dies in einer besonderen *'lstArtBez_Click()'*-Prozedur zu programmieren. Hierzu den Test beenden, zur Entwurfsansicht wechseln und das Codier-Fenster öffnen.

100 Mit VBA programmieren - auf ein Unterformular zugreifen (Fortsetzung)

Anleitung

10. In [Allgemein] [Deklarationen] die DIM-Zeilen um die Dimensionierung der folgenden Variablen erweitern:

Erläuterung:

Dim tbArtikel As New ADODB.Recordset —— Als virtuelles Tabellen-Objekt.
Dim mBezeich As String, mNum As String, ⎤ Zur Aufnahme der Tabellendaten,
Dim mPreis As String, mBestand As String ⎬ um sie für die MsgBox zu einem
Dim mMelde As String, mBeMeng As String ⎦ Gesamt-String zusammenzufassen.

11. In der *'Objekt'*-Liste *lstArtBez* und in der *'Ereignis'*-Liste *Click* wählen und folgende Prozedurzeilen erfassen:

```
Private Sub lstArtBez_Click()
    mSQL ="select Num, Bezeich, Preis, Lief, Bestand, MelBe, BeMeng
            from Artikel                                                       ①
              where Lief =' " & mLief & " ' and Bezeich =' " & lstArtBez & " ' "
    tbArtikel.Open mSQL, CurrentProject.Connection                            ②
    mBezeich = tbArtikel!Bezeich
    mNum = tbArtikel!Num                                                       ③
    mPreis = Format(tbArtikel!Preis, "0.00")                                   ④
    mBestand = Str(tbArtikel!Bestand)
    mMelde = Str(tbArtikel!MelBe)                                              ⑤
    mBeMeng = Str(tbArtikel!BeMeng)
    MsgBox mBezeich + ":" + " Num: " + mNum + Chr(13) +
        "Preis: " + mPreis + " • " + " Bestand: " + mBestand + Chr(13) +       ⑥
        "Melde: " + mMelde + "    BestMeng: " + mBeMeng
    tbArtikel.Close                                                            ⑦
End Sub
```

Erläuterung:

① - Den mSQL-Befehl in eine Zeile schreiben.
  - Zwischen ' und " keine Leerstellen, wohl aber vor und nach &.
  - In der *where*-Bedingung wird geprüft, ob im 'Lief'-Feld der Inhalt von mLief **und** im 'Bezeich'-Feld der Inhalt des gerade angeklickten lstArtBez-Inhalts steht.

② Mit der OPEN-Methode ein ADODB-Recordset öffnen.

③ Die Textfeld-Inhalte aus dem Tabellen-Objekt werden den Text-Variablen zugewiesen.

④ Der Inhalt eines numerischen Feldes wird in einen formatierten Text umgewandelt und einer Textvariablen zugewiesen.

⑤ Die Inhalte der numerischen Felder werden in einen unformatierten Text umgewandelt und den Textvariablen zugewiesen.

⑥ Die Inhalte der Textvariablen, die konstanten Texte und die Zeilenumbrüche *Chr(13)* werden zu einem Gesamttext zusammengefasst und in der MsgBox ausgegeben.

⑦ Damit das Recordset in ② mit einer neuen SQL-Auswahl geöffnet werden kann, muss es nach Beendigung jeder Auswahl geschlossen werden.

101 Berichte erstellen

□ **Abfrage-Tabelle**

Bezeich	Bestand	Lief
PC	20	811
Monitor	14	811
Drucker	16	822
Drucker	10	833
Modem	3	833

Eine Abfrage-Tabelle zeigt die Daten relativ unstrukturiert.

Ein Bericht, vor allem mit Gruppierung, ist übersichtlicher und damit für den Anwender informativer.

□ **Bericht mit Gruppierung**

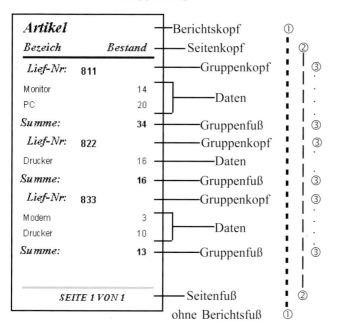

Hinweise:

① Berichtskopf und -fuß erscheinen nur je einmal pro Bericht.

② Seitenkopf und -fuß erscheinen pro Seite je einmal.

③ Gruppenkopf und -fuß erscheinen pro Gruppe einmal.

· Hier wird nach Lief-Nummer gruppiert und pro Gruppe die Bestandssumme gebildet.

• Im Datenbank-Fenster der BETRIEB-Datenbank zum *Berichte-Objektblatt* wechseln, *[Neu]* anklicken, im *'Neuer Bericht'*-Fenster *'AutoBericht: Tabellarisch'* markieren, nach *Klick* auf den Listenpfeil als *Datenbasis 'Artikel'* wählen und mit *[OK]* bestätigen, damit der nebenstehende Bericht erscheint, der alle Tabellendaten enthält (evtl. ungeordnet).

Artikel

Num	Bezeich	Bestand	MelBe	BeMeng	Preis	Lief
121	PC	20	8	40	1700,00	811
232	Monitor	14	8	20	700,00	811
344	Drucker	16	8	20	400,00	822
354	Drucker	10	6	20	1100,00	833
522	Modem	3	4	5	550,00	833

101 Berichte erstellen (Fortsetzung)

<Anleitung>

- Im *'Ansicht'*-Menü zur *'Entwurfsansicht'* wechseln, mit Klick auf das *'Sortieren und Gruppieren'*-Symbol ① das entsprechende Fenster einblenden.
- Nach *Klick* auf den Listenpfeil ② das *Feld wählen*, nach dem gruppiert werden soll.
- In Gruppenkopf und -fuß ③ mit dem Listenpfeil von 'Nein' auf *'Ja'* wechseln, damit die Bereiche ④ über und unter dem Detailbereich eingefügt werden.

- Das *'Sortieren und Gruppieren'*-Fenster schließen, zur *'Seitenansicht'* wechseln und feststellen, dass die Daten jetzt zwar nach 'Lief'-Nummern geordnet sind, aber noch keine Gruppen-Überschriften und keine Gruppen-Zusammenfassungen erfolgt sind.

- Gruppen-Überschrift im Gruppenkopf einrichten:
  Im *Entwurf* mit *Klick* auf ⑤ die Feldliste einblenden, auf das *'Lief'*-Gruppierfeld zeigen und es bei gedrückter Maustaste an die 3-cm-Marke des 'Lief-Kopfbereichs' ziehen.
  Den vorgesetzten Bezeichnungsbereich (Text19) mit *Klick* markieren, in den Text doppelklicken, ihn dann ersetzen, z. B. mit *Lief-Nummer,* und mit *[↵]* abschließen.

- Gruppen-Zusammenfassung im Gruppenfuß einrichten:
  Mit ⑥ die Toolbox einblenden, *[ab]*-Textfeld markieren und an der 3-cm-Marke des *'Lief-Fußbereichs'* mit *Klick* ein Textfeld (inkl. zugehörigem Bezeichnungsfeld) errichten.

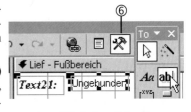

  Den vorgesetzten Bezeichnungsbereich (Text21) mit *Klick* markieren, in den Text doppelklicken, ihn mit *Summe* ersetzen und mit *[↵]* abschließen.

  Danach in das *ungebundene* Textfeld klicken, mit erneutem *Klick* den Schreibcursor aktivieren und die folgende Formel erfassen:

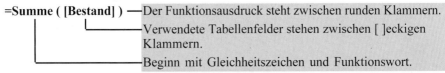

=Summe ([Bestand]) —— Der Funktionsausdruck steht zwischen runden Klammern.

—— Verwendete Tabellenfelder stehen zwischen [ ]eckigen Klammern.

—— Beginn mit Gleichheitszeichen und Funktionswort.

Anleitung

- *Seitenansicht* oder *Layout-Vorschau* zeigen jetzt einen ordentlichen Bericht, der allerdings immer noch alle Tabellen-Felder enthält.

- Im Seitenkopf- und Detail-Bereich Überschriften und Feldinhalte löschen:

  Zur *Entwurfsansicht* wechseln, das zu löschende Element mit *Klick* markieren und es mit der *[Entf]*-Taste löschen.

  Darauf achten, dass Seitenkopf-Überschriften ① und die dazu gehörenden ② Detailbereich-Feldinhalte zusammenpassend gelöscht werden.

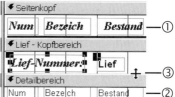

- Erweist sich ein Bereich als zu hoch, dann mit dem Mauszeiger auf die folgende Trennlinie zeigen, damit er zum Doppelpfeil ③ wird und bei gedrückter Taste nach oben ziehen, damit der Bereich kleiner wird. Enthält der Bereich keine Daten (z. B. Berichtsfuß), dann kann man seine Höhe auf Null reduzieren.

- Im Seitenkopf- und Detail-Bereich Überschriften und Feldinhalte verschieben:

  In der Entwurfsansicht auf das zu verschiebende Element klicken, damit der Mauszeiger zur *offenen Hand* wird, und bei gedrückter Maustaste an die gewünschte Stelle schieben.

  Nachträglich erhält man die *offene Hand*, indem man auf eine *Seitenlinie* des markierten Elements zeigt.

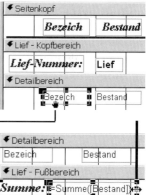

- Darauf achten, dass bei rechtsbündigen Zahlendarstellungen die rechten Textfeldränder bündig in einer Fluchtlinie untereinander angeordnet sind.

  Hierzu die Feldbreite dadurch verändern, dass auf einen mittleren Anfasserpunkt des rechten Textfeldrandes gezeigt wird, damit der Mauszeiger sich in einen Doppelpfeil verwandelt und danach in die gewünschte Richtung gezogen wird.

- Zur *Seitenansicht* wechseln, die Berichtdarstellung überprüfen, ggf. zur *Entwurfsansicht* zurückwechseln und hier so lange verschieben und evtl. auch in der *'Formatierung'*-Symbolleiste eine andere Schriftgröße (*Schriftgrad von 8 bis 72 Punkt*) oder **fett**, *kursiv* oder <u>unterstrichen</u> wählen.

- Felder und Überschriften nachtragen, sofern sie versehentlich gelöscht wurden:

  - Felder: In der Entwurfsansicht die Feldliste einblenden, das gewünschte Feld in den Detailbereich ziehen, das zugehörige Bezeichnungsfeld anklicken und mit *[Entf]* entfernen. Danach das Feld an die gewünschte Stelle ziehen und in der Größe und Form an den Bericht anpassen.

  - Überschriften: In der Entwurfsansicht die *Toolbox* einblenden, Bezeichnungsfeld anklicken, im Seitenkopf aufziehen und sofort den Text erfassen.

102 Datenaustausch zwischen ACCESS und EXCEL

Anleitung

☐ **Ziel: Die 'Artikel'-Tabelle soll nach Excel exportiert werden.**
- Im Datenbankfenster die gewünschte Tabelle ① oder Abfrage markieren.
- *'Datei' 'Exportieren...'* wählen.
- Im *'Exportieren von Tabelle 'Artikel' nach ...'*-Fenster

 * Laufwerk und Ordner bestimmen,
 * als Dateityp *'Excel 97-2002'* wählen,
 * den Dateinamen bestätigen oder neu bestimmen und
 * *formatiert* ☐ ablehnen oder ☑ bestätigen.
 * Nach *[Exportieren]* oder *[⤸]* wird eine Excel-Tabelle erstellt, die in Excel geöffnet und bearbeitet werden kann. Eine Verknüpfung zu Access besteht jedoch **nicht**.

vereinfachte Alternative:
- Im Datenbankfenster die gewünschte Tabelle ① oder Abfrage markieren.
- Die *'Office Verknüpfungen'*-Liste ② aufklappen und ③ *'Analysieren '* wählen.
 Folge: Es wird eine Excel-Tabelle mit dem Namen der exportierten Tabelle in dem gerade aktiven Laufwerk/Ordner erstellt.

☐ **Ziel: Die Excel-Tabelle 'Verkauf' soll in Access importiert werden.**
- Die Excel-Tabelle, mit den Feldnamen in der 1. Zeile, **speichern**!
- Im *Datenbank*-Fenster von Access die Befehlsfolge *'Datei'* *'Externe Daten'* *'Importieren...'* wählen.
- Im *'Importieren'*-Fenster
 * Laufwerk/Ordner der zu wählenden Tabellen-Datei bestimmen,
 * den Dateityp *'Microsoft Excel'* wählen,
 * in der Excel-Dateiliste die gewünschte Datei markieren und *[Importieren]*.
- In dem ersten *'Importassistent'*-Fenster bestimmen, dass die Daten aus *Tabelle1* zu entnehmen sind und nach jeweiligem *[Weiter >]* folgendes festlegen:
 * festhalten, dass die *'☑ Erste Zeile Spaltenüberschriften enthält'* ,
 * bestimmen, dass die Daten *'⊙ In einer neuen Tabelle'* zu speichern sind,
 * für jedes Feld (Wahl durch Klick in die Feldspalte) festlegen, ob es ein *Indexfeld* ist (in der Regel nicht) und ob es evtl. nicht ausgewählt werden soll, d. h. nicht nach Access übernommen werden soll,
 * den *Primärschlüssel* als *ID* setzen oder *ein* bzw. *kein Primärschlüsselfeld* wählen und
 * abschließend den Tabellennamen eingeben und *[Fertig stellen]*.
- Nach einer Erfolgsmeldung erscheint die neue Tabelle in dem Datenbank-Fenster.

☐ **Die Excel-Tabelle 'Verkauf' soll mit Access verknüpft werden.**
Wird die Befehlsfolge *'Datei' 'Externe Daten' 'Tabellen verknüpfen ...'* gewählt, so wird die erstellte Tabelle in Access durch einen schwarzen Pfeil besonders gekennzeichnet.
Wichtig: Die so verknüpften Tabellen passen sich jeweils gegenseitig an die im anderen Programm erfolgten Änderungen an.

Anleitung

Die Daten der Artikel-Tabelle müssen um die Daten der Verkauf-Tabelle korrigiert werden.

Problem: Die Tabellen befinden sich in verschiedenen Datenbanken.

☐   **Tabellen aus der anderen Datenbank importieren**

- Die Datenbank, aus der importiert werden soll, auf jeden Fall schließen.
- Im Datenbank-Fenster *'Datei' 'Externe Daten' 'Importieren...'* wählen.
- Im *'Importieren'*-Fenster
  * Laufwerk und Ordner der zu wählenden Datenbank-Datei bestimmen,
  * den *'Microsoft Access'* - Dateityp wählen und dann
  * die *Datenbank-Datei* markieren, aus der die Tabelle importiert werden soll.
- Nach *[Importieren]* kann im *'Objekt importieren'*-Fenster die gewünschte Tabelle markiert und mit *[OK]* importiert werden.

Ergebnis: Die importierte Tabelle kann genutzt und geändert werden, wobei sich die Änderungen **nicht** auf die Ursprungstabelle auswirken, d. h. gleiche Tabellen haben in verschiedenen Datenbanken evtl. **verschiedene** Inhalte, was negative Folgen haben kann.

☐   **Tabellen mit den Tabellen einer anderen Datenbank verknüpfen**

- Die Datenbank, mit der eine Verknüpfung hergestellt werden soll, auf jeden Fall schließen.
- Im Datenbank-Fenster *'Datei' 'Externe Daten' 'Tabellen verknüpfen...'* wählen.
- Im *'Verknüpfen'*-Fenster
  * Laufwerk und Ordner der zu wählenden Datenbank-Datei bestimmen,
  * den *'Microsoft Access'* - Dateityp wählen und dann
  * die *Datenbank-Datei* markieren, mit deren Tabelle verknüpft werden soll.
- Nach *[Verknüpfen]* kann im *'Tabellen verknüpfen'*-Fenster die gewünschte Tabelle markiert und mit *[OK]* verknüpft werden.

Ergebnis: Die verknüpfte Tabelle wird in dem Datenbankfenster durch einen schwarzen Pfeil gekennzeichnet. Sie kann genutzt und geändert werden, wobei sich die Änderungen auf die Ursprungstabelle **auswirken**, was für die Datensicherheit positiv zu bewerten ist.

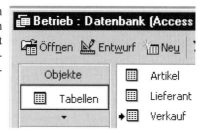

104 WORD laden und schließen

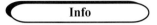
Anleitung

☐ Word laden

- Word gemäß Kapitel 3 (Seite 12) laden.
- Den Aufgabenbereich mit der Befehlsfolge *'Ansicht' 'Symbolleisten' 'Aufgabenbereich'* ausblenden.

Info

☐ **Word-Bildschirm:** Word meldet sich mit dem leeren 'Dokument 1'-Bildschirm.

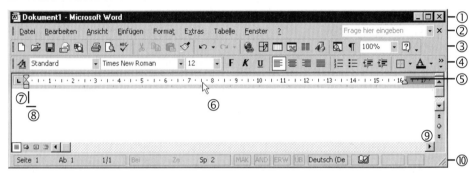

Das Word-Fenster besteht aus
① Titelzeile mit System-Menüfeld, Titel, Minimieren-, Maximieren- und Schließenfeld,
② Menüleiste mit den Befehlen und dem Dokument-Schließenfeld,
③ Funktionsleiste und ④ Formatierungsleiste,
⑤ Lineal zur Bestimmung von Seitenbreite, Einzügen und Tabulatoren,
⑥ Mauszeiger,
⑦ Eingabemarke (hier erscheint der Text) und ⑧ Ende-Marke (zeigt das Dokument-Ende),
⑨ horizontaler und vertikaler Bildlaufleiste mit Bildlauffeld und Bildlaufpfeilen und
⑩ Statusleiste mit aktuellen Bearbeitungshinweisen.

☐ **Dokumentfenster schließen/öffnen und Word beenden**

Schließen
① *Klick* auf das ☒ Schließen-Symbol oder
② im *'Datei'*-Menü *'Schließen'* wählen.

Öffnen eines neuen Dokuments
③ Das *'Neu'*-Symbol anklicken oder
④ im *'Datei'*-Menü *'Neu'* wählen.

Word beenden
⑤ *Doppelklick* in das System-Menüfeld des Word-Fensters oder
⑥ *Klick* auf dessen ☒ Schließen-Symbol oder *[Alt] [F4]* drücken.

105   Texteingabe und -korrektur

Anleitung

Erfassen Sie den folgenden fehlerhaften Text und beachten Sie dabei den Textinhalt und die unter dem Text stehenden Informationen.

Nach der Texterfassung verbessern Sie die Fehler und beachten hierzu besonders die Informationen ③ bis ⑦.

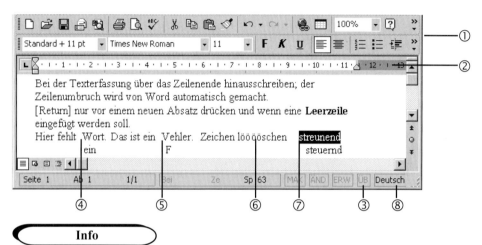

Info

① Symbolleisten im *'Ansicht'*-Menü im *'Symbolleisten'*-Dialogfeld mit Mausklick ein- und ausschalten.

② Lineal im *'Ansicht'*-Menü mit Mausklick ein- und ausschalten.

③ Darauf achten, dass der *[ÜB]*-Überschreib-Modus nicht aktiviert ist. Wechsel mit der *[Einfg]*-Taste oder mit *Doppelklick* auf das Symbol in der Statuszeile.

④ Text einfügen: Die Einfügestelle mit *Klick* markieren und den fehlenden Text nachtragen.

⑤ Verbessern: Hinter die Verbesserungsstelle klicken, mit der *[Rück]*-Taste den falschen Buchstaben löschen und korrekt weiterschreiben.

⑥ Zeichen löschen: Hinter die zu löschenden Zeichen klicken und mit der *[Rück]*-Taste löschen.

⑦ Fehler überschreiben: Falschen Text markieren (an Wortanfang klicken, bei gedrückter Maustaste bis zum Wortende ziehen) und richtig überschreiben oder

                                mit rechtem Klick ein Kontextmenü aufklappen, das das korrekte Wort zeigt bzw. nach *'Synonyme'* eine mögliche Wortauswahl präsentiert.

⑧ Schreibprüfung: Mit *Doppelklick* aktivieren und

                                '☐ prüfen' oder '☑ nicht prüfen' wählen.

106 Textdokument speichern und öffnen

Anleitung

☐ Dokument speichern

Mit *'Datei' 'Speichern unter'* oder mit *Klick* auf [☐] das nebenstehende Dialogfeld öffnen, nach *Klick* auf den Listenpfeil ① *Laufwerk* und *Ordner* wählen, mit *[Tab]* zum Dateiname-Feld wechseln und den unterlegten Dateinamen *(Textanfang)* mit dem gewünschten Dateinamen *(TEST)* überschreiben. Nach *[⏎]* oder *Klick* auf *[Speichern]* wird gespeichert und der Name in die Titelzeile des Dokuments geschrieben. Zu 'Speichern unter' siehe auch Kapitel 6 (S. 15).

☐ Dokument öffnen

Mit *'Datei' 'Öffnen'* oder mit *Klick* auf das *[☐] Öffnen-Symbol* das nebenstehende Dialogfeld öffnen:

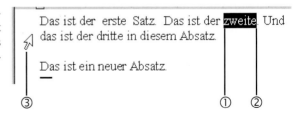

① Mit *Klick* auf den Listenpfeil die Liste öffnen und das richtige Laufwerk wählen.

② Danach mit *Doppelklick* den gewünschten Ordner aktivieren, der dann in dem Listenfeld ③ erscheint.

④ Schließlich die gewünschte Datei mit *Doppelklick* oder *[Öffnen]* wählen.
  ⊠ Weitere Infos: Kapitel 7 (S. 16)

107 Texte markieren, bearbeiten und formatieren

Anleitung

Den nebenstehenden Text erfassen und vor dem letzten Satz mit zweifachem *[⏎]* dafür sorgen, dass dieser letzte Satz einen neuen Absatz bildet.

> Das ist der erste Satz. Das ist der **zweite**. Und das ist der dritte in diesem Absatz.
>
> Das ist ein neuer Absatz.

☐ Texte markieren

Beliebige Textabschnitte:

• Mauszeiger vor den Anfang setzen ①,
• bei gedrückter Maustaste bis zum Ende ziehen ② und dann loslassen.

Feste Textabschnitte:

• siehe nächste Seite

107 Texte markieren, bearbeiten und formatieren (Fortsetzung)

☐ **Texte markieren - Feste Textabschnitte:**

* Wort: *Doppelklick*
* Satz: *Einfachklick* bei gedrückter *[Strg]*-Taste.
* Gruppe: Mauszeiger links vor den Text setzen, damit er zum Pfeil wird ③, und
  - Zeile: *Einfachklick,*
  - Absatz: *Doppelklick* oder
  - Gesamttext: *Einfachklick* bei gedrückter *[Strg]*-Taste.

> Die Nummer gehört zum letzten Bild der Vorseite.

☐ **Markierten Text löschen**

Nach der Markierung mit der *[Entf]*-Taste löschen; rückgängig machen mit *[Alt] [Rück]* oder *Klick* auf das *'Rückgängig'*-Symbol.

☐ **Markierten Text hervorheben**

Nach der Markierung auf das entsprechende Symbol klicken; erneuter *Klick* macht die eine Hervorhebung rückgängig; *[Strg] [Leer]* macht alle Hervorhebungen rückgängig.

fett   *kursiv*   <u>unterstrichen</u>

Hinweis: Text von Anfang an hervorheben

Werden die Formatierungs-Symbole vor der Texterfassung aktiviert, dann wird sofort formatiert und es erübrigt sich der nachträgliche Formatiervorgang.

☐ **Textreihenfolge ändern**

① Den zu verschiebenden Text markieren.
② Das *'Ausschneiden'*-Symbol anklicken oder *'Bearbeiten' 'Ausschneiden'* wählen oder *[Strg] [x]* .
③ Die Einfügestelle mit *Mausklick* markieren.
④ *'Einfügen'*-Symbol anklicken oder *'Bearbeiten' 'Einfügen'* oder *[Strg] [v]* .

Text mit 'Drag & Drop' verschieben

Den Text ① markieren; danach mit dem Mauszeiger so auf die Markierung zeigen, dass er zum Zeigepfeil wird ⑥, und danach bei gedrückter Maustaste bis zur Einfügestelle ziehen und dort ③ die Maustaste loslassen.

☐ **Texte kopieren**

Den Text ① markieren und danach das ⑤ *'Kopieren'*-Symbol anklicken. Jetzt die Einfügestelle markieren und das ④ *'Einfügen'*-Symbol anklicken.

Text mit 'Drag & Drop' kopieren

Den Text ① markieren; danach mit dem Mauszeiger so auf die Markierung zeigen, dass er zum Zeigepfeil wird ⑥, und danach bei **gleichzeitig** gedrückter *Maus*- und *[Strg]*-Taste zur Einfügestelle ziehen und dort *zuerst die Maustaste loslassen.*

In allen Fällen erscheint ein **Smarttag**, das die schnelle Auswahl zwischen verschiedenen Kopier- oder Verschiebe-Optionen erlaubt.

108 Absätze gestalten

Anleitung

Den Text ① erfassen und dabei die [Umschalt]/[Return]-Hinweise beachten, aber nicht schreiben. Danach die Absätze gemäß den folgenden Informationen ausrichten.

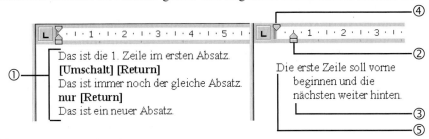

□ Absatz-Bündigkeit

Achtung: Zur Absatzgestaltung muss der Absatz <u>nicht</u> markiert sein; man muss nur *in den Absatz klicken* und danach das gewünschte Symbol anklicken.

Blocksatz
rechtsbündig
zentriert
linksbündig

□ Erstzeilen-Einzug

Einen mehr als einzeiligen Text erfassen und gemäß folgender Info gestalten:

• Mit dem Absatz-Schieberegler ② bestimmt man den grundsätzlichen Zeilenanfang des Absatzes ③.
• Mit dem Erstzeilen-Schieberegler ④ bestimmt man, ob die erste Zeile ⑤ vor, mit oder nach dem Absatz beginnt.

Bedienung: Nach *Klick* in den Absatz mit dem Mauszeiger auf den Schieberegler zeigen und bei gedrückter Maustaste in die gewünschte Richtung ziehen.

109 Silbentrennung und geschützte Leerstellen

Anleitung + Info

Den neben gezeigten Satz erfassen, in *'Ansicht'* zu *'Seitenlayout'* wechseln und in der Linealzeile den rechten Seitenrand so weit verschieben, dass das letzte Wort nicht mehr in die Zeile passt.

Das ist ein Supercomputerfachbuch.

Am Zeilenende automatischer Umbruch, sofern das Wort nicht mehr in die Zeile passt.

Das ist ein Supercomputer-fachbuch. Die Zeile ist nur 4,5 cm lang.

An Trennstelle klicken; mit *[Strg] [-]* **manuell** trennen.

Das ist ein Supercomputer-fachbuch. Die Zeile ist nur 4,5 cm lang.

Soll hier nicht getrennt werden, dann mit *[Strg] [⇧]* *[Leer]* eine 'geschützte Leerstelle' schreiben.

Zusatz: Die manuelle Trennung wird überflüssig, wenn in *'Extras' 'Sprache' 'Silbentrennung...'* die *'automatische Silbentrennung'* eingeschaltet wird.

(**Anleitung**)

☐ **Tabulatoren setzen**
* Grundsätzlich **vor** der Erfassung der Tabellen-Daten; nachträglich ist es auch möglich, sofern die Tabelle vorher markiert wird.
* Links neben dem Lineal so lange in das Tab-Feld ① klicken, bis das gewünschte Tab-Symbol erscheint.
* Im Lineal an die gewünschte Stelle ② klicken, damit das Tab-Symbol gesetzt wird.

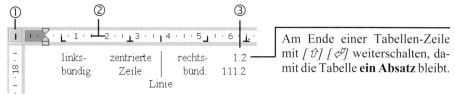

Am Ende einer Tabellen-Zeile mit [⇧] [↵] weiterschalten, damit die Tabelle **ein Absatz** bleibt.

* **Wichtig:** Bei der Eingabe der Dezimalwerte ③ darauf achten, dass der Dezimal-Tabulator nur funktioniert, wenn das Dezimaltrennzeichen genutzt wird, das in Windows eingestellt wurde (Komma oder Punkt).

☐ **Tabulatoren verschieben und löschen**
* Verschieben: Tabulator-Tabelle markieren, im Lineal auf die zu verschiebende Tab-Marke zeigen und bei gedrückter Maustaste in die gewünschte Richtung verschieben.
* Löschen: Tabulator-Tabelle markieren, im Lineal auf die zu löschende Tab-Marke zeigen und bei gedrückter Maustaste nach unten aus dem Lineal ziehen.

☐ **'Tabelle einfügen'-Symbol verwenden**

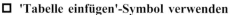
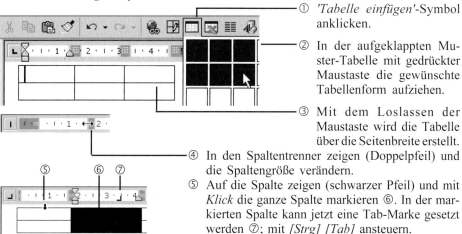

① *'Tabelle einfügen'*-Symbol anklicken.
② In der aufgeklappten Muster-Tabelle mit gedrückter Maustaste die gewünschte Tabellenform aufziehen.
③ Mit dem Loslassen der Maustaste wird die Tabelle über die Seitenbreite erstellt.
④ In den Spaltentrenner zeigen (Doppelpfeil) und die Spaltengröße verändern.
⑤ Auf die Spalte zeigen (schwarzer Pfeil) und mit *Klick* die ganze Spalte markieren ⑥. In der markierten Spalte kann jetzt eine Tab-Marke gesetzt werden ⑦; mit [Strg] [Tab] ansteuern.

* **Dateneingabe:** Von Feld zu Feld mit *[Tab]*; zurück mit [⇧] *[Tab]*.
* **Achtung:** - Eingabe-Abschluss mit [Return] führt zu zweizeiligem Feld.
   - *[Tab]* nach dem letzten Feld der letzten Zeile hängt eine neue Zeile an.
* **'Tabelle':** Mit dem 'Tabelle'-Befehl können weitere Befehle aufgerufen werden.

111 Aufzählungen und Sonderzeichen

Anleitung

☐ **Aufzählung nummerieren**

Die Nummerierung kann auf zwei Wegen erreicht werden:

- Vor der Texterfassung das Symbol anklicken oder
- den erfassten Text markieren und danach das Symbol anklicken.

☐ **Aufzählung gliedern**

- Tiefer stufen: Den Schreibcursor *vor* das Wort *Mimik* setzen und und mit *[Tab]* tiefer stufen.
  Folge: Der Zeile wird ein Unterpunkt vorangestellt und die Nummerierung der Folgezeile wird entsprechend geändert.
- Höher stufen: Den Schreibcursor *vor* den Textbeginn und gleichzeitig *[Umschalt ⇧] [Tab]*.
  Folge: Die Tieferstufung wird zurückgenommen.

☐ **Nummerierung in Aufzählungszeichen umwandeln**

- Den bereits gegliederten Text markieren und das *'Aufzählungszeichen'*-Symbol anklicken

☐ **Aufzählungszeichen wechseln**

- Den gegliederten Text markieren und nach der Befehlsfolge *'Format'* *'Nummerierung und Aufzählungszeichen...'* im *'Gliederung'*-Register eine Auswahl treffen.

☐ **Sonderzeichen in den Text einfügen**

- Die Einfügestelle markieren,
- die Befehle *'Einfügen'* *'Symbol'* wählen,
- in dem Fenster das gewünschte Register aufklappen,
- nach *Klick* auf den Listenpfeil die gewünschte Schriftart wählen,
- das Symbol markieren und *[Einfügen]* und
- danach das Fenster *[Schließen]*.

Zusatz: LMAA bedeutet 'Lächle mehr als andere'.

Präsentatio (beside list)

1) Blickkor
2) LMAA –
3) Körpersp
4) Mimik
5) Gestik
6) Störunge

Präsentations-Verhalten
Blickkontakt
LMAA – Haltung
Körpersprache einsetzen
Mimik
Gestik
Störungen gekonnt handeln

Präsentations-Verhalten
1) Blickkontakt
2) LMAA – Haltung
3) Körpersprache einsetzen
3.1. Mimik
3.2. Gestik
4) Störungen gekonnt handeln

Präsentations-Verhalten
• Blickkontakt
• LMAA – Haltung
• Körpersprache einsetzen
• Mimik

Präsentations-Verhalten
❖ Blickkontakt
❖ LMAA – Haltung
  ➤ Körpersprache einsetzen
    ▪ Mimik
❖ Gestik
❖ Störungen gekonnt handeln

Präsentations-Verhalten
❖ Blickkontakt
❖ LMAA – Haltung
  ➤ Körpersprache einsetzen
  ➤ Mimik
❖ Gestik
❖ Störungen gekonnt ☺ handeln

112 Kopf- undFußzeile

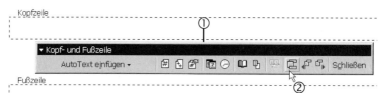

- Mit *'Ansicht'* *'Kopf- und Fußzeile'* das obige Fenster einblenden.
- Kopfzeilentext eintragen bzw. *'Nummern'*- oder *'Datum'*-Symbol ① nutzen.
- Mit ② zur *'Fußzeile'* wechseln und den Fußzeilentext erfassen.
- Fenster *[Schließen]* und wieder zur Normal- oder Layout-Ansicht zurück.

Merke: linksbündig (ohne *[Tab]*); zentriert (*[Tab]*); rechtsbündig (*[Tab] [Tab]*)

113 Seitenumbruch

Einen längeren Text erfassen bzw. den folgenden Kurztext erfassen und in der *'Seiten-Layout'*-Ansicht mit *Lineal* im waagerechten Zeichen- und im senkrechten Zeilenlineal die Seite auf etwa 4 * 4 cm zusammenschieben. Anschließend folgende Infos beachten.

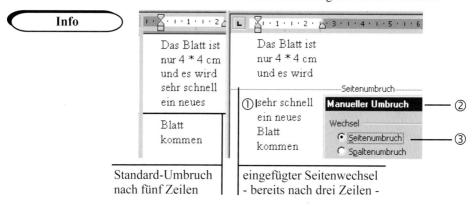

Das Blatt ist nur 4 * 4 cm und es wird sehr schnell ein neues

Blatt kommen

Standard-Umbruch nach fünf Zeilen

Das Blatt ist nur 4 * 4 cm und es wird

① sehr schnell ein neues Blatt kommen

eingefügter Seitenwechsel - bereits nach drei Zeilen -

Seitenumbruch

Manueller Umbruch — ②

Wechsel

⊙ Seitenumbruch — ③
○ Spaltenumbruch

☐ **Einfügen eines Seitenumbruchs**
- *'Ansicht'* *'Normal'* einstellen,
- die Stelle ① anklicken, vor der der Wechsel eingefügt werden soll,
- *'Einfügen'* *'Manueller Umbruch ...'* wählen, damit Fenster ② erscheint,
- *'Seitenumbruch'* ③ einschalten und mit *[OK]* oder *[⏎]* bestätigen.

☐ **Schnellumbruch**
Die Stelle, vor der der Wechsel eingefügt werden soll, anklicken und mit *[Strg] [⏎]* einen Seitenwechsel einfügen.

☐ **Seitenwechsel rückgängig machen**
- direkt nach dem Einfügen: *Klick* auf das *'Rückgängig'*-Symbol.
- später: Beginn der Folgezeile markieren und *[⇐]*-Taste drücken.

114 Textbausteine

(**Anleitung**)

□ **Textbausteine erfassen**

- Die Textbausteine ① im normalen Dokument als normale Texte erfassen.
  Diese Texte sollen später durch die Kurznamen *'a1 bis e2'* ② aufgerufen werden.

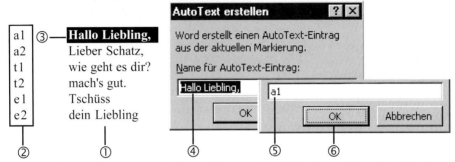

- Zur Benennung einen Baustein ③ markieren und mit *'Einfügen' 'AutoText' 'Neu'* das obige Fenster öffnen.
- Der markierte Text erscheint schwarz unterlegt ④ in der 'Name'-Zeile.
- Den Text mit dem gewünschten Namen, z. B. *a1*, überschreiben ⑤.
- Mit *Klick* auf ⑥*[OK]* die Erfassung eines Textbausteins beenden und eine mögliche Sicherheitsfrage mit *[Ja]* beantworten.
- Die Schritte ③ bis ⑥ mit allen Bausteinen wiederholen.

□ **Textbausteine nutzen**

- Bausteinname bekannt:
  Kurzname in das Dokument eintippen und mit *[F3]* in den Text umwandeln.
- Bausteinname unbekannt:
  - Mit *'Einfügen' 'AutoText' 'AutoText...'* im 'Autokorrektur'-Fenster das 'AutoText'-Register aufrufen,
  - im oberen Fenster die Textbaustein-Namen anklicken und im unteren 'Vorschau'-Fenster die zugehörigen Texte sehen und
  - den gewünschten Baustein mit der *[Einfügen]*-Schaltfläche in den laufenden Text einfügen.

□ **Textbausteine bearbeiten**

- löschen: Nach *'Einfügen' 'AutoText' 'AutoText...'* im *'AutoText'*-Register den Baustein markieren und *[Löschen]*.
- umbenennen: - Textbaustein ausgeben (wie Baustein nutzen),
  - Text markieren und mit neuem Namen speichern (wie Baustein erfassen) und
  - den alten Baustein löschen.
- Baustein-Handbuch anlegen:
  'Datei' 'Drucken...' aufrufen, im *'Drucken'*-Listenfeld von 'Dokument' zu *'AutoText-Einträge'* wechseln und mit *[OK]* oder *[⏎]* bestätigen.

□ **Tipp:** Mit *'Ansicht' 'Symbolleisten' 'AutoText'* die Symbolleiste einblenden und die Vereinfachung der AutoText-Bearbeitung testen.

115 Serienbriefe

Anleitung

☐ **Wesen**

In einem Serienbrief werden unterschiedliche Daten aus einem Datendokument mit immer gleichen Textteilen aus einem Hauptdokument kombiniert.

☐ **Datendokument** erstellen (neu)

> **Serienbriefe1 - Microsoft Word**
>
> Sehr geehrt Frau Hanssen,
> Glückwunsch zum Einzug in Aachen.
> ········Abschnittswechsel (Nächste Seite)····
> Sehr geehrt Frau Weber,
> Glückwunsch zum Einzug in Berlin.

- Die 1. Zeile enthält den Steuersatz ① mit den Namen der Platzhalter; trennen mit Strichpunkt.
- Die folgenden Zeilen enthalten die Datensätze. Auch mit Strichpunkt trennen und jede Zeile mit *[⏎]* abschließen. Die letzte Zeile **ohne** *[⏎]*.
- Das Dokument unter dem Namen *'Daten'* speichern.

> **Daten - Microsoft Word**
>
> Name; Ort ——————①
> Hanssen; Aachen
> Weber; Berlin

☐ **Hauptdokument** erstellen

②   ③   ⑤   ⑥   ⑦

In einem **neuen** Dokument mit *'Ansicht' 'Symbolleisten' 'Seriendruck'* die obige Symbolleiste aktivieren und mit Klick auf ② *'Datenquelle öffnen'* das 'Datenquelle auswählen'-Fenster öffnen, in dem - wie bei Datei öffnen - Laufwerk, Verzeichnis und Datei der Datenquelle (hier: Daten) ausgewählt und mit *[Öffnen]* aktiviert werden kann.

Wird jetzt ③ *'Seriendruckfelder einfügen'* angeklickt, dann werden die Felder gezeigt und können mit *Doppelklick* eingefügt werden.

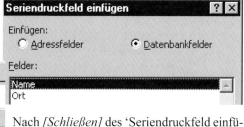

> **Seriendruckfeld einfügen**   **? ✕**
>
> Einfügen:
> ○ Adressfelder   ● Datenbankfelder
>
> Felder:
> Name
> Ort

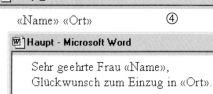

> **Haupt_ - Microsoft Word**
>
> «Name» «Ort»   ④
>
> **Haupt - Microsoft Word**
>
> Sehr geehrte Frau «Name»,
> Glückwunsch zum Einzug in «Ort».

Nach *[Schließen]* des 'Seriendruckfeld einfügen'-Fensters enthält das Hauptdokument nur die Platzhalter ④ und kann um die konstanten Texte ergänzt und gespeichert werden.

Nach *Klick* auf die ⑤ *'Seriendruck-Vorschau'* werden die Platzhalter durch die Daten des 1. Datensatzes ersetzt. Die weiteren Datensätze können in der Vorschau durch die ⑥ *'Blättern'*-Schaltflächen gezeigt werden.

☐ **Seriendruck-Hauptdokument mit Excel oder Access als Datenquelle**

Nach ② *'Datenquelle öffnen'* ist zusätzlich zur Datei-Bestimmung noch das Tabellenblatt (Excel) bzw. die Tabelle oder Abfrage (Access) zu nennen, aus der die Daten stammen. Nach *[Öffnen]* der Datenquelle ist wie oben bei ③ *'Seriendruckfelder einfügen'* fortzufahren.

☐ **Seriendruck starten**

Mit *Klick* auf die ⑦ *Ausgabe*-Schaltflächen können die Serienbriefe in einem neuen Dokument, an den Drucker oder als E-Mail ausgegeben werden.

116 Variable Textstellen

Anleitung

☐ **Variable Textstellen bilden**

- Den gleich bleibenden Text erfassen und dabei für die variablen Textstellen mit *[Strg]* *[F9]* die {}-Feldmarken ① einfügen, sie mit der *[→]*-Cursortaste verlassen, weiterschreiben und das Dokument am Ende speichern.

- Mit *[Alt]* *[F9]* von der 'Feld-' zur 'Textdarstellung' ② umschalten, wodurch die Feldmarken verschwinden. Mit [Alt] [F9] kann auch wieder zurückgeschaltet werden.

☐ **Variable Textstellen nutzen**

- In der 'Textdarstellung' an den Textanfang gehen, mit *[F11]* zur unsichtbaren Feldmarke ② springen und den variablen Text eingeben ③.

- Mit *[F11]* weitere variable Textstellen finden und ersetzen.

- Das ausgefüllte Dokument drucken und schließen **ohne** zu speichern.

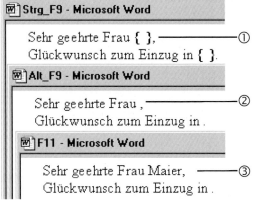

- Anschließend das ursprünglich gespeicherte Dokument mit den Feldmarken erneut laden und nutzen.

117 Sortieren

Anleitung

☐ **Liste erstellen und Daten markieren**

- Eine Liste erstellen und dabei die Daten mit [;] oder [Tab] trennen und die Zeilen mit [↵] abschließen.

- *[Alt]* drücken und halten und dann bei gedrückter Maustaste die gewünschte Spalte markieren.

☐ **Sortieren**

- Nach *'Tabelle', 'Sortieren...'* im 'Text sortieren'-Fenster *[Absätze]* oder *[Feld1]* wählen und mit *[Ok]* oder *[↵]* bestätigen.

- 'Feld2' ist möglich, falls die Begriffe mit [;] oder [Tab] getrennt sind.

- Statt der vorgegebenen Option *'Aufsteigend'* kann auch *'Absteigend'* gewählt werden.

118 Rechnen im Text

Anleitung

- Die Daten in räumlicher Nähe erfassen.

- Ohne Rechenzeichen wird '+' gerechnet.

- Bei gedrückter [Alt]-Taste mit Maus-Ziehen die gewünschten Daten markieren.

1	1	1	(1	(1	**1**
2	2	2	2)	2)	**2**
3	-3	*3	*3	/3	**/3**
= 6	= 0	= 7	= 9	= 1	= 1,67

Rechenregeln:

1+2+3	1+2-3	1+(2*3)	(1+2)*3	(1+2)/3	1+(2/3)

- *'Extras' 'Berechnen'* wählen, damit das Ergebnis kurz in der Statuszeile erscheint und in der Zwischenablage abgelegt wird.

- Die Einfügestelle für das Ergebnis markieren und *'Bearbeiten' 'Einfügen'* wählen.

Hinweis: Existiert 'Berechnen' noch nicht, dann ist es neu in 'Extras' aufzunehmen. Hierzu nach *'Extras' 'Anpassen'* in *'Kategorien' 'Extras'* wählen, in *'Befehl'* auf *'Extras Berechnen'* zeigen und bei *gedrückter* Maustaste in dem *'Extras'*-Menü an die gewünschte Stelle ziehen und dann loslassen. Der Befehl wird automatisch eingefügt und das 'Anpassen'-Fenster ist zu *[Schließen]*.

119 Spalten-Formatierung

Anleitung

- Den gewünschten Text ① erfassen und jede Zeile mit *[Return]* abschließen.
- In *'Ansicht'* zur *'Seitenlayout'*- Darstellung wechseln.
- Den zu formatierenden Text ① mit Mausziehen markieren.
- Nach *'Format' 'Spalten...'* z. B. *'Drei'* wählen, im *'Übernehmen für'*-Listenfeld *'Markierten Text'* bestimmen und mit *[OK]* oder *[Return]* abschließen. Ergebnis siehe ②.

  Hinweis: Neben 'Markierten Text' werden noch weitere Optionen zu Verfügung gestellt.

120 Suchen und Ersetzen

Anleitung

- Einen beliebigen Text mit Wiederholungsworten erfassen.
- Den Textanfang markieren und *'Bearbeiten' 'Ersetzen...'* aufrufen.

⇨ siehe nächste Seite

120 Suchen und Ersetzen (Fortsetzung)

> **Anleitung**

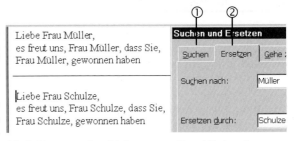

- Soll nur **gesucht** werden, dann das *'Suchen'*-Register ① aktivieren und bei *'Suchen nach'* den gesuchten Begriff eingeben.
- Soll **gesucht und ersetzt** werden, dann das *'Ersetzen'*-Register ② aktivieren und bei *'Suchen nach'* den vorhandenen und bei *'Ersetzen durch'* den neuen Begriff eingeben.
- Mit *[Alle ersetzen]* wird automatisch ersetzt; mit *[Ersetzen]* und *[Weitersuchen]* wird die einzelne Fundstelle markiert und es kann jeweils einzeln entschieden werden, ob ersetzt wird oder ob nicht ersetzt und weitergesucht werden soll.

121 Druckformatvorlage

> **Anleitung**

☐ **Zweck:** Damit neue Texte nicht immer wieder neu formatiert werden müssen, kann
- ein Beispieltext erfasst, formatiert und die Formatierung gespeichert werden und
- diese gespeicherte Formatierung später als Vorlage für andere Texte genutzt werden.

☐ **Vorlage erstellen/speichern**

- Text markieren ①
- Schriftart und -größe ② und auch andere Format-Eigenschaften neu bestimmen.
- In das 'Formatvorlage'-Fenster ③ klicken (**nicht** auf den Listenpfeil), 'Standard' mit einem neuen Format-Namen, z. B. *Müller,* überschreiben und mit *[⏎]* abschließen.

☐ **Vorlage nutzen**

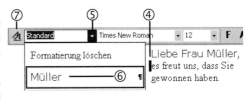

- Ist der Text bereits **vorhanden**, dann die Eingabemarke vor ④ oder in den zu formatierenden Absatz setzen oder den Text markieren.
- Muss der Text **neu erfasst** werden, dann die Eingabemarke vor den Textbeginn setzen.
- In **beiden** Fällen mit *Klick* auf den Listenpfeil ⑤ die 'Formatvorlage'-Liste aufklappen und das gewünschte Format ⑥ mit *Einfachklick* auswählen.

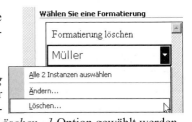

☐ **Vorlage löschen**

Nach *Klick* auf ⑦ *Formatvorlage und Formatierung* wird der *'Aufgabenbereich'* eingeblendet. Auch hier kann der markierte Text umformatiert werden. Im aktiven Format kann nach *Klick* auf den *Listenpfeil* die *[Löschen...]*-Option gewählt werden.

122 Dokumentvorlage

☐ Zweck der Dokumentvorlage

Damit neue Dokumente nicht immer wieder neu erstellt werden müssen, können
- in Office bereits vorhandene Vorlagen als Kopiervorlagen genutzt werden oder
- neue Vorlagen erstellt werden, die ebenfalls als Kopiervorlage zu nutzen sind.

☐ Office-Vorlage nutzen

- Nach *'Datei' 'Neu'* wird der *Aufgabenbereich* eingeblendet. In der *'Mit Vorlagen beginnen'*-Auswahl mit *'Allgemeine Vorlagen...'* das *'Vorlagen'*-Fenster öffnen, das in verschiedenen Registern eine Vielzahl von Vorlagen bereithält.

- Wird eine Vorlage mit *Doppelklick* oder *[OK]* als *'neues ⊙Dokument'* gewählt, dann können die Texte der fertig formatierten Vorlage durch die eigenen Texte überschrieben werden.

☐ Vorlage neu erstellen

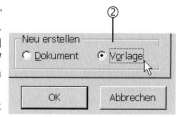

- Nach *'Datei' 'Neu'* und *'Allgemeine Vorlagen...'* (unter der *'Mit Vorlagen beginnen'*-Zeile) im *'Allgemein'*-Register ein *'Leeres Dokument'* ① wählen und dies als *'neue ⊙ Vorlage'* ② bestimmen. Nach *[OK]* erscheint eine leere Vorlage, in welcher der gleich bleibende Text erfasst und formatiert werden kann.

- Zur späteren Eingabeerleichterung Stopcodes mit *[Strg] [F9]* setzen und mit *[Ende]* verlassen.

    Überflüssige Stopcodes mit *[Strg] [⇧] [F9]* entfernen.

- Die Vorlage als **'Dokumentvorlage'** z. B. als *Muster* im *Vorlagen*-Verzeichnis speichern und schließen. **Nur** durch Speicherung in diesem Dateiverzeichnis erscheint die selbst erstellte *Muster-Vorlage* später in dem *Vorlagen*-Fenster.

☐ Neu erstellte Vorlage nutzen

- Nach *'Datei' 'Neu'* und *'Allgemeine Vorlagen...'* (unter der *'Mit Vorlagen beginnen'*-Zeile) im *'Allgemein'*-Register die selbst erstellte *Muster*-Vorlage wählen und mit *[OK]* ein neues Text-Dokument öffnen, das dem erstellten Muster entspricht.

- Mit *[F11]* die Stopcodes anspringen und durch einen beliebigen Text ersetzen.

- Das neue Textdokument drucken, evtl. als *Word-Dokument* speichern und schließen.

- Bei Bedarf kann erneut ein Text-Dokument mit der Muster-Vorlage geöffnet werden.

123 Datenaustausch zwischen EXCEL und WORD

Info

Sollen die Daten z. B. der 'Lager'-Tabelle in einem Word-Dokument erscheinen, so müssen sie dort nicht neu erfasst werden, sondern können problemlos aus Excel übernommen werden.

Hierbei werden vier verschiedene Stufen unterschieden:

	A	B	C	D
1	Artikel	Menge	Preis	Lagerwert
2				
3	PC-20			
4	PC-50			
5	Noteb			
6				

Excel_Verbindung - Microsoft Word

Artikel	Menge	Preis	Lagerwert
PC-200	5	800	4000,00
PC-500	3	1500	4500,00
Notebook	4	4000	16000,00

1. **Einfache Ausgabe:** Die Excel-Daten werden in Word nur ausgegeben, wobei diese Daten nur im Zeitpunkt der Übernahme mit den Excel-Daten übereinstimmen.
   Folge: Werden die Excel-Daten geändert, so ist Word nicht mehr aktuell.

2. **Linking:** Die in Word ausgegebenen Daten werden mit Excel so verknüpft, dass spätere Excel-Änderungen auch in dem Word-Dokument geändert werden.
   Folge: Die Word-Tabelle bleibt also aktuell.

3. **Embedding:** Die Excel-Daten werden in Word als Excel-Objekt ausgegeben, d. h. sie lassen sich in Word so bearbeiten, als ob Excel in Word eingebettet wäre.
   Folge: Die Word-Tabelle kann in Word 'excel-mäßig' verändert werden, ist aber nicht mit Excel verknüpft, weswegen sie nicht mit der Original-Excel-Tabelle übereinstimmt, was zu Datenunsicherheit führen kann.

4. **Linking + Embedding:** Die Excel-Daten werden in Word als Excel-Objekt ausgegeben und zusätzlich mit Excel so verknüpft, dass in Excel verursachte Änderungen auch in Word geändert und in Word verursachte Änderungen auch in Excel geändert werden.
   Folge: Wegen 'Linking' wirken sich Excel-Änderungen sofort auf Word aus und wegen 'Embedding' wirken sich Word-Änderungen in Excel aus.

Anleitung

□ **Excel-Tabelle als Datenquelle für den Seriendruck mit Word nutzen**

Siehe hierzu Kapitel 115 Serienbriefe auf S. 171.

□ **Excel-Tabelle in Word ausgeben**

① In Excel den gewünschten Bereich markieren.

② 'Kopieren'-Symbol anklicken oder 'Bearbeiten' 'Kopieren' wählen.

③ Zu Word wechseln und das 'Einfügen'-Symbol anklicken oder 'Bearbeiten' 'Zellen einfügen' wählen.

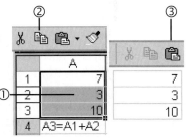

Folge: Die Tabelle erscheint mit einem Smarttag, der weitere Optionen zur Verfügung stellt oder mit [↵] geschlossen werden kann.

Anleitung

□   **Excel-Tabelle in Word mit der Ursprungstabelle verknüpfen (Linking)**

- In Excel den gewünschten Bereich markieren und kopieren.
- In Word mit *'Bearbeiten' 'Inhalte einfügen...'* ein Dialogfeld öffnen, in dem *'Verknüpfung einfügen'* und *'Formatierter Text (RTF)'* zu wählen und mit *[⏎]* zu bestätigen ist.

Folge: Die Tabelle erscheint; falls nicht die Tabelle, sondern eine Funktion ausgegeben wird, dann ist mit *[Alt] [F9]* umzuschalten.

Test: Werden jetzt in Excel verknüpfte Werte geändert, dann wirkt sich dies auf Word aus (spätestens wenn Word aktiviert ist).

□   **Excel-Tabelle in Word als eigenes Objekt öffnen (Embedding)**

- In Excel den gewünschten Bereich markieren und kopieren.
- In Word mit *'Bearbeiten' 'Inhalte einfügen...'* ein Dialogfeld öffnen, in dem *'Einfügen'* und *'MS Excel-Arbeitsblatt-**Objekt'*** zu wählen und mit *[⏎]* zu bestätigen ist.

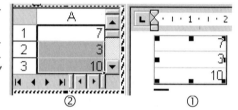

Folge: Die Tabelle erscheint.

Test: Bei *Einfachklick* in die Tabelle wird sie als eigenständiges Objekt mit Anfasserpunkten ① versehen und kann vergrößert/verkleinert werden. Bei *Doppelklick* wird sie zur Excel-Tabelle ②. Hier kann geändert und gerechnet werden. Wird dieses Excel-Objekt ② mit *[Esc]* oder *Klick* in das Word-Arbeitsblatt verlassen, dann stehen die geänderten Werte in Word.

□   **Linking + Embedding**

In Excel den gewünschten Bereich markieren, kopieren und in Word mit *'Bearbeiten' 'Inhalte einfügen...'* ein Dialogfeld öffnen, in dem *'Verknüpfung einfügen'* und *'MS Excel-Arbeitsblatt-**Objekt'*** zu wählen und mit *[⏎]* zu bestätigen ist, damit die Tabelle erscheint.

Test: *Einfachklick* wirkt wie bei Embedding; *Doppelklick* öffnet Excel.

Wird das mit Doppelklick erzeugte Excel-Objekt mit *Klick* in das ⊠-Symbol oder *Klick* in das Word-Arbeitsblatt verlassen, dann stehen die geänderten Werte in Word **und** in Excel.
Wird die Tabelle in Excel geöffnet und geändert, dann stehen die Änderungen in Excel **und** in Word.

□   **Excel-Diagramm nach Word in vier Abstufungen kopieren**

1. Kopieren + Einfügen:	**nur** in Word 'format-mäßig' veränderbar
2. Inhalte einfügen als Excel-Objekt:	**nur** in Word 'excel-mäßig' veränderbar
3. Inhalte einfügen als Bild:	**nur** in Word 'grafik-mäßig' veränderbar
4. Inhalte einfügen als Verknüpfung:	in Word **und** Excel wechselseitig änderbar

□   **Word-Tabellen nach Excel kopieren**

Dies ist ebenfalls in den gezeigten Abstufungen möglich.

124 Datenaustausch zwischen ACCESS und WORD

Anleitung

Die Daten einer Access-Tabelle können

1.
als reine Tabelle in Word ausgegeben werden.

Lief	Name	Straße	PLZ	Ort
811	Micro AG	Fährstr. 1	18147	Rostock
822	Laser KG	Hafenallee 7	18147	Rostock
833	Multi AG	Karlstr. 10	52080	Aachen

2.
als Datenquelle für einen Serienbrief dienen.

Lief	Name	Strasse	PLZ	Ort
811	Micro AG	Fährstr. 1	18147	Rostock
822	Laser KG	Hafenallee 7	18147	Rostock
833	Multi AG	Karlstr. 10	52080	Aachen

Serienbriefe1 - Microsoft Word

Firma Micro AG beliefert uns aus Rostock
Abschnittswechsel (
Firma Laser KG beliefert uns aus Rostock
Abschnittswechsel (
Firma Multi AG beliefert uns aus Aachen

In beiden Fällen im Access-**Datenbank**fenster die gewünschte Tabelle ① markieren (**nicht** öffnen) und *'OfficeVerknüpfungen'* ② aufklappen.

- ② Seriendruck mit Microsoft Word
- ③ Veröffentlichen mit Microsoft Word
- ④ Analysieren mit Microsoft Excel
- Artikel
- ① Lieferant

☐ **Veröffentlichen mit MS Word (= Tabelle)**
Wird die Option ④ gewählt, dann wird automatisch Word gestartet und die Tabelle als Word-Tabelle eingefügt, um bearbeitet werden zu können.
Achtung: Die Datenübernahme erfolgt im .rtf-Format. Zur Weiterbearbeitung sollte die .rtf-Datei sofort mit *'Datei' 'Speichern unter'* als 'Word-Dokument'-Datei gespeichert werden.

☐ **Seriendruck mit MS Word (siehe hierzu Kapitel 115)**
Wird die Option ③ gewählt, dann ist im *'Seriendruckassistent'*-Fenster zu bestimmen, ob die Tabellendaten mit einem bestehenden oder neuen Dokument verbunden werden sollen, und mit *[OK]* zu bestätigen.

Wird mit einem bestehenden Dokument verbunden, dann ist dies im Folgefenster zusätzlich auszusuchen und darauf zu achten, dass die dortigen Platzhalter auf die Felder der aktuellen Tabelle verweisen.

Seriendruck · Seriendruck · Einfügen: ○ Adress Felder:

Dokument1

Firma __ beliefert uns aus __
Firma «Name» beliefert uns aus ⑤

Lief
Name
Strasse
PLZ
Ort

Danach wird Word ggf. geladen, automatisch das bestehende oder ein neues Dokument geöffnet, die *'Seriendruck'*-Symbolleiste und der Aufgabenbereich eingeblendet. Wird der Aufgabenbereich geschlossen, kann der konstante Text erfasst und danach mit ⑤ das *'Seriendruckfeld einfügen'* -Fenster geöffnet werden, in dem das jeweils gewünschte Feld markiert und mit *Doppelklick* eingefügt werden kann.
Die weitere Bearbeitung kann gemäß Kapitel 115 erfolgen. Siehe hierzu ⊠ Seite 171.

☐ **Einen Word-Text in Access importieren**
In Word den Text als *'Nur Text'*-Datei speichern und schließen.
In Access kann er nach *'Datei' 'Externe Daten' 'Importieren'* als *Textdateien*-Dateityp importiert werden, wobei in mehreren Fenstern zu bestimmen ist, dass die Felder durch Trennzeichen getrennt sind und die 1. Zeile Feldnamen enthält.

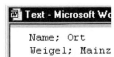

Text - Microsoft Wo

Name; Ort
Weigel; Mainz
Gehlen; Bonn

125 WORD-Text als Webseite

Anleitung

☐ WORD-Text als Webseite speichern

Soll der nebenstehende Text als Webseite gezeigt werden, dann ist er *in WORD* zunächst zu erfassen oder als bereits vorhandene Text-Datei zu öffnen. Nach den Befehlen *'Datei' 'Als Webseite speichern...'* sind folgende Angaben zu machen:

① nach *Klick* auf die *[Titel ändern]*-Schaltfläche den Seitentitel erfassen, der später als Fenster-Titel ④ der Webseite erscheinen soll,

② den Dateinamen, z. B. *Präsentation* eingeben und vorher natürlich das Laufwerk und Verzeichnis wählen und

③ mit *[Speichern]* bestätigen.

☐ Die Webseite öffnen

Den Webbrowser, z. B. MS Internet Explorer öffnen und nach der Befehlsfolge *'Datei' 'Öffnen...'* in dem 'Öffnen'-Fenster auf *[Durchsuchen...]* ⑤ klicken, damit im Folgefenster die gewünschte Datei, also *Präsentation* mit *Doppelklick* aktiviert werden kann. Damit steht 'Präsentation' in dem 'Öffnen'-Fenster und kann mit *[OK]* als Webseite geladen werden.

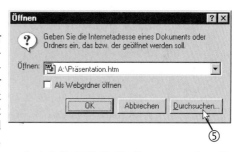

Nach den Befehlen *'Ansicht' 'Quelltext anzeigen'* wird die HTML-Codierung gezeigt, die durch die automatische Umwandlung des Word-Dokuments in eine HTML-Datei entstand.

Wie viel einfacher ein selbst erstellter HTML-Code zu entsprechenden Ergebnissen führt, wird auf Seite 214 gezeigt.

Zur Darstellung als Webseite siehe auch die Seiten 54 (Excel) und 205 (PowerPoint).

126 PowerPoint laden und schließen

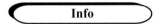

Anleitung

☐ **PowerPoint laden**

- PowerPoint gemäß Kapitel 3 (Seite 12) laden.
- Den Aufgabenbereich **nicht** ausblenden, da er in PowerPoint eine große Hilfe ist.

Info

☐ **PowerPoint-Bildschirm:** PowerPoint meldet sich mit einer leeren Entwurfs-Folie.

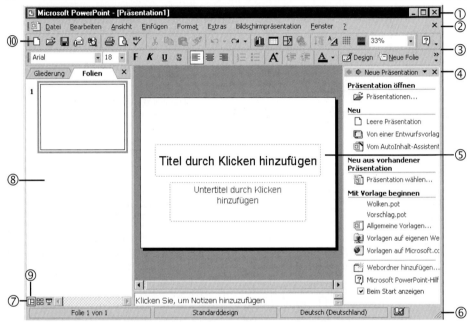

Das PowerPoint-Fenster besteht aus

① Titelzeile mit System-Menüfeld, Titel, Minimieren-, Maximieren- und Schließenfeld,
② Menüleiste mit den Befehlen und dem Folien-Schließenfeld,
③ Funktions- und Formatierungs-Symbolleiste,
④ Aufgabenbereich,
⑤ Entwurfs-Folie   (fehlt sie, dann *Klick* auf das ⑩ *Neu*-Symbol oder auf *Leere Präsentation* im *Aufgabenbereich*),
⑥ Statusleiste mit aktuellen Bearbeitungshinweisen,
⑦ Ansicht-Symbolleiste und
⑧ Ansicht-Fenster.   Fehlt dies, dann kann es durch *Klick* auf ⑨ oder durch die Befehlsfolge *'Ansicht' 'Normal'* wieder eingeblendet werden.

☐ **PowerPoint schließen / beenden**

Mit *Doppelklick* auf das System-Menüfeld oder mit *Einfachklick* auf das ☒ -Symbol.
Alternativen: Mit der Befehlsfolge *'Datei' 'Beenden'* oder mit *[Alt] [F4]*.

127 Eine Folie erstellen

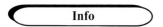

Info

Eine Präsentation soll eine bestimmte Zielgruppe für ein bestimmtes Thema interessieren. Im Mittelpunkt steht also nicht die Präsentation 'an sich', sondern das Interesse der Zielgruppe für das Thema.

Hieraus leiten sich einige Überlegungen für die Erstellung einer Präsentation ab:

- Handelt es sich bei der Zielgruppe um Fachleute oder um interessierte Laien? Je nach Antwort ist das Thema mehr oder weniger detailliert zu behandeln.
- Ist das Thema, der Referent und/oder die Firma eher konservativ, cool oder locker, so ist das Layout der Präsentation entsprechend anzupassen.
- Die Präsentation muss 'in sich' geschlossen sein, d. h.
  - kurze und prägnante Sätze
  - gut lesbare Schrift (24 Punkt groß), wenige und passende Schriftarten
  - Grafiken und Diagramme verwenden (ein Bild sagt mehr als 1000 Worte)
  - Hintergrund- und Schriftfarbe sparsam und gezielt einsetzen (weniger ist mehr)
- Vor der Präsentations-Erstellung die Präsentation gedanklich vorbereiten, damit die in PowerPoint gebotenen Möglichkeiten zielgerichtet genutzt werden.

☐ **Aufgabe:** Als Angestellter der Präsentix GmbH sollen Sie die obigen Überlegungen in den beiden Folien darstellen:

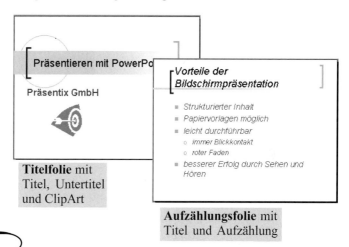

Titelfolie mit Titel, Untertitel und ClipArt

Aufzählungsfolie mit Titel und Aufzählung

Anleitung

Im *Aufgabenbereich* im *'Mit Vorlage beginnen'*-Abschnitt *'Allgemeine Vorlagen...'* anklicken, damit folgendes Fenster erscheint:

Hier im *Entwurfsvorlagen*-Register *Achsen* markieren und mit *[OK]* oder *Doppelklick* bestätigen, damit Folie und Aufgabenbereich sich gemäß der Abbildung der Folgeseite präsentieren.

127   Eine Folie erstellen (Fortsetzung)

Anleitung

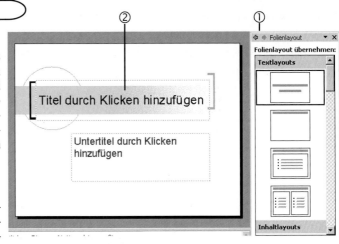

Wichtig:

In der Titelzeile des Aufgabenbereichs kann mit den *Zurück*- und *Weiterleiten*-Navigationspfeilen ① zwischen den Aufgabenbereichs-Ansichten gewechselt werden.

Konkrete Schritte:

- Gemäß Aufforderung in den Titel-Platzhalter ② klicken, wodurch der Hinweistext verschwindet.

- Jetzt *nur* den gewünschten Text eingeben. Es darf *kein [⏎]*-Abschluss erfolgen.

- Danach in den *Untertitel*-Platzhalter *klicken* und als Text *Präsentix GmbH* eingeben. Die Waage kann vorläufig noch nicht eingefügt werden (siehe hierzu Kapitel 139).

- Die Entwurfsfolie ist damit komplett und wird im linken *Ansicht*-Fenster im *Folien*-Register verkleinert wiedergegeben.

- Die fertige Präsentations-Folie anschauen:

  - Auf das *Bildschirmpräsentation*-Symbol ③ in der Ansicht-Symbolleiste (links unten) klicken oder

  - die Befehlsfolge *'Bildschirmpräsentation' 'Bildschirmpräsentation vorführen'* wählen oder die Funktionstaste *F5* drücken.

  Folge in allen Fällen: Der ganze Bildschirm wird von der Folie ausgefüllt.

- Nach *Mausklick* oder *[⏎]* wird zur nächsten Folie weitergeblättert bzw. da es hier keine nächste Folie gibt, das Ende der Präsentation angezeigt und mit erneutem *[⏎]* zur *Folienansicht* zurückgekehrt.

- Mit der *[Esc]*-Taste kann die Bildschirmpräsentation an der aktuellen Stelle verlassen werden und man gelangt direkt zurück zur ursprünglichen *Normalansicht*.

128   Folie einfügen und Aufzähltext erfassen

Anleitung

- Durch die Befehlsfolge *'Ansicht' 'Normal'* oder durch Klick auf ⟶▭▦▽ sicherstellen, dass die Normalansicht aktiviert ist.
- Hier die Befehlsfolge *'Einfügen' 'Neue Folie'* wählen oder auf die *[Neue Folie]*-Schaltfläche klicken.

Folge:
- **Ansichtfenster (links):** Eine zweite Folie wird gezeigt und ist als aktive Folie umrahmt.
- **Entwurfsfenster (mitte):** Eine der Entwurfsvorlage entsprechende Folie mit Platzhaltern erscheint.
- **Aufgabenbereich (rechts):** Der Aufgabenbereich ändert sich und bietet jetzt eine Auswahl verschiedener Layouts.

- Zeigt man auf das ausgewählte (oder auch auf ein anderes) Layout, so erscheint ein Listenpfeil, nach dessen Aktivierung mit *Mausklick* ein Menü erscheint, das die Übernahme in die gerade *'ausgewählte Folie'* erlaubt.

  Da *'Titel und Text'*-Layout unserer Aufgabenstellung entspricht, wird dies gewählt.
- Nach *Klick* in den Titelplatzhalter den Text *Vorteile der Bildschirmpräsentation* erfassen.
- Danach in den Textplatzhalter klicken, wonach der Schreibcursor hinter einem matt dargestellten Aufzählpunkt blinkt.
  - Hier den Text *Strukturierter Inhalt* erfassen und mit *[⏎]* abschließen, wonach der Schreibcursor in der nächsten Zeile ebenfalls hinter einem matt dargestellten Aufzählpunkt blinkt.
  - Jetzt alle folgenden Textzeilen erfassen und jeweils mit *[⏎]* beenden, damit sich das Aufzählungsfeld wie folgt darstellt:
    - *strukturierter Inhalt*
    - *Papiervorlagen möglich*
    - *leicht durchführbar*
    - *immer Blickkontakt*
    - *roter Faden*
    - *besserer Erfolg durch Sehen und Hören*

Problem: Diese Punkte sind Unterpunkte von 'leicht durchführbar' und sind daher *tiefer zu stufen*!

Anleitung

☐ **Tiefer stufen**:
Vor den 1. Buchstaben der tiefer zu stufenden Zeile klicken, also **vor** *immer* und danach mit einmaligem *[Tab]* um eine Stufe tiefer stufen.
Ebenso **vor** *roter Faden* klicken und mit *[Tab]* tiefer stufen.

☐ **Höher stufen**:
Wurde zu tief gestuft, so kann dies mit *[Umsch.]* *[Tab]* rückgängig gemacht werden.

☐ **Alternatives Umstufen**:

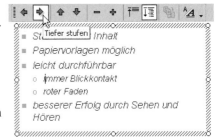

In *'Ansicht' 'Symbolleisten'* die *'Gliederung'*-Symbolleiste aktivieren,
- in die umzustufende Zeile *klicken* und
- das gewünschte *Symbol anklicken*.
  ⇨   Tieferstufen
  ⇦   Höherstufen
- auf alle Symbole zeigen und sie durch die eingeblendete QuickInfo erkennen.

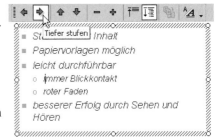

---

129   Präsentation speichern, schließen und laden

Anleitung

☐   **Präsentation speichern**

Mit *'Datei' 'Speichern unter'* oder mit *Klick* auf [🖫] das folgende Dialogfeld öffnen, nach *Klick* auf den Listenpfeil ① *Laufwerk* und *Ordner* wählen, mit *Klick* zum Dateiname-Feld wechseln, den gewünschten Dateinamen *(Power1)* eingeben und prüfen, ob der *Präsentation*-Dateityp eingestellt ist. Nach *[⏎]* oder *Klick* auf *[Speichern]* wird gespeichert und der Name in die Fenster-Titelzeile des Dokuments geschrieben. Zu 'Speichern unter' siehe auch ⊠ Kapitel 6 (S. 15).

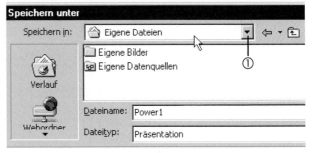

☐   **Präsentation schließen**

Mit der Befehls-wahl *'Datei'* *'Schließen'* oder   mit *Doppelklick* auf das System-Menüfeld oder mit *Klick* auf das Schlie-ßen-Symbol in der "Befehls"-Zeile

Achtung: Klick auf ⊠ oder Doppelklick auf das System-Menüfeld in der Ti-telzeile schließt PowerPoint.

129 Präsentation speichern, schließen und laden (Fortsetzung)

Anleitung

□ **Die gespeicherte Präsentation öffnen**

Mit *'Datei' 'Öffnen'* oder mit *Klick* auf das [🗀] *Öffnen-Symbol* das folgende Dialogfeld öffnen:

① Vergewissern, dass als Dateityp *Alle Power-Point-Präsentationen* eingestellt ist.

② Mit *Klick* auf den Listen-pfeil die Liste öffnen, das richtige Laufwerk und den gewünschten Ordner wählen.

③ Danach mit *Klick* die gewünschte Datei markieren, wonach in dem rechten Vorschau-Fenster die erste Seite der Präsentation gezeigt wird. Dies ist nur dann der Fall, wenn nach Öffnen des ④ *Ansichten*-Menüs *Vorschau* gewählt wurde.

⑤ Schließlich die gewünschte Datei mit *Doppelklick* oder *[Öffnen]* wählen.
⊠   Weitere Infos: Kapitel 7 (S. 16)

---

130 Mehrseitige Präsentation vorführen

Anleitung

□ **Präsentation starten und die Seiten wechseln**

- Mit *Klick* auf das Symbol für die *Bildschirmpräsentation* ————
  oder durch die Befehlswahl *'Bildschirmpräsentation' 'Bildschirmpräsentation vorfüh-ren'* die Präsentation starten.
- Durch beliebigen *Mausklick*, *[⬇]*-Cursortaste, *[Bild ⬇]*-Blättertaste oder mit *[↵]* zur nächsten Folie wechseln.
- Durch *[⬆]*-Cursortaste oder *[Bild ⬆]*-Blättertaste zur vorherigen Folie wechseln.

□ **Präsentation beenden**

- Über die letzte Folie hinausblättern oder an jeder beliebigen Stelle mit der *[Esc]*-Taste.

□ **Präsentation durch temporäre Skizzen ergänzen**

- Die *Bildschirmpräsentation* starten.
- Danach mit **rechtem** *Mausklick* in die aktive Präsentation das *Kontextmenü* öffnen und nach *'Zeigeroptionen'* von 'Automatisch' oder 'Pfeil' zum 'aktiven' *Stift* wechseln.
- Jetzt die gewünschten Skizzen bei *gedrückter* *linker* Maustaste erstellen bzw. einfügen.

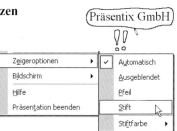

130 Mehrseitige Präsentation vorführen (Fortsetzung)

☐ **Hinweise zum Stift-Mauszeiger**

- Als Stift kann die Maus nicht mehr zum Seitenwechsel genutzt werden.
- Nach einem Seitenwechsel z. B. mit *[⇩]* oder *[⇧]* werden die temporären Skizzen automatisch gelöscht.
- Die Rückumwandlung des Stifts in den Zeigepfeil erfolgt ebenfalls nach rechtem Mausklick in dem Kontextmenü.

☐ **Blättern in mehrseitiger Präsentation**

- Sollen Seiten bei der Präsentation übersprungen werden, so kann das Kontextmenü ① mit rechtem Mausklick an beliebiger Stelle oder mit linkem Mausklick auf ② am linken unteren Bildschirmrand geöffnet werden. Das Symbol ② erscheint erst, wenn sich der Mauszeiger am Rand befindet.
- Nach *'Gehe zu'* kann *'Foliennavigator'* oder *'Nach Titel'* gewählt werden. In beiden Fällen kann zu der gewünschten Folie gesprungen werden.

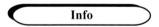

131 Präsentation mit Standard-Schema animieren

☐ **Kritik**

Nach dem Starten der Bildschirmpräsentation erscheint jeweils der gesamte Text der Folien auf dem Bildschirm.
Bei beiden Folienobjekten ist *Keine Animation* eingestellt.

☐ **Animationseffekt mit Standard-Schema**

PowerPoint bietet Standard-Schemata an, durch deren Wahl
- Titel und Untertitel, bzw. Titel und Text passend zueinander animiert werden und
- bei der Übertragung auf alle Folien alle Titel gleich animiert werden und ebenso alle Texte bzw. Untertitel auch gleich animiert werden.

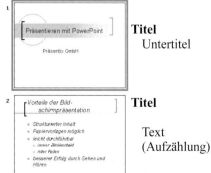

Titel
Untertitel

Titel

Text
(Aufzählung)

131 Präsentation mit Standard-Schema animieren (Fortsetzung)

Anleitung

☐ **Standard-Schema wählen**

- Zum *Präsentationsentwurf* wechseln, hier die *Normalansicht* einschalten und gegebenenfalls mit der *[Bild ⇑]*-Taste zur Titelseite blättern.
- Mit der Befehlsfolge *'Bildschirmpräsentation' 'Animationsschemas'* den *Foliendesign*-Aufgabenbereich einblenden. Hier ist zunächst *[Keine Animation]* ① markiert.
  Tipp: Durch Doppelklick auf die Titelzeile des Aufgabenbereichs kann das Aufgabenbereich-Fenster verschoben und in der Größe verändert werden.
  Durch erneuten Doppelklick wird es wieder an seinem rechten Stammplatz verankert.
- Mit der Bildlaufleiste im Aufgabenbereich nach unten blättern und *[Rollen]* ② wählen.
  Test: Die Präsentation starten und sehen, dass
  - der Titel eingeblendet und der Untertitel ausgerollt wird und
  - die zweite Folie immer noch nicht animiert ist.

  In der Übersicht wird die 1. Folie mit dem *Animier-Stern* gekennzeichnet.
- Jetzt die Schaltfläche *[Für alle Folien übernehmen]*③ anklicken.
  Test: Die Präsentation starten und sehen, dass
  - bei der 1. Folie der Titel eingeblendet und der Untertitel nach *Klick* ausgerollt wird und
  - bei der 2. Folie der Titel auch eingeblendet und jeder Aufzählungspunkt nach *Klick* ausgerollt wird.
  Achtung: Unterpunkte werden **mit** dem Hauptpunkt ausgerollt.
- Alternativ das *[Erscheinen]*-Schema *[Für alle Folien übernehmen],* testen und gegebenenfalls noch weitere Schemata übernehmen und die Unterschiede feststellen.
- Zum Abschluss *[Keine Animation]* wählen und *[Für alle Folien übernehmen]*, um für die folgenden Animations-Einstellungen wieder die gleiche Grundlage zu haben.

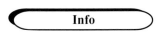

132 Präsentation benutzerdefiniert animieren

Info

Ziele: – Die Titeltexte der beiden Folien sollen sofort mit der neuen Seite erscheinen, also nicht animiert werden.
– Der Untertitel der Titelfolie soll nach Klick erscheinen und
– die Unterpunkte bei der Aufzählung sollen nicht mit dem Hauptpunkt, sondern erst nach jeweiligem Klick einzeln erscheinen.

Lösung: Die *Benutzerdefinierte Animation* ist zu aktivieren.

◖ **Anleitung** ◗

☐ **Realisierung - Untertitel:**

Der Untertitel wird in folgenden
Schritten animiert:

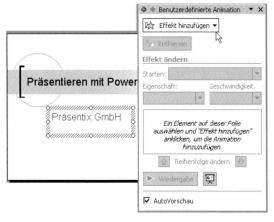

- Zur *Entwurfs-Normalansicht*
  wechseln, hier zur 1. Folie wechseln und in den *Untertitel* klicken,
  damit er mit einer schraffierten Linie mit acht Anfasserpunkten umrandet ist.
- Mit der Befehlsfolge *'Bildschirmpräsentation'* *'Benutzerdefinierte
  Animation...'* den *Benutzerdefinierte Animation*-Aufgabenbereich
  einblenden, bei dem jetzt (nach der
  Markierung eines Folien-Ele-
  ments) der *[Effekt hinzufügen]*-Schalter hervorgehoben ist.
- Nach Klick auf den Listenpfeil erscheint ein Menü,
  in dem *Eingang* und danach *Einfliegen* als Ein-
  gangsanimation zu wählen ist.
  Folge:
  - Sofern ☑ *AutoVorschau* akti-
    viert ist, fliegt der Untertitel jetzt
    im Entwurf von unten ein,
  - die Aktivierung weiterer Schal-
    ter wird durch Hervorhebung an-
    gezeigt und
  - der Untertitel wird im Entwurf
    durch eine vorgestellte [1] als
    erstes animiertes Objekt dieser
    Folie gekennzeichnet.
- Nach Klick auf den *Richtung*-List-
  pfeil kann von *[Von unten]* z. B.
  auf *[Von links]* gewechselt werden.

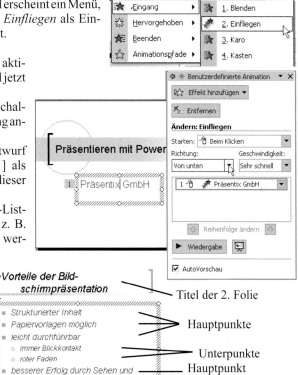

☐ **Realisierung -
   Aufzählung:**

Soll der Titel sofort mit der
Folie erscheinen, so ist er **nicht**
zu animieren.
Sollen die Unterpunkte **nach**
dem Hauptpunkt erscheinen,
so ist der Aufzählungstext wie
folgt zu animieren:

*Vorteile der Bild-
schirmpräsentation*   ⎤⎯ Titel der 2. Folie

- Strukturierter Inhalt
- Papiervorlagen möglich   ⟩ Hauptpunkte
- leicht durchführbar
  - immer Blickkontakt
  - roter Faden   Unterpunkte
- besserer Erfolg durch Sehen und Hauptpunkt
  Hören

132   Präsentation benutzerdefiniert animieren (Fortsetzung)

☐ **Realisierung - Aufzählung (Fortsetzung):**

• Zur *Entwurfs-Normalansicht* wechseln, hier zur 2. Folie wechseln und in den *Aufzählungstext* klicken, damit er mit einer schraffierten Linie mit acht Anfasserpunkten umrandet ist.

• Sicherstellen, dass der *Benutzerdefinierte Animation*-Aufgabenbereich eingeblendet ist, bei dem jetzt wieder nur der *[Effekt hinzufügen]*-Schalter hervorgehoben ist.
Nach *Klick* auf den *[Effekt hinzufügen]*-Listenpfeil auch hier *[Eingang]* und *[Einfliegen]* wählen.
Folge:
- Sofern ☑ *AutoVorschau* aktiviert ist, fliegen die Haupt- mit den Unterpunkten jetzt im Entwurf von unten ein,
- die Aktivierung weiterer Schalter wird durch Hervorhebung angezeigt und
- die Hauptpunkte werden im Entwurf durch vorangestellte Nummern als animierte Objekte dieser Folie gekennzeichnet.
Hierbei erhalten die Unterpunkte die gleiche Nummer wie der übergeordnete Hauptpunkt.

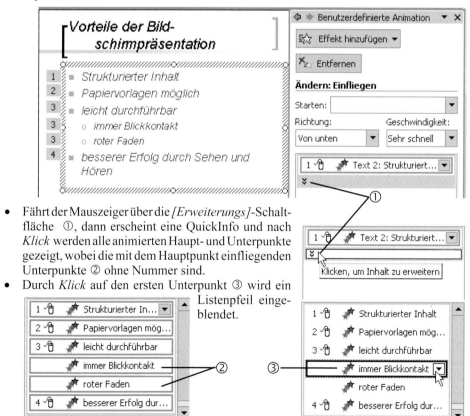

• Fährt der Mauszeiger über die *[Erweiterungs]*-Schaltfläche ①, dann erscheint eine QuickInfo und nach *Klick* werden alle animierten Haupt- und Unterpunkte gezeigt, wobei die mit dem Hauptpunkt einfliegenden Unterpunkte ② ohne Nummer sind.

• Durch *Klick* auf den ersten Unterpunkt ③ wird ein Listenpfeil eingeblendet.

132   Präsentation benutzerdefiniert animieren (Fortsetzung)

<hr>

Anleitung

☐ **Realisierung - Aufzählung (Fortsetzung):**

- Nach *Klick* auf den Listenpfeil des Unterpunktes wird ein Menü aufgeklappt, in dem die Option *'Mit vorherigem beginnen'* ① aktiviert ist.

- Durch Wahl der Option *'Bei Klicken beginnen'* ② erhält dieser Unterpunkt ③ die Nummer 4, d. h. er soll nicht mit dem vorherigen Hauptpunkt erscheinen, sondern erst nach besonderem Klicken. Der Hauptpunkt, der ursprünglich die Animationsnummer 4 hatte, wird auf Nummer 5 weitergestuft.

  Folge:
  Bei der testweisen Bildschirmpräsentation erscheint der Unterpunkt jetzt erst nach einem besondern Klicken; der zweite Unterpunkt erscheint jedoch gemeinsam mit dem ersten Unterpunkt.

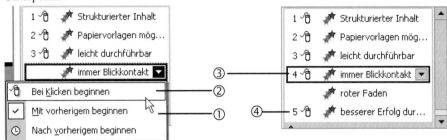

- Soll der zweite Unterpunkt auch durch gesondertes Klicken erscheinen, dann ist er entsprechend zu animieren, d. h.
  - auf *roter Faden* klicken und das Menü öffnen und
  - auch hier die Option *'Bei Klicken beginnen'* wählen.

  Folge: Auch dieser Unterpunkt erhält eine Animationsnummer (5) und der nachfolgende Hauptpunkt wird wieder um eine Nummer (auf 6) weitergestuft.

- Sollen die Unterpunkte wieder gemeinsam mit dem Hauptpunkt erscheinen, dann ist jeweils wieder nach Klick auf das Animationsobjekt die Option *'Mit vorherigem beginnen'* zu aktivieren.

☐ **Aufzählung - Reihenfolge ändern**

Soll der letzte Punkt ④ (besserer Erfolg durch ...) an erster oder zweiter ⑤ Stelle genannt werden, so ist dies durch Klick auf die *'Reihenfolge ändern'*-Pfeile problemlos möglich.

- Zuerst das Objekt durch *Klick* markieren.
- Dann den *Nach oben*- oder *Nach unten*-Ver-schieben-Pfeil entsprechend oft betätigen.

Folge: Der Text selbst wird nicht verschoben, d. h. er erscheint an der ursprünglichen Stelle; nur die Reihenfolge des Erscheinens wird geändert.

133   Texte ändern, hinzufügen und gestalten

Anleitung

☐ **Aufgabe:**

Die zweite Folie der Präsentation ist gemäß dem nebenstehenden Beispiel umzugestalten, d. h.
- der Titeltext ist zu ändern,
- das Folienlayout von einspaltigem Text auf zweispaltigen Text umzustellen und
- der Text der 2. Spalte ist zu erfassen.

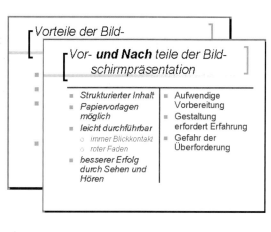

☐ **Text ändern**

- In der *Entwurfs-Normalansicht* mit *[Bild ⇑]* / *[Bild ⇓]* zur gewünschte Seite wechseln.
- An der gewünschten Stelle in den Text klicken (bei Vor|teile) und den zusätzlichen Text *(- und Nach)* nachtragen.
- Anmerkung: Die Textbearbeitung entspricht weitgehend der von Word.

☐ **Folienlayout ändern**

- In der Titelzeile des *Aufgabenbereichs* auf den Listenpfeil ① klicken, damit sich ein Menü öffnet, in dem mit *Klick* zum *'Folienlayout'* ② gewechselt werden kann.
- Im *Folienlayout*-Aufgabenbereich im *Text-layouts'*-Bereich vom umrandeten 'Titel und Text'-Layout mit *Klick* zum neuen *'Titel und zweispaltiger Text'*-Layout ③ wechseln.

  Folge: Das Layout wird sofort geändert, d. h.
  - der bisherige Text wird in der Schriftgröße so angepasst, dass er in eine Spalte passt und
  - eine leere zweite Spalte wird eingefügt.
- Jetzt kann in die 2. Spalte geklickt und der Text erfasst werden.

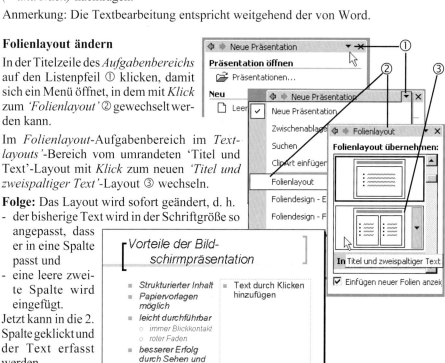

133 Texte ändern, hinzufügen und gestalten (Fortsetzung)

Anleitung

☐ **Größe der Textfelder ändern**

- In das gewünschte Textfeld klicken,

- dann auf den Anfasserpunkte rechts unten zeigen, damit der Mauszeiger zum Doppelpfeil wird, und

- danach in die gewünschte Richtung ziehen, d. h. nach oben, damit die zweite Spalte etwas kürzer wird, damit darunter das unabhängige Textfeld eingefügt werden kann.

☐ **Neues Textfeld einfügen**

- Nach *'Einfügen' 'Textfeld'* an die gewünschte Stelle klicken und sofort den Text erfassen.

  Beim Erfassen werden alle Anfasserpunkt um den Text eingeblendet und *zusätzlich* noch ein Dreh-Anfasserpunkt (farblich hervorgehoben), mit dem der unabhängige Text beliebig gedreht werden kann.

☐ **Textbereiche aneinander ausrichten**

- Mit *'Ansicht' 'Raster und Führungslinien...'* ein Fenster einblenden, in dem mit ☑ bestimmt werden kann, ab *Raster* und/oder *Zeichnungslinien* auf dem Bildschirm als Orientierungslinien angezeigt werden sollen.

- Nacheinander in die Textfelder klicken, auf den schraffierten Rand zeigen, damit der Mauszeiger zum *Verschiebekreuz* wird und die Randmarkierungen jeweils an der Führungslinie ausrichten.

☐ **Linien einfügen**

- In der *Normalansicht* mit *[Bild ⇧]* / *[Bild ⇩]* zur gewünschte Seite wechseln.

- Mit *'Ansicht' 'Symbolleisten' 'Zeichnen'* die 'Zeichnen'-Symbolleiste einblenden und dort auf das *'Linie'*-Symbol klicken.

- In der Folie wird der Mauszeiger zum *einfachen Kreuz*.

- Jetzt an den gewünschten Linienbeginn zeigen und mit *gedrückter Maustaste* bis zum gewünschten Linienende *ziehen* und dann loslassen. Das Ergebnis ist eine Linie mit zwei Anfasserpunkten. Wird auf diese Anfasserpunkte gezeigt, dann kann nach *Klick* und *Ziehen* in die gewünschte Richtung die Linie verändert werden.

- Erneut auf das *'Linie'*-Symbol klicken und die zweite Linie *ziehen*.

- Hinweise: Zeigt der Mauszeiger *auf* die Linie, dann kann sie
  - durch *Ziehen* bei *gedrückter Maustaste* verschoben werden oder
  - nach *Klick*-Markierung an den *Anfasserpunkten* verkürzt oder verlängert werden.

134 Objekt-Reihenfolge frei gestalten

(Anleitung)

□ **Aufgabe:**

Die aktuelle Folie besteht aus einem Titeltext, Aufzähltexten, unabhängigem Text und Linien, also aus insgesamt fünf Objekten. Nach dem Folienübergang sollen diese Objekte in folgender Klickfolge erscheinen:
- zuerst der Titeltext,
- dann die beiden Linien,
- dann die Vorteile in einem Texblock,
- danach die Nachteile in einem Block und
- schließlich der unabhängige Text.

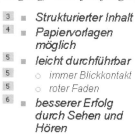

□ **Objekte von der bisherigen Animations- und Reihenfolgeregelung befreien**

- Zur *Entwurfs-Normalansicht* wechseln und hier zur 2. Folie blättern.
- Sicherstellen, dass der *Benutzerdefinierte Animation*-Aufgabenbereich eingeblendet ist.
- Mit *[Strg] [A]* alle Objekte dieser Folie markieren, wodurch im Aufgabenbereichs-Fenster fast alle Schalter aktiviert werden.
- Mit *Klick* auf den *[Entfernen]*-Schalter alle Animations-Regelungen ausschalten.

□ **Objekte neu animieren**

- Titel markieren, *[Effekt hinzufügen], [Eingang)* und *[Einfliegen]* wählen.
  Folge: Der Titel fliegt ein und wird mit [1] gekennzeichnet.
- Waagerechte Linie mit *Klick* markieren, *[Strg]*-Taste *halten* und gleichzeitig auf die senkrechte Linie *klicken*, wodurch beide Linien markiert sind.
  Anschließend *[Effekt hinzufügen], [Eingang)* und *[Blenden]* wählen.
  Folge: Die Linien werden aufgeblendet und mit [2] gekennzeichnet.
- Den linken Aufzähltext markieren, *[Effekt hinzufügen], [Eingang)* und *[Einfliegen]* wählen.
  Folge: Die Aufzählpunkte werden von [3] bis [6] durchnummeriert, wobei die Unterpunkte die gleiche Nummer wie der übergeordnete Hauptpunkt erhalten, da sie auch **gemeinsam mit ihm** einfliegen.
  Lösung: Die Unterpunkte sind auf *[Mit vorherigem beginnen]* eingestellt. Sollen alle Punkte gleichzeitig erscheinen, dann müssen sie alle **mit dem ersten Punkt** beginnen, d. h. ab dem 4. Punkt *ist jeder Punkt* von [Bei Klicken beginnen] umzustellen auf *[Mit vorherigem beginnen]*.
  Folge: In der Entwurfs-Ansicht erhalten die Aufzählpunkte alle die Nummer [3] und im Aufgabenbereich werden sie zu nicht nummerierten Unterpunkten.

- Der rechte Aufzähltext und der freie Text sind entsprechend zu animieren.

134   Objekt-Reihenfolge frei gestalten (Fortsetzung)

Anleitung

☐ Animationsreihenfolge ändern

Bisher erscheinen zuerst die Vorzüge der Präsentation (= Animationsobjekt 3).

Sollen zuerst die Nachteile (= Objekt 4) erscheinen, so ist die Position zu wechseln.

Lösungsschritte:

- Sicherstellen, dass der *Benutzerdefinierte Animation*-Aufgabenbereich eingeblendet ist. In dem Aufgabenbereich werden alle 3er-Objekte (die Vorzüge) als Unterpunkte des 1. Vorzugs geführt und alle 4er-Objekte (die Nachteile) als Unterpunkte des 1. Nachteils geführt.

- Soll der 'Nachteile-Block als Ganzes' vor den 'Vorteile-Block als Ganzes' geschoben werden, so sind beide Blöcke durch *Klick* auf die jeweilige *[Ausblenden]*-Schaltflächen (① und ②) zu jeweils einer Einheit (③ und ④) zu reduzieren.

- Jetzt einen Block mit *Klick* markieren ⑤, wodurch die *Reihenfolge ändern*-Pfeile ⑥ aktiviert werden.

  Wurden die Nachteile (Block 4) markiert, dann kann jetzt der gesamte Block mit *Klick* auf den [⇧] *Nach oben*-Verschiebepfeil vor den Vorteile-Block verschoben werden.

  D. h. der alte Block 4 wurde jetzt zum Block 3 ⑦ und entsprechend wurde aus Block 3 (Vorteile) der neue Block 4 ⑧.

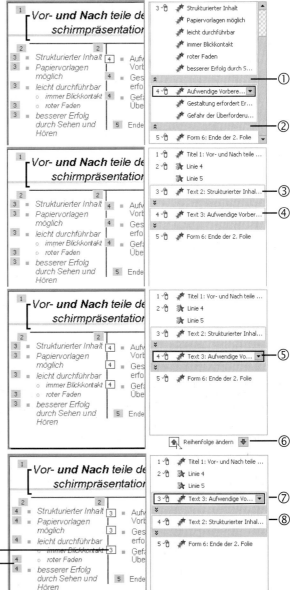

135   Präsentationsdesign ändern

- Mit *'Format'* *'Foliendesign...'*
  zum *Foliendesign-Aufgaben-*
  bereich ① wechseln.
  Alternative:
  Auf den *Aufgabenbereichs*-
  Listenpfeil ② klicken und in
  dem Menü *'Foliendesign-*
  Entwurfsvorlagen' wählen.

- Hier als neues Design z. B. *Übergänge* ③ anklicken und feststellen, dass das Design
  sofort geändert wird.
  Diese Änderung wird automatisch für alle Folien übernommen, wie durch Umblättern
  festgestellt werden kann.

136   Hintergrund bestimmen

- Mit *'Format'* *'Hintergrund...'* das neben-
  stehende Fenster öffnen, nach *Klick* auf den
  Listenpfeil eine Farbe auswählen bzw. mit
  'Weitere Farben...' eine erweiterte
  Farbauswahl aufklappen und dort mit *Klick*
  und *[OK]* wählen.

- Danach diese Hintergrundfarbe nur für
  eine Folie *[Übernehmen]* ① oder mit ②
  für **alle** Folien übernehmen.

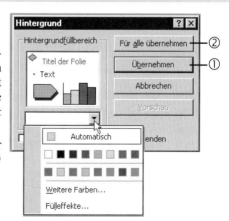

137 Folienübergang gestalten

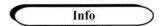
Info

Bei der Präsentation vollzieht sich der Wechsel von einer zur anderen Folie übergangslos, d. h. die erste Folie verschwindet und wird von der nächsten Folie mit ihren nicht animierten Objekten, bzw. von der leeren Folie, verdeckt.

Damit der Zuschauer durch diesen schnellen Wechsel nicht überfordert wird, sollte der Folienübergang durch verschiedene Effektvariationen bewusster gestaltet werden.

Anleitung

- Mit *'Bildschirmpräsentation'* *'Folienübergang...'* zum *Folienübergang-Aufgabenbereich* ① wechseln.
  Alternativ auf den *Aufgabenbereichs*-Listenpfeil ② klicken und in dem dann eingeblendeten Menü *'Folienübergang'* wählen.

- In dem Auswahlfenster ③ ist zunächst 'ohne Übergang' markiert. Wird eine andere Option, z. B. *'Vertikal blenden'* gewählt, dann wird sie sofort demonstriert, sofern ☑ *AutoVorschau* aktiviert ist.

- Mit *Klick* auf die Geschwindigkeits- und Sound-Listenpfeile ④ können unterschiedliche Wechselgeschwindigkeiten und Soundeffekte ausgewählt werden.

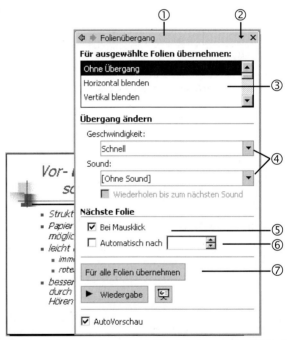

- Soll der Folienübergang automatisch erfolgen, so kann nach Deaktivierung der ☐ 'Bei Mausklick'-Einstellung in ⑤ und Aktivierung der ⑥ Sekundenautomatik ☑ die Taktzeit bestimmt werden.

- Abschließend ist zu bestimmen, ob die Einstellung nur zum Einblenden der aktuellen Folie übernommen werden soll (Standard), oder ob mit *Klick* auf ⑦ alle Folien in der gezeigten Weise eingeblendet werden sollen.

  Wichtig: Wird die Einstellung nur zum Einblenden der aktuellen Folie übernommen, dann wirkt diese Einblenden-Einstellung nur beim Einblenden der Folie, jedoch nicht beim Verlassen der Folie.

Anleitung

☐ **Aufgabe**

Die beiden bisherigen Folien sollen um die 'Vor-Überlegungen'-Folie ergänzt werden.

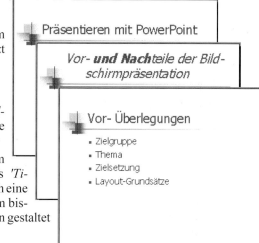

☐ **Folie einfügen**

- Die Präsentation öffnen, die *Normalansicht* wählen und zur letzten Seite blättern.

- Nach *'Einfügen'* *'Neue Folie'* im *'Folienlayout-Aufgabenbereich* das *'Titel und Text'*-Layout wählen, wonach eine leere Folie erscheint, die gemäß dem bisher vereinbarten Präsentationsdesign gestaltet ist.

- Nach *Klick* in Titel- und Textplatzhalter die Texte erfassen (siehe S.183) und das Ergebnis in der *Bildschirmpräsentation* überprüfen.

☐ **Problem**

- Die 'Vor-Überlegungen'-Folie erscheint als letzte Folie und sollte eigentlich an die zweite Stelle verschoben werden.

☐ **Folie verschieben und löschen**

- Mit *'Ansicht'* *'Foliensortierung'* oder mit *Klick* auf *Foliensortierungsansicht* die folgende Ansicht öffnen:

- In die zu verschiebende Folie *klicken* ①, die Maustaste *gedrückt halten* und **vor** die Folie ziehen, vor welche verschoben werden soll. Hier erscheint über dem Mauszeiger ②, der durch das Verschiebe-Rechteck ergänzt wurde, der Einfügestrich.

- Wird die Maustaste jetzt *losgelassen*, dann ist die Folie verschoben.

- Ist eine Folie nach *Klick* markiert, dann kann sie mit *[Entf]* gelöscht werden.

139   ClipArt und Filme einfügen

Anleitung

☐ **Aufgabe**

Die Titel-Folie ist noch um den 'Ziel-Pfeil' zu ergänzen.

☐ **ClipArt einfügen**

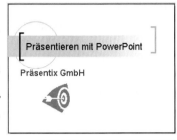

* Die Präsentation öffnen, die *Normalansicht* wählen und den *Aufgabenbereich* einblenden.

* Mit den Befehlen *'Einfügen' 'Grafik' 'ClipArt...'* zum 'Clip Art einfügen'-Aufgabenbereich ① wechseln.

Alternative: Auf den Listenpfeil ② der Aufgabenbreichs-Titelzeile klicken und in dem Menü *'ClipArt einfügen'* wählen.

* Einen Suchtext für den gewünschten Clip eingeben, z. B. *Symbole* ③ und danach auf *[Suchen]* klicken.
Folge: In einem Ergebnisfenster werden alle zum Suchbegriff passenden Clips aufgelistet und können mit der Bildlaufleiste ④ betrachtet werden.

* Nach *Klick* auf das gewünschte Symbol ⑤ wird der mit den Anfasserpunkten markierte Clip sofort in die Folie eingefügt und die Grafik-Symbolleiste wird eingeblendet.
Alternative: Beim Überstreichen des Symbols wird ein Listenpfeilbalken ⑥ eingeblendet, der nach *Klick* ein Auswahlmenü öffnet, in dem auch *'Einfügen'* gewählt werden kann.

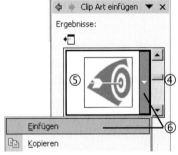

☐ **ClipArt gestalten**

* Nach Klick in den Clip kann er verschoben und nach Klick auf die Anfasserpunkte kann seine Größe verändert werden. Mit Klick auf den 'Drehanfasser' und Mausziehen kann der Clip gedreht werden.

* Mit ⑦ kann er z. B. mit der Wahl von *'Intensität'* als Wasserzeichen formatiert und mit ⑧ kann er umrahmt werden.

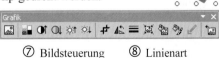

⑦ Bildsteuerung   ⑧ Linienart

☐ **Clip mit dem Clip Organizer aussuchen**

* Führt die Suchtext-Suche nach einem Clip nicht zum Erfolg, kann alternativ der *'Clip Organizer'* aufgerufen werden, mit dessen Hilfe systematisch in einer Sammlungsliste gesucht und der gefundene Clip übertragen oder als Favorit gespeichert werden kann.

Anleitung

☐ **Clip mit dem Clip Organizer aussuchen (Fortsetzung)**

• Im 'ClipArt einfügen'-Aufgabenbereich die Option *'Clip Organizer...'* auswählen, wonach er sich mit dem folgenden Fenster meldet:

• In der *Sammlungsliste* ① die *'Office Sammlungen'* öffnen und dort eine Kategorie, z. B. *Begriffe* markieren.
  Folge: Im rechten Fenster werden die gefundenen Clips gezeigt und nach Überstreichen mit der Maus um einen Listenpfeil-Balken ② ergänzt.

• Nach Klick auf den Listenpfeil-Balken öffnet sich ein Menü, in dem *'Kopieren'* ③ oder *'Zur Sammlung kopieren'* ④ gewählt werden kann.
  Kopieren: Ist **vor** dem Kopieren der *'Zwischenablage'- Aufgabenbreichs* geöffnet, wird der Clip hierher kopiert und kann durch *Klick* auf den Clip ⑤ in die Folie eingefügt werden.

  Zur Sammlung kopieren: Im Folgefenster *'Favoriten'* anklicken und mit *[OK]* bestätigen, wodurch zukünftig das Suchen in den Verzeichnissen der Sammlungsliste entfallen kann.

☐ **Film oder Video-Clip einfügen**

Mit der Befehlsfolge *'Einfügen' 'Film und Sound >' 'Film aus Clip Organizer...'* werden im *'Clip Art einfügen'-Aufgabenbereich* die gefundenen Video-Clips aufgelistet und können wie bei einem Bild-Clip betrachtet und ausgewählt werden.

☐ **Video-Clip aufnehmen**

Mit der entsprechenden Ausrüstung kann ein Video aufgezeichnet werden, das dann im AVI- oder GIF-Format digital zu speichern ist, damit es als Datei geladen werden kann.

140   EXCEL-Tabelle einfügen

Anleitung

□ **Aufgabe**

Auf einer Folie ist eine Excel-Tabelle darzustellen.

□ **Vorbereitung**

Nach *'Einfügen'* *'Neue Folie'* im *'Folienlayout-Aufgabenbereich* das *'nur Titel'*-Layout wählen und in den Titel-Platzhalter klicken, um den Titel einzugeben.

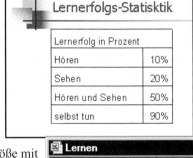

□ **Daten einer geöffneten Tabelle einfügen**

* *Excel* aktivieren, die gewünschte Datei öffnen, die gewünschten Zellen markieren, die Schriftgröße mit 20 Punkt formatieren und in Excel mit *'Bearbeiten'* *'Kopieren'* oder mit *[Strg]* *[C]* kopieren.

* Zu *PowerPoint* wechseln, in der neuen Folie auf einen leeren Folienbereich klicken und mit *'Bearbeiten'* *'Einfügen'* oder mit *[Strg]* *[V]* die Tabellen-Daten einfügen, die als mit Schraffur und Anfasserpunkten gekennzeichnete Tabelle die ganze Folie ausfüllt.

* Auf einen Eck-Anfasser zeigen ① und die Tabelle durch *Mausziehen* auf das gewünschte Maß reduzieren.

* Die Texte und Zahlen können als Textzeichen geändert werden; dies wirkt sich auf Excel jedoch nicht aus.

* Anschließend mit dem *Rahmen*-Listenpfeil ② ein Menü aufklappen, in dem die gewünschte Rahmenart, z. B. *Alle Rahmenlinien* gewählt werden kann.

* Sollte die 'Tabellen- und Rahmen'-Symbolleiste nicht automatisch erscheinen, dann kann sie mit demn *'Ansicht'*-Befehl geöffnet werden.

□ **Daten einer geschlossenen Tabelle einfügen**

* In *PowerPoint* die Befehle *'Einfügen'* *'Objekt...'* wählen.

* In dem 'Objekt einfügen'-Fenster die Option *'Aus Datei erstellen'* wählen, nach *[Durchsuchen...]* den gewünschten Dateinamen mit *Doppelklick* wählen und mit *[OK]* bestätigen, damit auch hier die nur mit

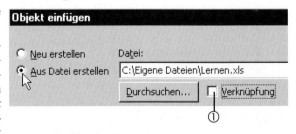

Anfasserpunkten gekennzeichnete Tabelle eingefügt wird (nächste Seite).

140 EXCEL-Tabelle einfügen (Fortsetzung)

Anleitung

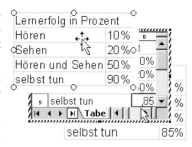

- Durch *Mausziehen* in der Tabelle kann sie verschoben werden und durch *Mausziehen* auf einem Anfasserpunkt kann sie verkleinert oder vergrößert werden.

- Nach *Doppelklick* in die Tabelle wird sie durch den Excel-Rahmen umsäumt und kann nach *Klick* in die Tabellenzellen verändert werden.

- Wäre im *'Objekt einfügen'*-Fenster ☑ Verknüpfung ① aktiviert worden, dann würde ein *Doppelklick* in die PowerPoint-Tabelle das vollständige Excel-Arbeitsblatt öffnen und eine Änderung in PowerPoint sich sofort auf die Excel-Tabelle auswirken. Umgekehrt würde sich jede Excel-Änderung auf die PowerPoint-Folie auswirken, sofern die Excel-Änderung gespeichert (vorher das Tabellen-Fenster auf die wirklich benötigten Zellen beschränken) und die entsprechende PowerPoint-Datei neu geladen wurde.

☐ **Tabelle in PowerPoint als Text-Tabelle erstellen**

- Eine *'Leer'*- oder *'nur Titel'*-Folie einrichten und *'Einfügen'* *'Tabelle...'* wählen.

- In dem *'Tabelle einfügen'*-Fenster Spalten- und Zeilenanzahl eingeben und mit *[OK]* bestätigen, damit eine leere, umrandete und mit Anfasserpunkten versehene Tabelle erscheint.

- Nach *Klick* auf den Rand ① lässt sich die Tabelle verschieben; nach *Klick* auf einen Anfasser ② lässt sich die Tabelle vergrößern/verkleinern und nach *Klick* auf eine Zeilen- oder Spaltenlinie ③ lässt sich die Zeile/Spalte vergrößern oder verkleinern.

- Soll der Text in einer Zeile über mehrere Spalten verlaufen, so sind diese Spalten mit Mausziehen gleichzeitig zu markieren und das *'Zellen verbinden'*-Symbol ④ anzuklicken.

☐ **Tabelle in PowerPoint als Zahlen-Tabelle erstellen**

- In PowerPoint *'Einfügen'* *'Objekt...'* wählen.

- In dem 'Objekt einfügen'-Fenster die Option *'Neu erstellen'* wählen, als Objekttyp *'Microsoft Excel Arbeitsblatt'* bestimmen und mit *[OK]* bestätigen. **Folge:** Es erscheint ein leeres Arbeitsblatt, in das die Daten eingegeben werden können. Durch *Ziehen* an den Anfassern kann die Tabelle verkleinert und durch Ändern des *Zoom*-Prozentsatzes kann die Zellengröße optimiert werden.

- Sind die Daten eingegeben, dann die Tabelle durch *Anfasser-Ziehen* so verkleinern, dass **nur** die gefüllten Zellen gezeigt werden.

- Nach anschließendem *Klick* außerhalb von Excel wird nur noch die Tabelle gezeigt.

141   Diagramm erstellen

Anleitung

☐ **Das Diagramm aus der in PowerPoint vorhandenen Tabelle erstellen**

- *Doppelklick* in die Tabelle, damit sie in der Excel-Form ① erscheint.

Methode	Prozent
hören	10
selbst tun	90

- Die gewünschten Zellen (A1 bis B3) *markieren* und das *Diagramm-Assistent*-Symbol 📊 anklicken, wonach in vier Schritten das Diagramm bestimmt werden kann.

- Sollen Tabelle und Diagramm gleichzeitig erscheinen, dann ist im letzten Schritt die Option *'Als Objekt in: Tabelle1'* zu wählen.

Folge: In dem viel zu kleinen Excel-Rahmen erscheint eine Ecke des Diagramms ②.

- Auf den rechten unteren Eck-Anfasserpunkt zeigen und den Excel-Rahmen nach rechts und unten so vergrößern, dass das Diagramm vollständig in den Rahmen passt und alle Diagramm-Anfasserpunkte sichtbar sind.
- Jetzt gegebenenfalls das Diagramm verkleinern (Diagramm-Anfasserpunkte), das Diagramm verschieben und abschließend den Excel-Rahmen ebenfalls verkleinern (Rahmen-Anfasserpunkte).

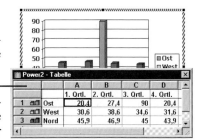

- Nach Klick in die Folie verschwindet der Excel-Rahmen und Tabelle und Diagramm erscheinen in der gewünschten Form.

☐ **Diagramm neu erstellen**

- **Basis-Tabelle mit Diagramm öffnen**

Mit *'Einfügen' 'Diagramm'* bzw. mit dem *'Diagramm einfügen'*-Symbol 📊 die nebenstehende Basis-Tabelle mit dem Diagramm einblenden.

- **Basis-Tabelle anpassen**

Nach *Klick* auf ③ alle Daten löschen, die gewünschten Daten erfassen und festlegen, ob eine Datenreihe (= Werte der aufeinander folgenden Rubriken auf der X-Achse) aus den Daten einer Tabellen-Zeile ▦ oder den Daten einer Spalte ▥ gebildet werden soll. Das Diagramm passt sich sofort an und kann nach den Regeln der Excel-Diagrammgestaltung (siehe S. 55 ff.) bearbeitet werden.

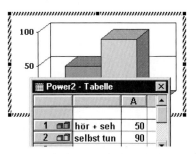

- **Diagramm zeigen und ändern**

Nach *Einfachklick* auf die Folie verbleibt nur noch das fertige Diagramm. Nach einem *Doppelklick* in das Diagramm kann es wieder gestaltet werden.
Zur Wertänderung ist die Tabelle gegebenenfalls mit *'Ansicht' 'Datenblatt'* wieder einzublenden.

142   Flusspläne und Organigramme erstellen

Anleitung

☐ **Schematische Darstellungen frei gestalten**

- Mit *'Ansicht' 'Symbolleisten' 'Zeichnen'* die 'Zeichnen'-Symbolleiste einfügen.

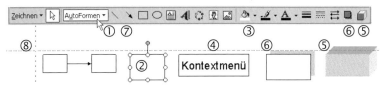

- Mit *Klick* auf *'Autoformen'* ① eine Formenliste öffnen, darin *Standardformen* wählen und danach z. B. das *Rechteck* anklicken, wodurch die Pull-Down-Menüs verschwinden und der Mauszeiger zum schmalen Kreuz wird.

- Jetzt an der gewünschten Stelle mit *Einfachklick* das Rechteck platzieren, das durch acht helle Anfasserpunkte ② zur Größenänderung und einem Dreh-Anfasserpunkt markiert ist. Hat es die falsche Farbe, dann kann dies nach *Klick* auf ③ geändert werden. (Bitte **nicht** 'keine Farbe' wählen.)

- Soll dem Symbol ein Text zugeordnet werden ④, dann ist mit *rechtem Mausklick* in das Symbol das Kontextmenü zu öffnen und *'Text hinzufügen'* zu wählen. Der dann erfasste Text ist mit dem Symbol fest verbunden und wird z. B. gleichzeitig mit dem Symbol verschoben.

- Um das zu formatierende Symbol in 3-D- oder Schatten-Darstellung (⑤ oder ⑥) hervorzuheben, sind nach Markierung und *Klick* auf die entsprechenden Symbole aus den dann gezeigten Möglichkeiten die gewünschten Einstellungen auszuwählen.

- Zusammenhänge zwischen mehreren Symbolen könnten durch einfache Linien und Pfeile ⑦ dargestellt werden. Dies hat aber den Nachteil, dass bei einer nötigen Umplatzierung jedes Element einzeln verschoben werden müsste. Einfacher ist es, mit *'Verbindungslinien'* feste Verbindungen zwischen den Objekten herzustellen.

- Hierzu mit *Klick* auf *'Autoformen'* ① die Formenliste öffnen, darin *Verbindungen* und danach z. B. den *Pfeil* wählen, wonach der Mauszeiger zum schmalen Kreuz wird.

- Jetzt auf das erste zu verbindende Symbol zeigen, das durch vier 'Fangpunkte' gekennzeichnet wird, auf den gewünschten Fangpunkt zeigen, die Maustaste drücken und auf das zweite zu verbindende Symbol zeigen, das dann ebenfalls durch die 'Fangpunkte' gekennzeichnet wird; hier auch auf den gewünschten Fangpunkt zeigen und erst dann die Maustaste loslassen.
  Folge: Wird ein Symbol verschoben, dann wird die Verbindung mitverschoben.
  Soll die Verbindung nicht am Fangpunkt enden, dann ist beim Ziehen zum zweiten Symbol die *[Alt]*-Taste gedrückt zu halten.

- Um Symbole besser auszurichten, kann nach *'Ansicht' 'Raster und Führungslinien'* ein Führungskreuz ⑧ eingeblendet werden. Dessen Linien können bei gedrückter Maustaste an die gewünschten Stellen verschoben werden und dienen dort als 'Fanglinien'.

- Alle Symbole und Verbindungslinien sind eigenständige Folien**objekte**, die nach der Befehlsfolge *'Bildschirmpräsentation' 'Benutzerdefinierte Animation...'* animiert werden können und so einen schrittweisen Aufbau z. B. eines Flussplans erlauben.

142 Flusspläne und Organigramme erstellen (Fortsetzung)

❰ **Anleitung** ❱

☐ **Organigramm mit Assistent gestalten**

- Mit *'Einfügen' 'Schematische Darstellung...'* das 'Diagrammsammlung'-Fenster einblenden, *'Organigramm'* markieren und mit *[OK]* bestätigen, damit das folgende Basis-Organigramm erscheint:

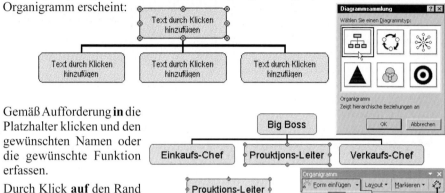

- Gemäß Aufforderung **in** die Platzhalter klicken und den gewünschten Namen oder die gewünschte Funktion erfassen.

  Durch Klick **auf** den Rand wird ein Platzhalter mit acht Anfasserpunkten markiert und kann

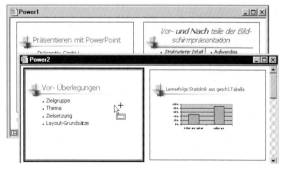

  - wenn nicht benötigt, mit *[Entf]* gelöscht werden oder
  - durch Nutzung der *'Organigramm'*-Symbolleiste mit *'Form einfügen'* um Mitarbeiter ergänzt werden.
- Mit *[Layout]* und *Autoformat* ① kann das Organigramm einfach gestaltet werden.
- Mit *[Markieren]* lassen sich zusammengehörige Elemente markieren und danach gleichartig formatieren.

143 Präsentationen zusammenfügen

❰ **Anleitung** ❱

Um die 'Vor-Überlegungen' aus 'Power2' nach 'Power1' zu kopieren, sind folgende Schritte nötig:

- Beide Präsentationen öffnen.
- Durch die Befehle *'Fenster' 'Alle anordnen'* beide zeigen.
- In beiden Fenstern mit *'Ansicht' 'Foliensortierung'* zur Foliensortierung wechseln.
- Auf die zu kopierende Folie *klicken*, die *[Strg]*-Taste drücken und den um ein + ergänzten Mauszeiger an die Einfügestelle der anderen Präsentation ziehen.
- Zuerst die Maustaste loslassen, damit kopiert wird; andernfalls würde verschoben.

144 Folien als Webseite oder als exe-Datei speichern

□ **Webseite**

* Mit *'Datei'* *'Als Webseite speichern...'* im 'Speichern unter'-Fenster das gewünschte Verzeichnis wählen, den Dateinamen, z. B. *Power2* eingeben und mit *[OK]* bestätigen.

* Den Webbrowser, z. B. MS Internet Explorer öffnen und nach der Befehlsfolge *'Datei'* *'Öffnen...'* in dem 'Öffnen'-Fenster auf *[Durchsuchen...]* klicken, damit im Folgefenster die gewünschte Datei, also *Power2* mit *Doppelklick* aktiviert werden kann. Damit steht 'Power2' in dem 'Öffnen'-Fenster und kann mit *[OK]* als Webseite geladen werden.

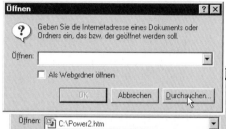

* Durch *Klick* auf die Überschriften im linken Fenster oder durch *Klick* auf die Navigationspfeile ① kann zwischen den Folien gewechselt werden.

Vorteil: Ist die Präsentation als Webseite gespeichert, benötigt man zur Vorführung kein PowerPoint.

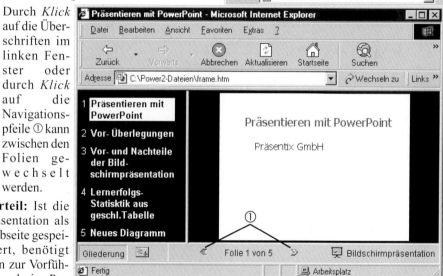

□ **exe-Datei**

Ist eine Präsentation als exe-Datei gespeichert, dann kann sie auch ohne Aktivierung des PowerPoint-Programms wiedergegeben werden.

* Nach *'Datei'* *'Pack&Go...'* wird ein Assistent aufgerufen, mit dessen Hilfe die Präsentation in einem zu wählenden Verzeichnis (z. B. Diskette A) gespeichert wird. Mit *[Fertig stellen]* werden die Dateien 'pngsetup.exe' und 'pres0.ppz' erstellt.

* Zur Wiedergabe den *Windows-Explorer* öffnen und in dem angegebenen Verzeichnis die Datei *pngsetup.exe* mit *Doppelklick* aktivieren.
  In dem Folgefenster ein Verzeichnis angeben, in welches die bisher gepackte Präsentation entpackt werden soll. Ist dies erfolgt, dann kann sie sofort wiedergegeben werden.

145   Outlook-Kalender

Anleitung

□   **Outlook laden**

- Outlook gemäß Kapitel 3 (Seite 12) laden.
- Outlook meldet sich mit dem folgenden *'Outlook Heute'*-Fenster :

□   **Kalender einschalten**

Nach *Klick* in die *Kalender*-Spalte   ① oder auf das *Kalender*-Symbol   ② erscheint das
folgende *'Kalender'*-Fenster:

□   **Kalender-Hervorhebungen**

③ Das unterlegte Datum wird gerade bearbeitet (die *'Tagesansicht'* ist aktiviert).
④ Das umrandete Datum ist der heutige Tag.
⑤ Ein fettgedrucktes Datum ist ein eingetragener Termin.

145 Outlook-Kalender (Fortsetzung)

Anleitung

☐ Neue Termine eintragen

Soll für Montag, den 27. 09.2004 in der Zeit von 8:00 bis 10:00 ein Termin eingetragen werden, so erfolgt dies in folgenden Stufen:

- Auf das *[Neuer Termin]*-Symbol ⑥ (Vorseite) klicken, damit sich das folgende *'Termin'*-Fenster öffnet:

- Die Texte eingeben und die Daten mit dem Listenpfeil auswählen oder auch eingeben.
- Am Ende auf die *[Speichern und Schließen]*-Schaltfläche ⑦ klicken, damit der Termin gespeichert wird, zur normalen Kalender-Ansicht zurückgekehrt wird und der folgende Termin nach erneutem *Klick* auf das *[Neuer Termin]*-Symbol festgelegt werden kann. **Achtung:** Der Termin **überschneidet** sich mit dem zuerst eingetragenen. Das Programm soll uns daher 15 Min. vor Beginn mit einem Klingelton ⑧ daran erinnern.

- Ist auch der zweite Termin mit *[Speichern und Schließen]* bestätigt, dann werden beide Termine in der *'Tagesansicht'* wie rechts gezeigt dargestellt.

145 Outlook-Kalender (Fortsetzung)

Anleitung

❑ **Termin verschieben** (von 9:00 nach 11:00)

Auf den 9:00-Termin *klicken*, damit er an drei Seiten markiert ist, auf den linken Rand zeigen, damit der Mauszeiger zum Verschiebekreuz wird und ihn auf die 11:00 Uhr-Markierung ziehen.

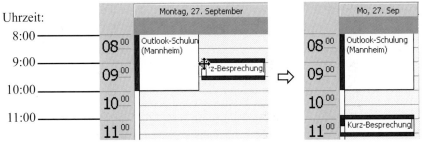

Uhrzeit:
8:00
9:00
10:00
11:00

❑ **Zeitraum verändern**

Sollen Beginn- und/oder Endetermin verschoben werden, dann ist nur

- auf den Termin zu *klicken*, damit er markiert ist,
- auf den Rand zu zeigen, damit der Mauszeiger zu einem Doppelpfeil wird und
- in die gewünschte Richtung zu ziehen.

❑ **Termin stornieren**

Den Termin markieren und *'Bearbeiten' 'Löschen'* wählen oder auf das ⊠ Löschen-Symbol klicken.

❑ **Wiederkehrenden Termin (Serientermin) festlegen**

Der 1. April soll als Geburtstag dauerhaft über die Jahre hinweg eingetragen werden.

- *[Neuer Termin]*-Symbol anklicken, die Eingaben machen, ☑ *ganztägig* bestimmen und *'Serientyp...'* ① anklicken.

Folge: Das 'Terminserie'-Fenster der Folgeseite erscheint.

145   Outlook-Kalender (Fortsetzung)

❑   **Serientermin festlegen** (Fortsetzung)

Da ☑ *ganztägig* vereinbart wurde, gibt es keine Anfangs- und Endetermine.

Die jährliche Wiederkehr wird auf ein Datum und nicht auf einen bestimmten Tag gelegt.

Ein Enddatum wird auch nicht gesetzt.

Nach *[Ok]* und *[Speichern und Schließen]* werden die Termine in der *'Monatsansicht'* wie folgt dargestellt:

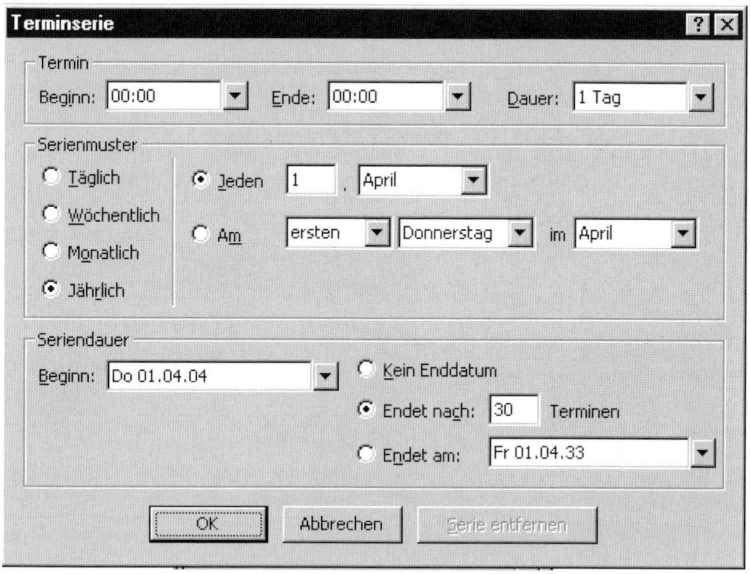

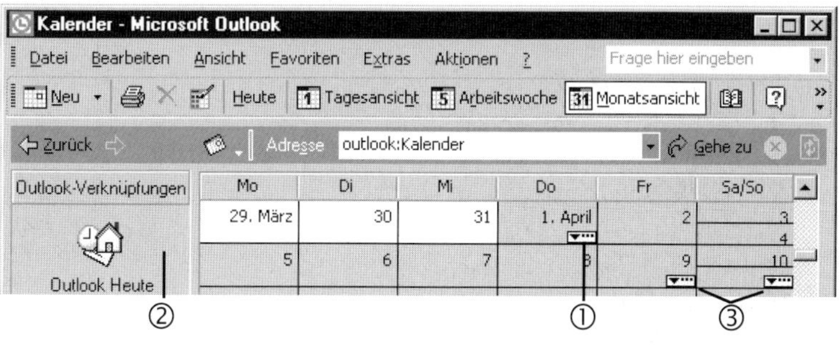

Mit *Einfachklick* auf das ① Hinweis-Symbol wird zur 'Tagesansicht' gewechselt, in deren Titelzeile auf den Geburtstag verwiesen wird. In der Tagesansicht weist ① auf Termine außerhalb der Ansicht hin, d. h. es muss nach oben/unten geblättert werden.

Wird das 'Monatsansicht'-Fenster in der Höhe vergrößert, dann wird das Hinweis-Symbol ① durch einen aussagekräftigen Text ersetzt.

❑   **Zurück zum Start-Fenster**

Nach *'Ansicht' 'Gehe zu' 'Outlook heute'* oder nach *Klick* auf das *'Outlook Heute'*-Symbol ② kann zum 'Outlook Heute'-Startfenster zurückgewechselt werden.

❑   **Feiertage eintragen** ③

Nach *'Extras' 'Optionen'* im *'Einstellungen'*-Register *[Kalenderoptionen...']* wählen und dort nach *[Feiertage hinzufügen...]* ☑*Deutschland* wählen und mit *[Ok]* bestätigen.

Anleitung

□   **Aufgaben erfassen**

Im Startfenster (siehe S. 206) in die *Aufgaben*-Spalte oder auf das *Aufgaben*-Symbol klicken, damit der folgende *Aufgaben*-Bereich eingeblendet wird:

- In die *Betreff*-Spalte klicken und den Text *(Party-Service...)* erfassen.

- Nach *[Tab]* oder *Klick* in die *Fällig am*-Spalte das Datum nach *Klick* auf den Datums-Listenpfeil erfassen.

- Danach alle Aufgaben in dem jeweils frei werdenden Eingabebereich erfassen und mit *[↵]* bestätigen.

  Durch *Klick* in die [Fällig am] ① - Kopfzeile wird nach Fälligkeit geordnet.

- In den *Outlook-Verknüpfungen* (linkes Fenster) oder nach Öffnen der *Ordnerliste* ② *Outlook Heute* wählen, damit die Aufgaben in der Aufgabenspalte gezeigt werden.

  (evtl. ein Tag Vorlauf)

□   **Aufgabentermin in den Kalender kopieren**

Fall: Der Miet-Termin (24.09.) soll als Termin in den Kalender kopiert werden.

Lösungsweg: (siehe erstes Bild der nächsten Seite)

- Zum *Kalender* und hier zur *Tagesansicht* wechseln.

- Im Monatsüberblick zum *September* blättern (mit den Dreiecks-Pfeilen in der Monatszeile) und hier den 24. mit *Klick* markieren.

- In der Tagesansicht die gewünschte Uhrzeit (z. B. 08:00) anklicken.

- Jetzt in die *'Saal mieten'*-Zeile *klicken* und diese Aufgabe bei gedrückter Maustaste in die Tagesansicht ziehen, wie es im ersten Bild der nächsten Seite gezeigt ist.

Anleitung

☐   **Aufgabentermin in den Kalender kopieren (Fortsetzung)**

- Während des Verschiebens wird der Mauszeiger um das Verschieberechteck ergänzt.

- Wird der Mauszeiger losgelassen, dann erscheint das Termin-Fenster zur Erfassung weiterer Details.

- Werden die Angaben dieses Termin-Fensters mit *Klick* auf *[Speichern und Schließen]* bestätigt, dann ist der Aufgabentermin in der Tagesansicht erfasst und im Monatsüberblick ist der **24.** fett gedruckt.

☐   **Eine Aufgabe als erledigt kennzeichnen**

Zur *Kalender*- oder *Aufgaben*-Ansicht wechseln und die ☐ *erledigt*-Spalte in der gewünschten Aufgaben-Zeile ① mit ☑ *Klick* markieren, wodurch die Aufgabe in dieser Ansicht und in der 'Outlook Heute'-Ansicht durchgestrichen wird.

☐	☑	Betreff	Fällig am △
		Hier klicken, um Aufgabe zu …	
① ☑	✓	~~Saal mieten~~	~~Fr 24.09.04~~
☑		Party-Service fest buchen	Mi 29.09.04
☑	☐	mit DJ Programm besprechen	Do 07.10.04

147   Internet Explorer - Explorer laden

Anleitung

☐   Internet Explorer laden

• Den Internet Explorer gemäß Kapitel 3 (Seite 12) laden.

• Sofern eine Netzverbindung besteht, meldet er sich mit dem folgenden Kopfbereich:

Internet Explorer

① In der *Adressleiste* kann die gewünschte Adresse eingegeben werden, z. B.

http:// www . viva. de ── Deutschland
└── Name des Informationsanbieters; hier 'Viva'
└── World Wide Web (Weltweites Netz)
└── Hypertext Transfer Protokoll

Tipp: Die Kurzeingabe *ohne http* reicht aus; also nur: *www.viva.de [⏎]*

② Nach *Klick* auf den Listenpfeil der *Adressleiste* wird eine Liste der bisher gewählten Adressen aufgeklappt, in der die gewünschte Adresse durch *Klick* ausgewählt werden kann. Dies erspart das erneute Erfassen der Adresse. Sammeln sich überflüssige Neugieradressen an, kann die Adressleiste nach den Befehlen *'Extras' 'Internetoptionen'* in *'Allgemein'* mit *[Verlauf leeren]* gelöscht werden. Damit wichtige Adressen nicht verloren gehen, Punkt ⑧ beachten.

③ Dauert der Ladevorgang zu lange, dann kann man ihn hiermit abbrechen.

④ Wurden bereits mehrere Internet-Sites aktiviert, dann kann man mit 'Zurück' und 'Vorwärts' innerhalb der aktiven Sitzung zwischen ihnen wechseln.

⑤ Hiermit wird eine in *'Extras' 'Internetoptionen'* festgelegte Start-Seite aktiviert.

⑥ Die aktuelle Internetseite wird gedruckt.

⑦ Damit wird das E-Mail-Programm *Outlook Express* aktiviert, mit dem E-Mails gelesen und geschrieben werden können.

⑧ Nach Wahl der *'Favoriten'* wird ein Favoriten-Fenster eingeblendet, in dem *'Hinzufügen'* gewählt werden kann. Nach *[OK]* wird die aktive Adresse hinzugefügt.

Mit *Einfachklick* kann sie später aufgerufen werden.

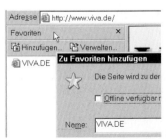

148   Internet Explorer - Suchmaschinen

Anleitung

□   **Informationen suchen**

Sucht man zu einem bestimmten Thema Informationen, kennt aber die Web-Adresse nicht, so kann man in Suchmaschinen oder Internetkatalogen auf die Suche gehen.
Beispiel: **www.google.de**

In das Such-Feld ① die Suchbegriffe eingeben und danach die *[Google-Suche]*-Schaltfläche anklicken, damit nach kurzer Zeit der Ergebnisbildschirm erscheint.

Der Ergebnisbildschirm zeigt
- das Suchfeld,
- die Anzahl der Treffer und
- schließlich die gefundenen Adressen.

Diese Adressen sind unterstrichen oder farblich hervorgehoben. Sie sind die *Links* (die Ver-

bindungen), durch deren *anklicken* die entsprechenden Webseiten aufgerufen werden.

Such-Tipp: Die Suche erfolgt gezielter, wenn bei mehreren Suchbegriffen jeweils das + Zeichen vorangestellt wird. Hierdurch wird sicher gestellt, dass alle genannten Begriffe *gleichzeitig* in dem Ergebnis vorkommen müssen.

Druck-Tipp: Sollen Inhalte der gefundenen Seite gedruckt werden, so ist dies mit dem Drucken-Symbol (⑥ der Vorseite) möglich. Gezielter wird jedoch ausgedruckt, wenn die gewünschten Informationen mit gedrückter Maustaste markiert und mit *[Strg] [C]* in die Zwischenablage kopiert werden, um z. B. in Word mit *[Strg[[V]* übernommen zu werden.

Alternativen: Andere Suchmaschinen sind z. B. *'yahoo.de'*, *'fireball.de'* oder *'metager.de'*.

149   Internet Explorer - Seite speichern und offline öffnen

> **Anleitung**

☐ **Speichern / offline öffnen**

Nach *'Datei' 'Speichern un-ter'* kann die Seite mit beliebigem Namen als *html-Webseite* gespeichert werden.

Wurde die Verbindung in das Internet getrennt, dann erscheint nach *'Datei' 'Öffnen'* das kleine Öffnen-Fenster, das nach *[Durchsuchen...]* im gewohnten 'Datei öffnen'-Fenster die Wahl der gewünschten Datei erlaubt. Wird die Wahl mit *[OK]* bestätigt, erscheint die gewünschte Seite.

Problem: Wurden vor dem Öffnen die temporären Internet-Dateien gelöscht, dann wird die Seite evtl. nur eingeschränkt dargestellt.

150   Internet Explorer - E-Mail empfangen und senden

Nach *Klick* auf die 'E-Mail'-Schaltfläche ① erscheint ein Menü, in dem *'E-Mail lesen'* gewählt werden kann, wodurch das folgende 'Outlook Express'-Fenster eingeblendet wird.

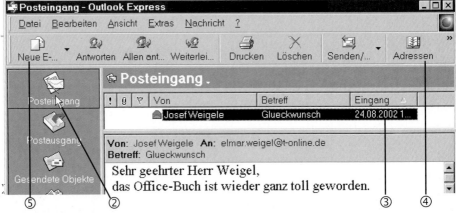

Nach *Klick* auf *'Posteingang'* ② in der Outlook- oder Ordnerliste werden im rechten oberen Adress-Fenster alle eingegangenen Nachrichten gezeigt. Nach Markierung einer Nachricht wird im unteren Inhalts-Fenster der zugehörige Text ausgegeben.

150 Internet Explorer - E-Mail empfangen und senden (Fortsetzung)

⬭ **Anleitung**

❑ **E-Mail empfangen (Fortsetzung)**

Nach *rechtem Mausklick* auf eine Adresszeile (Nr. ③ der Vorseite) kann in dem Kontextmenü die Absenderadresse dem Adressbuch beigefügt werden.

Mit Klick auf das Adressbuch-Symbol (Nr. ④ der Vorseite) wird es geöffnet und die Adressen können bearbeitet werden.

❑ **E-Mail senden**

Im 'Outlook Express'-Fenster die '*Neue Nachricht*'-Schaltfläche (Nr. ⑤ der Vorseite) anklicken, damit das folgende Fenster eingeblendet wird.

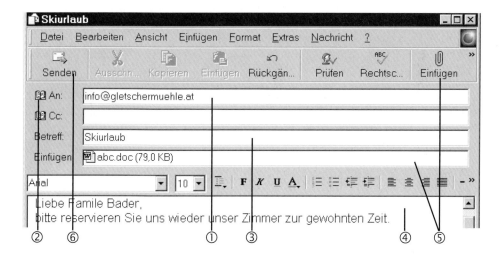

① Die E-Mail-Adresse des Empfängers.

② Mit *Klick* auf das 'An:'-Symbol wird das 'Empfänger'-Adressen-Fenster eingeblendet, in dem mit *Doppelklick* der Empfänger ausgewählt und mit *[OK]* bestätigt werden kann. Automatisch wird die E-Mail-Adresse bzw. ein Alias-Name in die Adresszeile eingetragen.

③ Die 'Betreff'-Angabe, die als Fenstertitel übernommen wird und im Übersichtsbereich des Posteingangs des Empfängers erscheint.

④ Der zu sendende Text.

⑤ Nach *Klick* auf die *Einfügen*-Schaltfläche (Büroklammer) erscheint ein 'Datei öffnen'-ähnliches Fenster, in dem die einzufügende Datei ausgewählt werden kann.

Gleichzeitig wird die 'Einfügen'-Zeile eingefügt und die gewählte Datei genannt.

⑥ Nach *Klick* auf *Senden* wird diese E-Mail gesendet und in der 'Ordner'-Liste des 'Outlook Express'-Fensters in den 'Gesendete Objekte'-Ordner verschoben.

151   Internet Explorer - statische Webseiten

☐ Webseiten erstellen

- In Windows nach *'Programme' 'Zubehör' 'Editor'* den folgenden Seitentext erfassen und *als Textdokument* mit dem Zusatz *.html,* also z. B. *privat.html* speichern.

```
<html>
<title>Start-Auswahl</title>
<body>
  <h3 align=center>Private Favoriten </h3>
  <hr>

  Fernsehseiten: <br>
  <font size=2>
  <a href="http://www.viva.de">mit Klick zu VIVA</a><br>
  mit <a href="http://www.ard.de">Klick</a> zu ARD<br>
  mit Klick zu <a href="http://www.zdf.de">ZDF</a><br>
  </font>

  Urlaub:<br>
  <font size=2>
  <a href="http://www.ltur.de">l'tur </a><br>
  <a href="http://www.tui.de">T U I</a><br>
  <a href="http://www.lastminute-tip.com">Alltour</a><br>
  </font>
  HTML lernen mit SELFHTML:<br>
  <font size=2>
  <a href="http://www.selfhtml.teamone.de/">www.selfhtml.teamone.de </a><br> </font>
</body>
</html>
```

Nach *Klick* auf die unterstrichenen Links wird die gewünschte Seite gezeigt.

- Im Browser die Datei öffnen (siehe S. 214), um die obige Webseite zu erhalten.

Tipp: Bei 'www.selfhtml.teamone.de' sind alle HTML-Befehle ausführlich erläutert.

☐ Info zu den HTML-Befehlen

Jeder Programmteil steht zwischen einem \<Start-Befehl> und einem \</Ende-Befehl>; dies sind die sogenannten *Tags.*

Die \<title>-Zeile bestimmt den Text in der Titelzeile des Browser-Fensters.

Der eigentliche Seiteninhalt steht zwischen Anfangs-\<body> und Ende-\</body>.

Die Überschrift (headline) steht zwischen den h-Befehlen, wobei die 1 zu einer großen Schift führt. Die Skalierung reicht von h1 bis h6.

Der align-Zusatz bestimmt die Ausrichtung left, right oder center.

Durch \<hr> entsteht eine horizontale Linie; mit \
 erfolgt ein break (Zeilenumbruch).

Ohne font-Angabe erscheint die Schrift in der Basisgröße; mit dem size-Zusatz kann die Größe von klein (=1) bis groß (=7) genau festgelegt werden.

Durch \<a href="www...."> wird ein Anker zu einer Referenz-Adresse geworfen. Der Text, der nach diesem Aufruf und vor dem abschließenden \</a> steht, wird hervorgehoben und bildet den Link, der in der Web-Seite angeklickt werden kann.

Anleitung

☐ **Hyperlinks** (Verweise bzw. Sprünge)

• Zu einer anderen Web-Adresse:

mit Klick zu `<a href="http://www.zdf.de">` *ZDF* `</a>`

| normaler Text | Anker-Start-Befehl mit Adressangabe | markierter Link-Text | Anker-Ende-Befehl |

• Zu einer E-Mail-Adresse:

Mail an `<a href="Mailto:info@bildungsverlag1.de">` *Bildungsverlag 1* `</a>`

• Zu einer anderen HTML-Seite der gleichen Web-Site:

Weiter zur `<a href="privat2.html">` *nächsten* `</a>` *Seite* —

• Zu einer anderen Stelle in der gleichen HTML-Seite:

Weiter beim `<a href="#Susi">` *Bericht* `</a>` *über Susi* —

Voraussetzungen:

Die Seite *"privat2.html"* muss bereits existieren.

Der Zieltext muss erfasst sein und der Textanfang muss benannt sein. Also:
<a name="Susi">Susi </a>
Hier steht alles über Susi ...

☐ **Bilder in die Seite einbinden**

    <img src="bild.jpg"> ———
       |
    Bildquelle = "Dateiname"
    Image source ="Bild-Datei"

Das Bild sollte im Verzeichnis der HTML-Datei gespeichert sein.

HTML-taugliche Bilddateien müssen in den Formaten
- .gif (Graphic Interchange Format),
- .jpg (Joint Photographics Expert Group) oder
- .png (Portable Network Graphics) abgespeichert sein.

☐ **Listen**

• Geordnete Listen sind nummeriert:
  <ol>
  <li> Ski </>
  <li> Stock </>
  </ol>

• Ungeordnete Listen sind Aufzählungen:
  <ul>
  <li> Schuhe </li>
  <li> Anzug </li>
  </ul>

• Zusätze (bitte testen):
  <ol type = "1">
  andere Typen: "A" oder "a" oder "I" oder "i"
  <ul type = "square">
  andere Typen: "disc" oder "circle"

☐ **Ergebnis,** wenn alle hier gezeigten Befehle in einer Seite zwischen Anfangs- und /Ende-<html> erfasst werden:

mit Klick zu ZDF
Mail an Bildungsverlag 1
Weiter zur nächsten Seite
Weiter beim Bericht über Susi

  1. Ski
  2. Stock

  • Schuhe
  • Anzug

Susi
Hier steht alles über Susi ...

Anleitung

❑ Tabellen

- Eine Zeile (row) mit drei Spalten (col):
  ```
  <table>
  <tr> <td>eins</td> <td>zwei</td> <td>drei</td> </tr>
  </table>
  ```

- Drei Zeilen mit einer Spalte:
  ```
  <table>
  <tr> <td>eins</td> </tr>
  <tr> <td>zwei</td> </tr>
  <tr> <td>drei</td> </tr>
  </table>
  ```

- Drei Zeilen mit drei Spalten und einer Head-Zeile:
  ```
  <table>
  <tr> <th>eins</th> <th>zwei</th> <th>drei</th> </tr>
  <tr> <td>a1</td> <td>a2</td> <td>a3</td> </tr>
  <tr> <td>b1</td> <td>b2</td> <td>b3</td> </tr>
  </table>
  ```

- Zwei Zeilen mit drei Spalten und
  einer Head-Zeile **über** alle drei Spalten:
  ```
  <table>
  <tr> <th colspan="3">Spannweite ist drei</th> </tr>
  <tr> <td>eins</td> <td>zwei</td> <td>drei</td> </tr>
  </table>
  ```

- Drei Zeilen mit drei Spalten und
  einer Head-Zeile **vor** allen drei Zeilen:
  ```
  <table>
  <tr> <th rowspan="3">Dreizeiler</th> <td>A</td> <td>B</td> </tr>
  <tr> <td>A-a</td> <td>B-a</td> </tr>
  <tr> <td>A-b</td> <td>B-b</td> </tr>
  ```

Begriffe:
tr = Tabellen-Reihe
td = Zelle mit Daten
th = Zelle mit Head (fett)
colspan-Zusatz: Zelle geht über mehrere Spalten (col).
rowspan-Zusatz: Zelle geht über mehrere Zeilen (row).

Ergebnis, wenn alle hier gezeigten Befehle in einer Seite zwischen Anfangs-und /Ende- <html> erfasst werden:

eins	zwei	drei

eins
zwei
drei

eins	zwei	drei
a1	a2	a3
b1	b2	b3

Spannweite ist drei		
eins	zwei	drei

	A	B
Dreizeiler	A-a	B-a
	A-b	B-b

❑ Info zu den Tabellen-Befehlen

- Jede Tabelle steht zwischen Anfangs- <table> und Ende- </table>.
  Mit <table border="1"> erhält jede Tabellen-Zelle eine Umrahmung.

- Steht direkt nach <table> die Anweisung <caption>Überschrift</caption> , dann wird die Tabelle mit einer Überschrift versehen.

- Jede Zeile beginnt mit <tr> und endet mit </tr>.

- Jeder Zelleninhalt beginnt mit <td> (normal) oder <th> (fett) und endet entsprechend. Jeder Zelleninhalt kann mit dem td-Zusatz align=center (right, left) ausgerichtet werden.

- Überspannt eine Zelle (td oder th) mehrere Spalten, dann
  - ist diese Zelle um den colspan-Zusatz zu erweitern und
  - die /tr-Reihe endet bereits nach dieser einen alles umspannenden Zelle.

- Überspannt eine Zelle (td oder th) mehrere Reihen, dann
  - ist diese Zelle um den rowspan-Zusatz zu erweitern und
  - die verbleibenden /tr-Reihen enthalten eine Zelle weniger als normal.

Anleitung

☐ **Frames** (Aufteilung einer Seite in verschiedene Rahmen)

Ziele:
1. Das Fenster ist mit *start.html* in drei Frames aufzuteilen und jedem Frame ist eine eigene HTML-Datei (*A, B, C*) zuzuweisen.
2. Wählt man in *B* ein *Link*, so ist *D* oder *E* in dem Ziel-Frame *C* auszugeben.
3. Alle sechs HTML-Dateien sind zu erfassen und im gleichen Verzeichnis zu speichern.

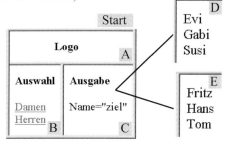

☐ **HTML-Dateien** (erfassen und einzeln unter dem jeweiligen Namen speichern !!)

A.html
```
<html>
<h4 align=center>Logo</h4>
</html>
```

C.html
```
<html>
<h4>Ausgabe</h4>
<p>Name="ziel"</p>
</html>
```

D.html
```
<html>
<p>Evi <br>
Gabi <br>
Susi</p>
</html>
```

E.html
```
<html>
<p>Fritz <br>
Hans <br>
Tom</p>
</html>
```
③

START.html
```
<html>
<frameset rows="10%,90%">
    <frame src="A.html">
    <frameset cols="50%,50%">
        <frame src="B.html">
        <frame src="C.html" name="ziel">
    </frameset>
</frameset>
</html>
```
①

B.html
```
<html>
<h4>Auswahl</h4>
<a href="D.html" target="ziel">Damen</a>
<a href="E.html" target="ziel">Herren</a>
</html>
```
②   ①

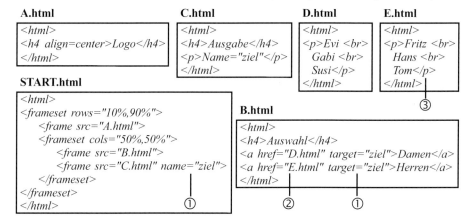

☐ **Info zu den Frame-Befehlen**

- Mit *frameset rows* wird der aktuelle Bereich gemäß den Prozentangaben in Reihen (Zeilen) aufgeteilt.

- Die so entstandenen neuen Bereiche sind durch *frame src="..."* mit den hier als Quelle (source) genannten HTML-Dateien zu füllen.

- Ein neu entstandener Bereich kann aber auch wieder in Unterbereiche aufgegliedert werden: - mit *frameset rows* in neue Zeilenbereiche;
  - mit *frameset cols* in neue Spaltenbereiche.

- Soll ein Bereich der Ausgabe anderer html-Dateien dienen, so ist er zu benennen ①. Dieser Name ① ist bei dem Verlinkungsbefehl zusätzlich zur Link-Datei ② zu nennen.

- Allgemein: Durch den <*p*>-Befehl ③ werden Absätze (paragraphs) voneinander getrennt und können durch die Zusätze *align="center"* oder *"right"* oder *"justify"*einheitlich ausgerichtet werden (zentriert, rechts oder Blocksatz).

  In allen Beispielen wurde und wird aus Platzgründen auf <*title*>- und <*body*>-Befehle verzichtet.

151 Internet Explorer - statische Webseiten (Fortsetzung)

> **Anleitung**

□ Formulare

Formulare erlauben es dem Anwender, Eingaben zu machen und diese Eingaben mit Klick auf eine Schaltfläche an eine E-Mail-Adresse abzuschicken.

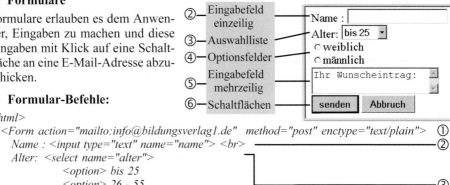

□ Formular-Befehle:

```
<html>
    <Form action="mailto:info@bildungsverlag1.de"  method="post"  enctype="text/plain">   ①
        Name : <input type="text" name="name"> <br>                                        ②
        Alter: <select name="alter">
                    <option> bis 25
                    <option> 26 - 55                                                        ③
                    <option> über 55
              </select> <br>
        <input type="radio" name="sex" value="w">weiblich<br>
        <input type="radio" name="sex" value="m">männlich<br>                               ④
        <textarea name="wunsch" rows="2" cols="20">
            Ihr Wunscheintrag:
        </textarea> <br>                                                                    ⑤
        <input type="submit" value="senden">
        <input type="reset"  value="Abbruch">                                               ⑥
    </form>
</html>
```

□ Info zu den Formular-Befehlen

① Mit *action="mailto:E-MailAdresse"* wird gesagt, dass das Formular zu versenden ist. Mit der Methode *post* werden die Daten nur versendet, mit *get* können sie noch weiter bearbeitet werden. Damit die Daten als E-Mail gelesen werden können, müssen sie als *text/plain*-Typ formatiert sein.

② Der Text-Typ erlaubt eine einzeilige Eingabe, die beim Empfänger nach der Namensnennung ausgegeben wird.

③ Die Auswahlliste öffnet ein Listfeld und erlaubt eineAuswahl *(select)* zwischen vorgegeben Alternativen. Die gewählte Alternative wird beim Empfänger nach der Namensnennung ausgegeben.

④ Die Optionsfelder erlauben auch die Auswahl zwischen mehreren Optionen. Durch den gleichen Namen werden die Optionsfelder derart miteinander verknüpft, dass bei der Aktivierung einer Option die andere automatisch deaktiviert wird. Beim Empfänger wird nach der Namensnennung der Wert (value) der gewählten Option ausgegeben.

⑤ Bei einem mehrzeiligen Eingabefeld sind Zeilen- und Zeichenanzahl anzugeben. Auch hier wird der eingegebene Inhalt nach Nennung des Feldnamens ausgegeben.

⑥ Die Standard-Schaltflächen dienen dem Versenden der eingegebenen Daten *(submit)* oder dem Zurücksetzen und Löschen der Eingabe *(reset)*. Mit *value* wird kein Wert, sondern nur die Beschriftung der Schaltfläche bestimmt.

152 Internet Explorer - Webseite veröffentlichen

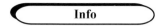

□ Zustand

Bisher befinden sich die HTML-Dateien auf dem eigenen PC und können im Browser (z. B. Internet Explorer) nicht in der Adresszeile als *http://www.*-Adresse geöffnet werden, sondern nur auf dem eigenen PC über die Befehlsfolge: *'Datei' 'Öffnen'*.

Soll jeder unsere Webseite anschauen können, dann muss ein Internetdienste-Anbieter (Provider) - unsere HTML-Dateien auf seinem Internet-Server speichern und
      - einen Namen bereitstellen, unter dem auf diese Seiten zugegriffen werden kann.

□ Files zum Provider **transferieren** unter Einhaltung bestimmter **protocol**-Regeln (**FTP**):

Nach Aktivierung der Internet-Verbindung ist hierzu ein FTP-Programm z. B. von *www.ispwitch.com* oder von *www.ws-ftp.com* herunterzuladen (für Private gratis).

Nach dem Programmstart ist mit der *[Eigenschaften]*-Schaltfäche das Eigenschaften-Fenster einzublenden und in allen Registern sind die vom Provider vorgegebenen Eintragungen zu machen und mit *[OK]* zu bestätigen.

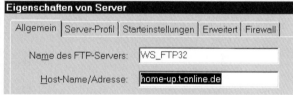

Jetzt erscheint das File-Transfer-Fenster, das die Übertragung der Dateien vom lokalen PC auf den Server des Internet-Providers erlaubt.

Hierzu sind im linken Fenster (nach Wahl des richtigen Verzeichnisses) die für die Homepage nötigen Dateien zu markieren. Nach *Klick* auf den [⇨] Upload-Pfeil ① werden sie zum FTP-Sever hochgeladen. Nach kurzer Zeit werden sie im rechten Fenster gezeigt und stehen zur Veröffentlichung im Internet zur Verfügung.

Sollen sie geändert werden, können sie gegebenenfalls gelöscht, mit [⇦] zurückübertragen und danach verändert wieder hochgeladen werden.

Ist der Datentransfer abgeschlossen, so ist zuerst die Verbindung zu *[Schließen]* und danach das Programm zu *[Beenden]*.

Wichtig: Die Start-Seite ist mit *'index.html'* zu benennen, damit sie als **erste** aufgerufen wird.

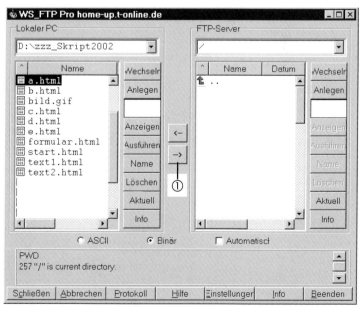

Anleitung

❑ Statische und dynamische Webseiten vergleichen

Bei statischen Webseiten werden die HML-Dateien zum Internet-Provider transferiert und dort **nur** ausgegeben. Bei der dynamischen Webseite kann der Benutzer auf der Webseite eine Eingabe machen und je nach Eingabe erscheint ein anderer Ausgabetext. Hierzu muss beim Provider zusätzlich zu der Seitendatei noch eine Reaktions-Programmdatei gespeichert werden.

❑ virtuellen Webserver installieren (zur Simulation auf dem eigenen PC)

Die Windows-System-CD einlegen und nach *'Start' 'Einstellungen' 'Systemsteuerung' 'Software'* im *Windows-Setup*-Register bei den *Internet-Programmen* den *PWS (Personal Web Server* bis Windows98) bzw. den *IIS (Internet Information Server* ab Windows2000) installieren. Danach *'Start' 'Ausführen'* wählen und den Befehl *'D:/add-ons/pws/setup'* eingeben, wobei 'D' das CD-ROM-Laufwerk mit eingelegter Windows-CD ist.
Folge: Es erscheint das *Veröffentlichen*-Symbol auf dem Desktop und auf Laufwerk C wird das Verzeichnis *\Inetpub\wwwroot* eingerichtet, in dem dann die Dateien zu speichern sind.

❑ Eingabeformular erstellen und als HTML-Datei speichern (eingabe.html [*])

```
<html> <body> <form action="antwort.asp" method="post">      ①
    <input type="radio" name="sex" value="w">Frau
    <input type="radio" name="sex" value="m">Herr<br>
    Name: <input type="text" name="name"><br>
    Gehalt: <input type="text" name="gehalt"><br>
    <input type="submit" value="senden">
    <input type="reset" value="löschen">
</form> </body> </html>
```

Ergebnis:

❑ Aktives Programm als ASP-Datei erstellen und als Antwort.asp [*] speichern

```
<%@ Language=VBScript %>                    ②        (ASP = Active Server Pages)
<html> <body>  <h1>Antwort</h1> Hallo,
<%                                          ③
  girl=request.form("sex")
  nachname=request.form("name")             ④
  lohn=request.form("gehalt")
  If girl="w" then
      response.write "Frau " & nachname
  Else                                      ⑤
      response.write "Herr " & nachname
  End If %>  <br>                           ③
<%                                          ③
  If lohn>2000 then
      response.write "Sie verdienen richtig gut"
  Else                                      ⑤
      response.write "Sie sollten mehr bekommen"
  End If %>                                 ③
<br> Berlin, den
<% =now() %>                                ③⑥③
</body> </html>
```

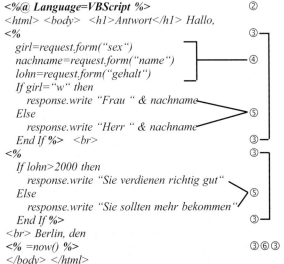

[*] Beide Dateien im Verzeichnis *\Inetpub\wwwroot* speichern.

Ergebnis:

Die Hinweise ① bis ⑥ werden auf der Folgeseite erläutert.

153 Internet Explorer - dynamische Webseiten (Fortsetzung)

Anleitung

☐ **Dynamische Webseite aufrufen**

Mit dem *Veröffentlichen*-Icon den 'Personal Web-Manager' aufrufen und *[Starten]*, damit der virtuelle Web-Server aktiviert wird. Jetzt den *Internet Explorer* aufrufen und in die Adresszeile *http://localhost/eingabe.html* eingeben und mit [↵] bestätigen.

☐ **Info zu den ASP-Befehlen**

- Localhost ist der Name des im eigenen PC platzierten virtuellen Web-Servers.
- ① Statt einer 'mailto'-action wird nur gesagt, dass 'antwort.asp'zu aktivieren ist.
- ② Zwischen <%@ und %> ist die benutzte Programmiersprache anzugeben.
- ③ Alle Programmierbefehle stehen zwischen <% und %>. Müssen HTML-Befehle aufgerufen werden, so ist der vorgelagerte Programmteil mit %> zu schließen und der nachfolgende Programmteil wieder mit <% zu öffnen.
- ④ Die Programmvariablen sind mit Daten zu füllen. Diese Daten ergeben sich aus der Anforderung, die in dem Formular an das passende Feld gerichtet wird; also *Variable = Anforderung.Formular("Feldname")* ⇨ *girl = request.form("sex")*
- ⑤ Ausgabetexte sind als Antwort (response) zu schreiben (write). Dabei gilt, dass konstante Texte zwischen " " stehen, Variableninhalte durch Nennung der Variable ausgegeben werden und Textteile durch das kaufmännische &-Zeichen verknüpft werden.
- ⑥ Die *=now()*-Funktion zeigt Datum und Uhrzeit; *=date()* zeigt nur das Datum.

154 Internet Explorer - Datenbank-Zugriff

Anleitung

☐ **Datenbankzugriff vorbereiten**

- *Betrieb.mdb*-Datenbank in das Verzeichnis *\Inetpub\wwwroot* kopieren.
- Den Datenbankzugriff auf 'Betrieb.mdb' mit dem entsprechenden Treiber öffnen: Nach *'Start' 'Einstellungen' 'Systemsteuerung' 'ODBC-Datenquelle'* zum *'System-DSN'*-Register wechseln, nach *[Hinzufügen...]* den *'Microsoft Access Driver'*markieren und *[Fertig stellen]*. Im ODBC-Fenster eine Datenbank *[Auswählen...]* und im Verzeichnis *C:\inetpub\wwwroot* die *Betrieb.mdb* mit Doppelklick bestimmen. Zusätzlich als Datenquellenname *Betrieb* eintragen und mit *[OK]* bestätigen.
  Damit ist als automatischer *Data Source Name* die Betrieb-Datenbank bestimmt und der ODBC-Administrator (**O**pen **D**atabase **C**onnectivity) kann mit *[OK]* geschlossen werden.
- Aufgabenstellung: Aus der Artikel-Tabelle der BETRIEB-Datenbank sollen nur Bezeich und Bestand ausgegeben werden, wobei jene Artikel, deren Bestand den doppelten Meldebestand unterschreiten, mit einem Warnvermerk zu versehen sind.

⊞ Artikel : Tabelle						
Num	Bezeich	Bestand	MelBe	BeMeng	Preis	Lief
121	PC	20	8	40	1700,00	811
232	Monitor	14	8	20	700,00	811
▶ 344	Drucker	16	8	20	400,00	322
354	Drucker	10	6	20	1100,00	833
522	Modem	6	4	5	550,00	833

Adresse 🔁 http://localhost/zugriff.asp

Pc,20
Monitor,14--> Grenze unterschritten
Drucker,16
Drucker,10--> Grenze unterschritten
Modem,6--> Grenze unterschritten

154   Internet Explorer - Datenbank-Zugriff (Fortsetzung)

⊂ **Anleitung** ⊃

☐ **Datenbankzugriff realisieren mit 'zugriff.asp'**

- Das Zugriffsprogramm erfassen und im Verzeichnis *\Inetpub\wwwroot* speichern.

```
<%@ Language=VBScript %>
<html>
<%
    Set Verbindung = Server.CreateObject("ADODB.Connection")      ①
    Verbindung.Open "Betrieb"                                     ②
    Set Tabelle = Server.CreateObject("ADODB.Recordset")          ③
    Tabelle.Open "Artikel", Verbindung                            ④
    Tabelle.MoveFirst                                       ⑤ a)
    While not Tabelle.EOF                                    ⑤ b)
        response.write Tabelle("Bezeich") & ","             ⑤ c)
        response.write Tabelle("Bestand")
        menge=Tabelle("Bestand")                            ⑤ d)
        grenze=Tabelle("MelBe")*2
        if menge<grenze then
            response.write "--> Grenze unterschritten"
        end if
        response.write("<br>")
        Tabelle.MoveNext                                    ⑤ e)
    Wend                                                    ⑤ f)
    Verbindung.Close
%>
</html>
```

☐ **Info zum Programm**

Wurde in der Vorbereitung ein System-DSN (Data Source Name) festgelegt, dann greift der virtuelle Web-Server in folgenden Schritten auf die Datenbank zu:

① Durch SET wird das virtuelle Objekt 'Verbindung' erzeugt, das die Daten der **A**ctiveX **D**ata **O**bject-**D**aten**b**ank abbilden kann.

② Mit der 'OPEN'-Methode werden dem 'Verbindung'-Objekt die konkreten Daten der genannten Datenbank zugeordnet.

③ Jetzt ist ein Tabellen-Objekt einzurichten, das ein ADODB-Recordset aufnehmen kann.

④ Dem Tabellen-Objekt wird die 'Artikel'-Tabelle zugewiesen, die aus der im 'Verbindung'-Objekt abgebildeten Datenbank kommt.

⑤ Die Tabellenverarbeitung erfolgt in einer Wiederholungs- bzw. Schleifenstruktur:

   a) Zum ersten Datensatz.

   b) Wiederhole, so lange nicht das Tabellen-**End of** File erreicht ist.

   c) Auszugeben ist der Tabellen-Feldinhalt [=Tabelle("Feldname")]; soll das Semikolon als Trennzeichen zu dem Folgefeld folgen, so ist es nach dem kaufmännischen & als feststehender Text zwischen "" zu nennen, also ";"

   d) Feldinhalte [=Tabelle("Feldname")] können auch Variablen zugewiesen werden, damit mit diesen gerechnet werden kann, bzw. Verzweigungsentscheidungen getroffen werden können.

   e) Ist ein Datensatz bearbeitet, muss mit *MoveNext* zum nächsten geblättert werden.

   f) Mit *wend* erfolgt der Rücksprung zum Schleifenbeginn, d. h. zur While-Frage.